2019 年度国家社会科学基金资助立项项目
浙江理工大学人文社科学术专著出版资金资助

城乡融合背景下的
公共数字文化协同治理

经渊 著

中国社会科学出版社

图书在版编目（CIP）数据

城乡融合背景下的公共数字文化协同治理 / 经渊著. -- 北京：中国社会科学出版社，2025.1. -- ISBN 978-7-5227-4705-7

Ⅰ．G123

中国国家版本馆 CIP 数据核字第 2025NJ0522 号

出 版 人	赵剑英
责任编辑	程春雨
责任校对	夏孝萍
责任印制	张雪娇

出　　版	中国社会科学出版社
社　　址	北京鼓楼西大街甲 158 号
邮　　编	100720
网　　址	http://www.csspw.cn
发 行 部	010-84083685
门 市 部	010-84029450
经　　销	新华书店及其他书店
印　　刷	北京君升印刷有限公司
装　　订	廊坊市广阳区广增装订厂
版　　次	2025 年 1 月第 1 版
印　　次	2025 年 1 月第 1 次印刷
开　　本	710×1000　1/16
印　　张	20
插　　页	2
字　　数	275 千字
定　　价	118.00 元

凡购买中国社会科学出版社图书，如有质量问题请与本社营销中心联系调换
电话：010-84083683
版权所有　侵权必究

序　言

城乡融合是马克思主义的基本观点。在马克思主义城乡融合理论指导下，我国借鉴国际经验走出了一条具有鲜明中国特色的新时代城乡融合发展道路。2017年，党的十九大明确提出要解决好"三农"问题，实施乡村振兴战略，并"建立健全城乡融合发展体制机制和政策体系"。其后召开的中央农村工作会议，将"重塑城乡关系，走城乡融合发展之路"置于乡村振兴战略七条道路之首。城镇化、乡村振兴与城乡融合共同构成了实现高质量城乡发展和国家现代化的政策体系。城乡关系的重塑、城乡差距的缩小、城乡对立的消除、现代技术的运用、发展红利的共享构成了城乡融合的基本目标和内容。

公共数字文化建设作为公共文化服务体系建设的重要任务，是文化强国、网络强国、数字强国三大战略的汇集点，对于提升公共文化服务智慧化、现代化水平和治理能力，满足人民群众对美好文化生活的新期待具有重要意义。党的十九届五中全会决议明确提出，"十四五"时期要"推动公共文化数字化建设"。中央一级政府和相关部门先后发布了《关于进一步加强公共数字文化建设的指导意见》《"公共电子阅览室建设计划"实施方案》《全国文化信息资源共享工程"十二五"规划纲要》《中华人民共和国公共图书馆法》《中华人民共和国公共文化服务保障法》《文化部"十三五"时期公共数字文化建设规划》等文件，部署公共数字文化建设工作。公共数字文化治理通过对公共数字文化政策制度的治理以及各项业务的内容治理，将国家治理、文化治理及治理能力延伸到公共数字文化领域。

当前，与乡村振兴和新型城镇化建设时代背景相匹配的公共数字文化治理研究尚属蓝海。本书专注于城乡融合背景下的公共数字文化服务与需求脱节、碎片化分散化管理现象严重等核心问题，以加强协同治理为切入点，有针对性地开展理论研究，并为实践应用提供参考。

本书是经渊博士主持的课题项目的研究成果，项目受到国家哲学社会科学规划办公室"2019年度国家社会科学基金"资助以及浙江理工大学社科发展服务中心"浙江理工大学人文社科学术专著出版资金"资助，并得到南京大学、浙江图书馆等国内知名公共数字文化研究机构的专家和学者的指导。在上述支持下，本书聚焦城乡融合背景下的公共数字文化协同治理问题，就加强公共数字文化协同治理，实现乡村振兴战略及一体化发展城乡文化的理论、方法、路径、模式、机制、测度与评价等问题进行探讨。

本书在理论方面有较大突破。例如，梳理了公共数字文化协同治理的理论框架，提出公共数字文化协同治理理论源自城乡融合理论、社会主义文化理论、协同理论、治理理论等相关理论。提出我国的公共数字文化协同治理是基于现有社会文化、政策法规、外部经济、信息技术、组织制度等环境，在公共数字文化事业发展整体战略目标下实现治理目标逐层具化，治理功能逐层细化，治理主体逐层多元化，治理资源逐层地方化，治理工具逐层柔化和机动的治理活动。为了改变传统基础设施规模等硬指标为核心的评价方法，本书基于系统工程方法论构建了公共数字文化协同治理评价模型，提出可从目标、制度、供给和成效四个维度开展治理，实现公共数字文化的协同治理。

本书的可贵之处还在于，经渊博士及其课题组将公共数字文化治理置于城乡融合的时代环境中，在安徽、浙江、陕西等省选取了几个东、中、西部代表性的城市新市民聚居区、小城镇及传统农村，通过专家访谈、实地考察、个体访谈等形式，从基层视角了解公共数字文化治理的成效，获取城乡居民公共数字文化需求信息，从而实现顶层设计与基层实践的有机结合，推动公共数字文化服务"最后一公里"的畅通。

经渊博士毕业于南京大学图书情报与档案管理专业，现任浙江理工大学杂志社副社长。从事图书情报与期刊出版相关学术研究二十余年，发表 SCI、CSSCI 等收录论文二十余篇，出版专著一部，主持国家社科基金项目一项、教育部基金项目一项，参与国家级、省部级项目多项。本书是他对公共数字文化研究的一部力作，对于推动城乡融合发展和公共文化服务体系建设具有很好的参考作用。

《城乡融合背景下的公共数字文化协同治理》是城乡融合背景下公共数字文化服务理论领域的一部优秀著作，我衷心向从事相关研究和实践的学者、政府部门和公共文化服务机构推荐本书，相信本书的出版会给同人带来新的思考和启发，为实现城乡融合发展和公共数字文化协同治理作出积极贡献。

陈　雅

2024 年 2 月 21 日

前　言

自"十五"计划提出繁荣发展社会主义文化事业，加快文化领域的数字化、网络化建设以来，公共数字文化事业已进入第三个十年。二十年的持续建设结下了丰硕成果，覆盖全国的公共数字文化服务网络已基本建成。"十四五"规划和党的二十大报告进一步提出加快推进公共文化服务数字化，着力推进城乡融合和区域协调发展，到2035年基本实现公共服务均等化，使城乡区域发展差距和居民生活水平差距显著缩小，社会文明程度达到新的高度。

近年来，我国城镇化已进入加快速度、提高质量的新阶段，近亿农业转移人口成为城镇居民，城乡融合和区域协调发展步伐稳健。随着城乡关系被重塑，乡村发展进入大变革、大发展的关键时期，城乡融合发展的体制机制初步形成。但是，城市中大量的"新市民"与城市文化脱节，无法融入城市，实际城镇化率低于名义城镇化率，农村民生领域欠账较多，公共服务水平与城市差距较大，乡土文化保护力度不足。在实现城乡融合发展过程中，这些短板迫切需要经济、政治、社会、文化、生态文明建设"五位一体"，大力推进新型城镇化。文化建设是"五位一体"总体布局的重要组成。提高公共文化建设的水平和质量，促进区域、城乡文化的均衡发展和协调发展，不仅是文化强国建设的重要内容，也是新型城镇化战略和乡村振兴战略的内在要求。

城乡融合背景下的公共数字文化协同治理

  我国公共数字文化建设与治理理论和实践仍处于相对初期阶段，存在碎片化分散化严重、服务与需求脱节、乡土文化建设薄弱等诸多突出矛盾和问题，需要在城乡融合的新形势下，调动和协调各方力量，提高效能、提升活力，适应和满足城乡居民尤其是城乡接合部、新建社区以及小城镇的失地农民、农村留守人员、进城务工人员等对美好生活日益增长的需求。这一系列要求使得公共数字文化治理研究的开展必要且迫切。

  本书是在上述时代背景下完成的，涵盖文献述评、理论研究、实证分析、机制构建、治理测度等部分，对城乡融合背景下的公共数字文化协同治理问题进行了较为系统的研究，并提出了推进协同治理的若干对策建议。

目 录

第一章　绪言 ··· 1

　第一节　研究问题 ··· 3

　第二节　相关概念 ··· 9

　第三节　研究内容与方法 ··· 17

第二章　文献述评 ··· 21

　第一节　学科视角下的公共文化 ···································· 21

　第二节　事业视角下的公共文化 ···································· 35

　第三节　公共数字文化之政策 ······································· 38

　第四节　公共数字文化之治理探索 ································ 52

　第五节　本章小结 ·· 58

第三章　理论基础 ··· 60

　第一节　公共数字文化协同治理：源流 ························· 60

　第二节　公共数字文化协同治理：内涵 ························· 69

　第三节　公共数字文化协同治理：要素 ························· 78

第四节　公共数字文化协同治理：结构 …………………… 85
　　第五节　本章小结 …………………………………………… 95

第四章　公共数字文化协同治理实证研究 …………………… 97
　　第一节　对东部城市新市民聚居地的调查 ………………… 98
　　第二节　对东部新农村的调查 ……………………………… 109
　　第三节　对中东部农村的调查 ……………………………… 120
　　第四节　对西北部城市的调查 ……………………………… 132
　　第五节　本章小结 …………………………………………… 138

第五章　城乡融合背景下的公共数字文化协同治理机制 …… 144
　　第一节　公共数字文化协同治理机制构成 ………………… 145
　　第二节　国家治理层面的协同机制 ………………………… 148
　　第三节　地方治理层面的协同机制 ………………………… 157
　　第四节　基层治理层面的协同机制 ………………………… 165
　　第五节　本章小结 …………………………………………… 179

第六章　公共数字文化协同治理评价 ………………………… 181
　　第一节　代表性公共数字文化评价体系与模式 …………… 181
　　第二节　公共数字文化协同治理评价要素 ………………… 196
　　第三节　基于系统工程方法论的评价模型 ………………… 198
　　第四节　公共数字文化协同治理评价指标体系 …………… 204
　　第五节　公共数字文化协同治理评价的实施 ……………… 232
　　第六节　本章小结 …………………………………………… 236

第七章　推进协同治理的战略思考 ·········· 239
　第一节　协同治理面临的挑战 ············· 239
　第二节　目标治理 ··················· 246
　第三节　制度治理 ··················· 252
　第四节　供给治理 ··················· 261
　第五节　本章小结 ··················· 274

第八章　结语 ······················ 290

参考文献 ······················· 294

后　记 ························ 307

第一章　绪言

文化是国家和民族之魂，也是国家治理之魂。在数字化、信息化、网络化的时代背景下，加强公共数字文化治理已成为21世纪中国文化事业的重要内容。"十四五"时期是我国在全面建成小康社会后，乘势而上开启全面建设社会主义现代化国家新征程的历史时期。在新的历史起点上进一步推动社会主义文化繁荣兴盛，建设社会主义文化强国，也是2035年基本实现社会主义现代化的必然要求。

公共数字文化建设大致起步于2000年。这一年，《中华人民共和国国民经济和社会发展第十个五年计划纲要》提出"繁荣发展社会主义文化事业，不断提高全民族的文化素质"，《文化事业发展第十个五年计划纲要》强调"加快文化领域的数字化、网络化建设"。随后，全国文化信息资源共享工程、公共电子阅览室建设计划、数字图书馆推广工程等重点公共数字文化建设工程陆续启动。

时至今日，我国的公共数字文化建设已经进入第三个十年。二十年间，公共数字文化建设成绩斐然，覆盖全国的公共数字文化服务网络和分级分布式资源体系更加健全，现代公共文化服务体系"四梁八柱"的制度框架基本建立，政策、资金、人才、技术保障机制和社会力量参与机制日趋完善，政府主导、市场和社会力量广泛参与的建设格局初步形成，在推动文化治理体系和治理能力现代化，保障人民基本文化权益，满足人民日益增长的美好生活需要，促进城乡经济社会协调发展等方面发挥了重要作用。

随着与现代公共文化服务体系相适应的开放兼容、内容丰富、传输快捷、运行高效的公共数字文化服务体系的基本建成，2021年，《中华人民共和国国民经济和社会发展第十四个五年规划和2035年远景目标纲要》对完善公共文化服务体系进行了新的部署。根据规划，"十四五"期间，要优化城乡文化资源配置，加强城乡公共文化服务体系一体化建设，并促进公共图书馆、文化馆、美术馆、博物馆等公共文化场馆数字化发展，推进媒体深度融合。随后，文化和旅游部、国家发展和改革委员会、财政部联合下发《关于推动公共文化服务高质量发展的意见》，强调要努力推动文化治理体系和治理能力现代化，加快推进公共文化服务数字化，大力发展基于5G等新技术应用的数字服务类型，拓宽数字文化服务应用场景，并紧紧围绕乡村振兴战略，加强乡村文化治理，将乡村文化建设融入城乡经济社会发展全局，融入乡村治理体系。《"十四五"数字经济发展规划》提出数智赋能、以城带乡、共建共享，在智慧城市和数字乡村建设基础上推动数字城乡融合发展，实现文化繁荣、城乡建设与国家治理现代化的有机统一。

2022年10月，习近平总书记在党的二十大报告中提出要健全现代公共文化服务体系，着力推进城乡融合和区域协调发展，推动经济实现质的有效提升和量的合理增长。公共数字文化建设已经从试点、全面实施阶段，步入加强综合治理实现高质量发展、加强数据融合推进智慧化发展、围绕乡村振兴实现城乡融合一体化发展的新阶段。

2023年2月，中共中央、国务院印发了《数字中国建设整体布局规划》，强调以数字化驱动生产生活和治理方式变革，推进文化数字化发展，深入实施国家文化数字化战略，提升数字文化服务能力，打造自信繁荣的数字文化。该规划提出到2025年，数字文化建设跃上新台阶，数字治理体系更加完善，到2035年，经济、政治、文化、社会、生态文明建设各领域数字化发展更加协调充分，数字化发展水平进入世界前列，有力支撑全面建设社会主义现代化国家的奋斗目标，为公共数字文化治理提供更加清晰的路线图。

第一节 研究问题

一 研究对象

本书聚焦城乡融合背景下的公共数字文化协同治理问题，具体研究对象为公共数字文化，就加强其协同治理，实现乡村振兴战略及一体化发展城乡文化的理论、方法、路径、模式、机制、测度与评价等问题进行探讨。

作为一个在21世纪中国特色社会主义语境下产生的概念，公共数字文化在近十年方有正式定义。2011年12月，文化部、财政部在联合下发的《关于进一步加强公共数字文化建设的指导意见》中正式提出"公共数字文化建设"的概念，强调公共数字文化建设"包括数字化平台、数字化资源、数字化服务等基本内容，以制度体系、网络体系、资源体系、管理体系和服务体系建设为着力点，构建海量分级分布式公共数字文化资源库群，建成内容丰富、技术先进、覆盖城乡、传播快捷的公共数字文化服务体系，为广大群众提供丰富便捷的数字文化服务，切实保障信息技术环境下公共文化"。这一界定主要从实操角度出发，明确公共数字文化建设的基本内容、结构体系及预期目标，更多落位在"建设"二字，学术意义上的"公共数字文化"尚需学界进一步研讨。

作为一个复合词，"公共数字文化"首先是一种文化形态，并综合了"公共文化"和"数字文化"的诸多特征。广义的"文化"泛指各种精神生产活动和精神产品，公共文化服务研究中则更多专指"教育、科学、文学、艺术、卫生、体育等方面的知识与设施"。

"数字文化",可从文化的形态和特性两个角度对其进行解读,即"文化的数字"和"数字的文化"。前者指的是一种以数字形态存在和发展、依靠网络进行传播的文化形态,包括原生的数字文化和非数字文化的数字次生。后者指作为一种文化现实的存在,数字网络本身就是一种新型文化形态的表现形式,数字文化不仅是一种技术与社会现实,更是一种文化现实。就中国公共数字文化建设的目标而言,通常指向前者,即一种信息内容、传播载体和方式以及获取渠道和方式数字化的文化形态。

"公共文化"则将文化活动置于社会公共空间的语境下,强调文化作为一种公共服务活动。公共服务的理论内涵是重视民主、公民权和公共利益,将公民置于整个治理的中心,以政府与社区、公民之间的对话沟通和合作为追求的公共服务理论推崇公共精神,致力于公民利益表达机制的塑造。就"公共文化"而言,可认为是在政府主导和社会参与下,旨在满足城乡居民文化需求、保障城乡居民文化权益的各种公共文化产品生产与服务供给活动。

在对公共文化和数字文化两个相关概念解构的基础上,笔者认为,公共文化和数字文化综合而来的公共数字文化是一种现代信息技术、数字技术和网络技术在公共文化服务领域内广泛应用而形成的新型文化范式,是在政府主导和社会参与下,以满足城乡居民基本数字文化需求和保障城乡居民基本文化权益为目标,以资源数字化、传播网络化、技术智能化、服务泛在化、管理实体化为表现形式的文化范式。

经过30年的努力,公共数字文化建设已在城市取得较好成果,随之而来的问题则是广大农村基础薄弱、建设水平不高短板的凸显。将公共数字文化建设置于城乡融合语境下,使得文化事业发展与新型城镇化、乡村振兴国家战略步调一致,已成为新时期发展公共文化服务的必然选择。

本书重点将公共数字文化建设置于城乡融合的目标设定和国家各领域治理现代化的时代进程中。

城乡融合的目标设定源于城乡差距不断扩大的现实环境和实现共同富裕的国家愿景。乡村落后于城市是一个历史遗留问题，城乡之间的人口户籍结构、居民收入水平、文化教育水平和基本生活设施都存在明显差异，从而导致城乡之间社会发展水平有显著差距。通过协同治理，一体化发展城乡公共数字文化是消除城乡鸿沟，共享现代文化成果的必由之路。

"协同治理"由协同论的"协同"和治理理论的"治理"两个词汇复合而成。协同论的创始者德国学者哈肯（Hermann Haken）认为，"协同"是系统要素或子系统之间的相互合作和配合。协同不仅维持着系统的稳定，还有增强系统功能、增加系统价值的效用，在自然科学、社会科学的研究和公共管理中发挥积极作用。"治理"是个历史悠久的概念，与"统治"同源，来自政治学领域，是在地方政府促进公共服务主体多元化的过程中产生的，治理理论的核心论点在于强调"多主体"，强调平等、互动、协商和博弈。治理理论创始人之一詹姆斯·罗西瑙认为治理是"一系列活动领域里的管理机制，它们虽未得到正式授权，却能有效发挥作用"。全球治理委员会则认为治理是"调和冲突或协调不同利益主体以采取联合行动的持续的过程"。国内外话语的协同治理存在明显差异，现今中国学界所指的协同治理更多地体现为中国学术话语体系下的本土化概念。中国语境下的公共数字文化协同治理，可认为是政府、市场、社会和个人基于协同论和治理思想共同推进公共数字文化事业发展的一种过程。

二 研究背景

公共数字文化建设始于20世纪90年代，先行者是美、英、法等发达国家。美国政府于1990年启动了美国记忆项目，将文化资源进行数字化。英国、法国、日本等国也相继制定了国家数字文化发展战略，引入市场手段建设数字文化。

欧美各国的公共数字文化建设为我国公共文化事业发展提供了很好的借鉴。当然，欧美各国对公共数字文化的认识与我国存在较大差异，在借鉴前人经验之余，我国的公共数字文化建设更多的是在中国特色社会主义理论的指导下开展的。

以2002年国家启动全国文化信息资源共享工程为起点，我国公共数字文化建设经过了二十多年的发展历程。在建设初期，全国文化信息资源共享工程、数字图书馆推广工程、公共电子阅览室建设计划三大惠民工程发挥了重要作用，分别打下了公共数字文化的服务网络、信息资源和硬件条件的良好基础。"十二五"规划以来，党和国家为公共数字文化设定了更为清晰和细致的发展路线。《文化部"十二五"时期文化改革发展规划》做出了"加强公益性数字文化建设"的规划要求，文化部、财政部在2011年联合下发的《关于进一步加强公共数字文化建设的指导意见》中给出了这一规划的详尽建设方案，中共中央办公厅、国务院办公厅于2015年印发的《关于加快构建现代公共文化服务体系的意见》进一步强调将加快推进公共文化服务数字化建设作为现代公共文化服务体系的重要组成部分。

经过二十多年的建设，尤其是在全国文化信息资源共享工程、数字图书馆推广工程和公共电子阅览室建设计划三大惠民工程各司其职、互相配合、互相促进下，我国公共数字文化建设取得了明显成效。以各级各地全面覆盖的服务网络、海量分级分布式数字文化资源、丰富多样的服务为基本内容的公共数字文化服务体系已基本形成，并开始为广大群众提供丰富便捷的数字文化服务，满足了广大群众的基本文化需求。

2017年，习近平总书记在党的十九大报告中指出"中国特色社会主义进入新时代，我国社会主要矛盾已经转化为人民日益增长的美好生活需要和不平衡不充分的发展之间的矛盾"。进入新时代,公共数字文化的建设开始面临新的挑战,这一挑战尤其体现在消除发展的不平衡不充分以及适应人民日益增长的文化需要方面。

公共数字文化发展的不平衡不充分最核心的表现是城乡公共数字文化建设水平的巨大落差。2018年,中共中央、国务院印发了《乡村振兴战略规划(2018—2022年)》,部署了一系列乡村振兴的重大工程、重大计划、重大行动,全面规划了乡村振兴战略。该规划对乡村公共文化事业提出明确要求:丰富乡村文化生活,推动城乡公共文化服务体系融合发展;按照有标准、有网络、有内容、有人才的要求,健全乡村公共文化服务体系;继续实施公共数字文化工程;积极发挥新媒体作用,使农民群众能便捷获取优质数字文化资源;增加公共文化产品和服务供给,建立农民群众文化需求反馈机制;推动政府向社会购买公共文化服务,开展"菜单式""订单式"服务;加强公共文化服务品牌建设,推动形成具有鲜明特色和社会影响力的农村公共文化服务项目。该规划为加快公共数字文化领域的城乡融合,消弭城乡文化发展的不平衡制定了行动路线。

为实现公共数字文化的充分发展、满足人民日益增长的数字文化需求,就需要在中国特色社会主义理论指导下,全面提升公共数字文化治理能力。2019年,中国共产党第十九届中央委员会第四次全体会议通过了《中共中央关于坚持和完善中国特色社会主义制度 推进国家治理体系和治理能力现代化若干重大问题的决定》,其中部署了国家治理体系和治理能力现代化的各项工作。该决定指出:发展社会主义先进文化、广泛凝聚人民精神力量,是国家治理体系和治理能力现代化的深厚支撑;应完善城乡公共文化服务体系,优化城乡文化资源配置,推动基层文化惠民工程扩大覆盖面、增强实效性;健全支持开展群众性文化活动机制,优化政府职责体系;完善政府公共服务职能,厘清政府和市场、政府和社会关系,鼓励社会力量参与公共文化服务体系建设。①

2021年3月，十三届全国人大四次会议表决通过"十四五"规划，提出坚定不移建设网络强国、数字中国，坚定文化自信，推进社会主义文化强国建设，提高社会文明程度，提升公共文化服务水平，健全现代文化产业体系。② 站在建党百年的时代节点上，中华民族伟大复兴的宏大事业对公共数字文化提高治理水平、实现城乡融合发展提出了更高的要求，成为深入开展相关理论研究的强劲动力。

三 研究目标

公共数字文化是数字时代公共文化与数字技术融合发展形成的智能化、网络化的新型文化范式，是公共文化的重要分支。十八届三中全会首次提出推进国家治理体系和治理能力现代化的任务和要求。十九届四中全会就国家治理体系和治理能力现代化建设进一步进行了战略部署，文化治理均为其中的重要章节。文化治理与政治、经济、社会、生态治理相辅相成，共同构成"五位一体"的治理格局，是国家治理体系和治理能力现代化建设的重要组成部分。在国家治理体系和治理能力现代化建设框架体系下，公共数字文化治理已受到学者们的广泛关注并取得了一系列研究成果，但作为一个复杂的研究课题，仍需从更多角度进行研究。

就外部环境而言，我国正处于城乡融合实现一体化发展、共同富裕的历史阶段，为解决公共数字文化发展的不平衡不充分与广大人民日益增长的文化需求的矛盾，时代又赋予了公共数字文化治理更为丰富的内涵。然而，公共数字文化治理的相关概念、内涵研究仍需深

---

① 《中共中央关于坚持和完善中国特色社会主义制度　推进国家治理体系和治理能力现代化若干重大问题的决定》，《人民日报》2019年11月6日第6版。
② 《中共中央关于制定国民经济和社会发展第十四个五年规划和二〇三五年远景目标的建议》，《人民日报》2020年11月4日第4版。

化,公共数字文化治理的实现路径亟须探讨,公共数字文化治理的测度体系有待建立。此外,城乡融合背景下的公共数字文化协同治理有别于文化管理,是一个政府部门、社会组织、企业、个人协同合作的综合体系,需要形成体系化的治理目标、治理手段、治理内容和治理保障结构。

上述公共数字文化自身特点和所处时代带来的挑战,正是本书力图回答和解决的问题。

第二节　相关概念

一　公共数字文化

公共数字文化是数字时代公共文化的最新拓展,代表了文化事业和文化产业的新方向,是一个相对较新的概念。但是,公共数字文化这一概念的形成也经历了一个不断深入认识的过程,呈现出"公共数字信息资源—公益性数字文化—公共数字文化"的发展轨迹。

(一)公共数字信息资源

早期有学者在研究信息资源时,将数字信息资源分为公共数字信息资源和商用数字信息资源,数字文化资源则属于公共数字信息资源。在公共数字文化建设初期,这一观点被较多学者所接受。裴雷、马费成认为,公共数字信息资源是指涉及国家创新、"数字记忆"、政府行政和数字消费的公开数字信息资源,主要包括作为创新基础设施的学术数字信息资源、作为文化保护的数字文化遗产、作为流通决策的政务数字信息和作为大众消费的数字内容公共产品四大类。在具体应用中,以全国文化信息资源共享工程为代表的公共数字文化资源建设项目为代表,公共数字文化更多被视为图书馆、博物馆、美术馆、艺术馆数字化加工并为社会提供的一种公共资源,一种更具开发利用价值的信息资源。

（二）公益性数字文化

随着公共数字文化服务体系从雏形走向完整，资源内容日益丰富、服务网络不断完善、服务手段日趋多元化，公共数字信息资源的说法已无法涵盖公共数字文化的丰富内涵。与此同时，文化改革进入了一个新的发展时期，强调经济效益和社会效益有机统一，实现两轮驱动。2012年，《文化部"十二五"时期文化改革发展规划》提出"一手抓公益性文化事业，一手抓经营性文化产业"，并要求大力推动数字文化建设，学界开始采用"公益性数字文化"的概念来替代"公共数字信息资源"，认为加强公益性数字文化建设是适应信息化、数字化、网络化发展要求，推动文化创新的重大举措。代表性观点如胡唐明、郑建明认为公益性数字文化是以国家财政投入为主，以满足广大人民群众基本的数字文化需求为目标，以资源数字化、传播网络化、技术智能化、服务泛在化、管理实体化为表现形式，具有公益、普惠、均等、公开、透明、互动等特点的文化形式。

（三）公共数字文化

"公共数字文化"的概念首次出现在文化部、财政部于2011年印发的《关于进一步加强公共数字文化建设的指导意见》中。该意见明确指出，公共数字文化建设包括数字化平台、数字化资源、数字化服务等基本内容，以制度体系、网络体系、资源体系、管理体系和服务体系建设为着力点，构建海量分级分布式公共数字文化资源库群，建成内容丰富、技术先进、覆盖城乡、传播快捷的公共数字文化服务体系，为广大群众提供丰富便捷的数字文化服务，切实保障信息技术环境下公共文化服务的公益性、基本性、均等性、便利性。从"公益性"向"公共性"的概念转变，是公共数字文化服务体系建设的内在要求，凸显了满足人民基本数字文化需求的目标导向，强调了公共数字文化服务的广泛覆盖和保障。

作为公共文化和数字文化的交汇、现代技术和传统文化的结合，公共数字文化是一种技术实现，也是一种文化现实，是"文化的数字"，也是"数字的文化"，学界对其存在多种解读。

当前，对公共数字文化的概念界定主要出自技术应用实现、资源开发利用和社会发展三种角度。

1. 技术应用实现角度

从技术应用实现角度出发，胡唐明等强调公共数字文化服务的数字化资源、智能化技术和网络化传播手段；① 张妍认为数字文化在宏观方面体现了数字技术和数字工具所表征的关联性的社会文化现象，狭义的数字文化则重在技术性，是数字时代文化的新拓展；② 丁世华认为数字文化是"数字化、网络化等信息技术广泛应用于社会生产生活领域所产生的一种新型文化形态"。③

2. 资源开发利用角度

从资源开发利用角度出发，汤慧莹认为公共数字文化是"一种由国家投入建设，能以数字技术手段公平获取的文化产品、文化活动的资源，具有普惠供给、丰富生动和优质增益等特征"。④ 王锰等认为公共数字文化服务表现为多个公共文化机构以合作的方式类聚、融合、重组并集成分散、异构的数字资源，为公众提供相应的公共数字文化设施、产品以及其他相关普遍性、开放性、共享性服务。⑤ 王淼等指

---

① 胡唐明、魏大威、郑建明：《公共数字文化评价指标体系构建研究》，《图书馆论坛》2014年第12期。

② 张妍：《以文化科技深度融合推进现代公共文化服务发展》，《沈阳工业大学学报》（社会科学版）2020年第6期。

③ 丁世华：《数字文化治理赋能乡村文化振兴》，《湖北文理学院学报》2020年第4期。

④ 汤慧莹：《基于SERVQUAL模型的公共文化服务满意度研究——以长沙市居民为例》，《文化创新比较研究》2019年第18期。

⑤ 王锰、陈雅、郑建明：《公共数字文化服务治理的信息资源管理基础》，《图书馆》2018年第5期。

出,"广义上公共数字文化是指能被公平公开获取和利用的数字文化产品与服务的总和"。①

3. 社会发展角度

从社会发展角度出发,许建业着眼于我国公共数字文化的发展脉络以及其与公共文化服务体系之间的关系,进一步提出公共数字文化是一种内涵与外延不断明晰、与时俱进的文化形态。②钟云珍认为公共数字文化是随着信息技术、数字技术、网络技术等现代科学技术在我国公共文化服务领域内的广泛应用而形成的一种新型文化范式,是公共文化服务的重要分支。③

我国文化知识体系在发展历史上曾经深受苏联学科分类体系的影响,改革开放后又借鉴了一些欧美国家的文化思想和理念,形成了我国现行的文化事业观。但作为一个中国特色的命题,我国的公共文化难以与国外放在一个平面上比较,公共数字文化作为一种全新的文化形态,更需要扎根于中国实践土壤,从中国实际出发明确其理论内核和外延。

二 城乡融合

工业化带动了城市化进程的加快,也导致城乡分割的出现。改革开放后,城乡关系不断得到调整,大量农民从农村转移到大中城市和小城镇,新型城镇化的进程不断打破了城乡二元体制。2017年,党的十九大明确提出要解决好"三农"问题,实施乡村振兴战略,并"建立健全城乡融合发展体制机制和政策体系"。其后召开的中央农村工作会议

---

① 王淼、孙红蕾、郑建明:《公共数字文化:概念解析与研究进展》,《现代情报》2017年第7期。
② 许建业:《公共数字文化建设中图书馆创新服务的探索与思考》,《图书馆研究与工作》2017年第1期。
③ 钟云珍:《公共数字文化治理中的公众参与机制研究》,硕士学位论文,南京大学,2017年。

第一章　绪言

中,将"重塑城乡关系,走城乡融合发展之路"置于乡村振兴战略七条道路之首。城镇化、乡村振兴与城乡融合共同构成了实现高质量城乡发展,实现国家现代化的政策体系。

(一) 城镇化与新型城镇化

新型城镇化是一个中国化的社会学命题。新型城镇化理论脱胎于传统城镇化理论,定位于我国社会主义初级阶段的特殊国情,借鉴城乡一体化理论、新兴古典城镇化理论、核心—边缘理论等相关理论的观点,形成了自成一体的理论内容体系。

不少国家将乡村以外的人口聚居地统一称为城市,马克思在《政治经济学批判》中写道"现代的历史是乡村的城市化",西班牙学者塞尔达于1867年出版的《城市化基本理论》一书则推动了城市化理论的形成。

由于我国的特殊国情,城镇的概念比城市更为宽泛。改革开放后,费孝通等提出照搬西方城市化的模式将导致我国农村破产、社会动荡,必须使农民就地转变为工人,即"小城镇、大问题"。在研讨小城镇发展过程中,一些学者开始使用"城镇化"一词并探讨中国城镇化道路。2000年,为实现更加均衡和可持续发展中首次提出走适合我国国情的大中小城市和小城镇协调发展的城镇化道路;2002年年底,党的十六大报告提出"走中国特色城镇化道路";2012年,中央文件开始使用"新型城镇化"的提法,之后在十八大报告中正式明确了以人为核心的新型城镇化的内涵、指导思想和路径;2014年,《国家新型城镇化规划(2014—2020)》的发布标志着我国新型城镇化的政策体系骨架已构建完成。在我国现行规定中,城镇的范围涵盖了城区和镇区两类区域,其中,城区是指在市、区级政府驻地的公共设施、居住设施和其他设施联结到的居民委员会和其他区域;镇区则指在城区以外的县、镇级政府驻地的公共设施、居住设施和其他设施联结到的居民委员会和其他区域,这两类区域以外被称为乡村。

从社会学、传播学、经济学等不同学科视角，学界对城镇化、新型城镇化的内涵和外延存在从人口构成、经济形态、文化观念、生活方式等角度的多种解读方式。笔者认为，"城镇化"是在从农业社会向现代社会转型过程中，乡村人口向城镇聚集的一种现象。而新型城镇化与传统城镇化不但有类似之处，更有其新颖之处，因而称其为"新型"，是我国大中小城市和小城镇协调发展、城乡互动一体化发展，以人为本、"四化同步"的城镇化道路。对比传统城镇化，新型城镇化之"新型"主要体现在：新型城镇化是"四化"同步的城镇化；新型城镇化是资源节约和环境友好的城镇化；新型城镇化是大、中、小城市与小城镇协调发展的城镇化；新型城镇化是以人为本、各类公共服务全面覆盖的城镇化。"以人为本"是中国新型城镇化的本质属性，实现"人的城镇化"是中国新型城镇化的核心目标。

(二) 乡村振兴

放眼全球，在城镇化发展到一定阶段后，实行乡村振兴、实现城乡融合发展是很多国家的共同选择。与其他国家的乡村振兴如前联邦德国的"乡村更新计划"、韩国的"新村运动"不同，我国的乡村振兴是党在十八大以来农业农村发展取得的历史性成就基础上，新农村建设的全面升华，是摆脱乡村发展困境、形成新型工农城乡关系、实现城乡融合发展的必由之路。

党的十九大报告指出，"三农"问题是关系国计民生的根本性问题，必须始终把解决好"三农"问题作为全党工作的重中之重，实施乡村振兴战略。2018 年，中共中央、国务院印发了《乡村振兴战略规划（2018—2022 年）》，对乡村振兴作出全面部署。2021 年，中共中央、国务院《关于全面推进乡村振兴加快农业农村现代化的意见》在 2018 年以来建设成就的基础上提出要"全面推进乡村振兴"。同年，国家乡村振兴局正式挂牌，成为我国脱贫攻坚战取得全面胜利的标志和全面实施乡村振兴的起点。2021年,《中华人民共和国乡村振兴促进法》开始施行,为乡村振兴提供了有力的法律支持。乡村振兴战略按照"产业兴旺、生态宜居、乡风文明、治理有效、生活富裕"的总要求,协调推进农村经济建设、政治建设、文化建设、社会建设和党的建设,已成为建设现代化经济体系、传承中华优秀传统文化、健全现代社会治理格局、实现全体人民共同富裕和城乡融合发展的内在要求。

(三)城乡融合

城乡融合是马克思主义的基本观点。恩格斯在思想史上最早提出了"城乡融合"的概念,他认为在人类社会发展进程中,城乡关系一般要经历由"混沌"到"分离",再到"联系",最终到"融合"的过程,在城乡融合过程中社会全体成员的才能得到了全面发展。在苏联社会主义建设过程中,斯大林提出,"城市和乡村有同等的生活条件"是实现城乡融合的重要标志。

工业化带来了城市化,带来了城乡分离,社会、经济、文化的发展又促使城乡的深度融合。从城乡无区别到城乡分离甚至对立,再到另一层面的城乡融合,这是马克思主义揭示的人类社会发展必然趋势。这一过程需要通过发展乡村社会生产力推动乡村振兴及新型城镇化来实现,是一个漫长的历史进程。

在马克思主义城乡融合理论指导下,我国借鉴国际经验走出了一条具有鲜明中国特色的新时代城乡融合发展道路。我国城乡融合发展路线经历了从"统筹城乡经济社会发展"到"统筹城乡发展",再到"城乡经济社会一体化"以及"城乡发展一体化",直至"城乡融合发展"的演进历程。

城乡融合的具体内涵和定义,目前还存在一些争议,理论界从各种视角进行了探讨。社会学界认为城乡融合发展是要消除城乡二元结构,使城市和乡村逐渐融为一体,最终实现城乡经济、政治、社会、文化、生态协调发展；经济学界强调保持城乡各自特色的同时，从经济、社会、空间布局等方面融合城乡发展；生态环境学者指出可以从城乡自然生态环境资源价值的统一、城乡主体生态环境保护实力的平衡、城乡居民生态环境权益的平等保障、城乡生态环境信息反馈机制的统筹构建四个方面实现城乡主体行为理性的融合；规划学者从空间的角度认为城乡融合是指城市和乡村两个具有不同功能的系统相互作用、相互补充、共同进化的新发展形态。

笔者认为，城乡融合是指在某区域内，通过劳动力、资金、技术等生产要素的自由流动和优化配置，充分发挥城乡各自的优势和作用，使城乡在经济、社会、文化教育、生活水平等方面先缩小差距，再进行广泛融合，逐渐实现城乡经济、社会、环境、生态持续协调发展的过程。城乡关系的重塑、城乡差距的缩小、城乡对立的消除、现代技术的运用、发展红利的共享构成了城乡融合的基本目标和内容。

三 协同治理

目前，"协同治理"已然成为国内外治理理论前沿的关注点，但国内外理论又存在明显差异。西方理论界的协同治理最初主要是指政府与各种社会组织之间的合作、共治，随后开始强调公共机构的作用，将协同治理视为一种由一个或多个公共机构发起的，并由非政府行动者或利益相关者参加的公共政策咨询和决策活动。与西方理论界强调主体的绝对多元性不同，中国土壤滋生的协同治理注重党和政府的领导、统筹和引导，追求的是治理效率和公平正义的平衡。

在治理能力和治理体系现代化的语境中，协同治理有向内和向外两个维度的指向。向内维度的协同治理是政府内部纵向各层级、横向各部门以及各地区之间交织的一种协同关系，以及社会组织内部、企业内部不同部门、城乡居民内部不同人群之间的协同关系。向外维度的协同治理则将治理目标和协同对象广义化,强调不同主体之间的协同、主体和客体的协同。

具体到公共数字文化的协同治理,作为数字时代的公共文化治理重要组成,以公共数字文化为治理对象,政府、企业、社会组织、公众等多个主体参与,融入网络化治理、公民自组织治理、数字化管理等治理模式,运用行政、法律、经济、行业自律、监督等多种治理工具提升政府治理能力和城乡居民数字文化享有度,其主要包括数字文化资源治理与数字文化活动治理。公共数字文化治理不但要实现对数字文化内容的治理,更强调宏观性和战略性,发挥数字时代优化社会环境的职能,通过政府之间、部门之间、政府与市场、社会力量的合作与协调等,建立全方位的数字文化治理格局,形成立体服务网络,提高文化服务效率和效益,实现数字文化的整体协同服务,通过不断调整,优化与经济、政治、社会的关系,促进国家治理。从治理的最终目标和价值取向来说,公共数字文化治理须在各种不同的制度关系中运用权力去引导、控制和规范公共数字文化建设和服务中的各种行为活动,既要实现公共数字文化事业的繁荣发展,还要最大限度地为社会提供海量优质的数字文化资源和服务,满足人民群众的文化需求和精神需求。

第三节 研究内容与方法

一 研究内容

本书研究内容的基本框架如图1-1所示。首先,在明确研究对象、研究背景和研究目标的基础上,从公共数字文化学科、公共数字文化事业、公共数字文化治理、公共数字文化政策等四个视角开展系统的文献述评,建立城乡融合下公共数字文化协同治理的理论基础。

与此同时，选择几个典型地区开展公共数字文化治理的调查研究，从基层治理层面了解城乡居民实际享有公共数字文化资源和服务情况，掌握公共数字文化协同治理真实状况。其次，研究了国家、地方和基层三个层面的公共数字文化协同治理机制，建立公共数字文化协同治理的评价模型。最后，在前述研究工作的基础上提出了从目标、制度、供给和成效角度加强公共数字文化协同治理、推进城乡文化融合的对策建议。

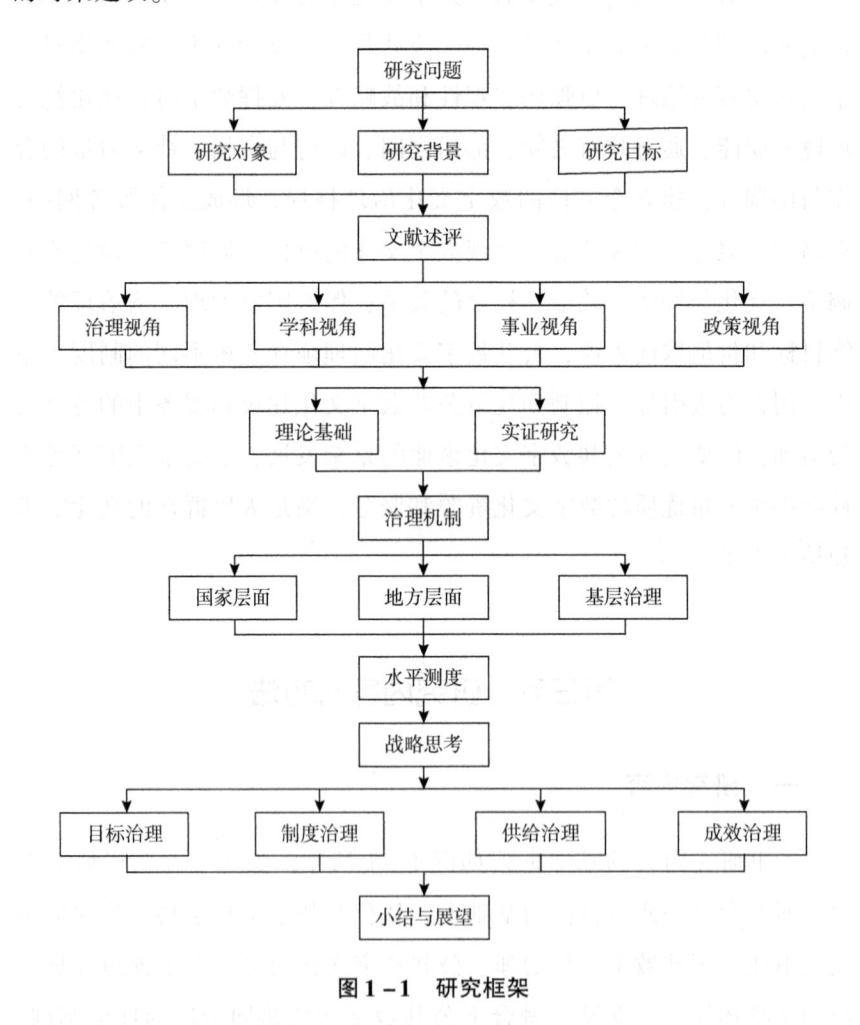

图1-1 研究框架

二 研究方法

本书采用的研究方法有文献法、访谈法和系统分析法。

(一) 文献法

在提出假设、研究设计、文献收集、文献整理和文献综述的基础上形成对问题的科学认识，是科学研究的基本要求。本书对城乡融合下的公共数字文化协同治理研究中的文献法应用主要涉及对国内外期刊、学位论文等学术文献，以及政策文献的搜集、鉴别和整理，以获得对研究问题的全面认识。

公共数字文化协同治理是多学科、综合性的新兴研究，研究厚度有限，在研究工作初期，通常需要基于文献法明确研究问题、界定相关概念、辨析相关理论，在此基础上，对公共数字文化协同治理的理论架构、服务体制、模式、机制进行探讨，分析亟待解决的问题及其产生原因，并基于实证提出针对性的对策与建议。

(二) 访谈法

访谈法是最为有效的个案研究方法之一，在公共数字文化相关研究中有成功应用，典型的研究案例是王子舟对7个乡村民间图书馆进行的实地个案调查。但是，相比于文献法、问卷法，传统的访谈法需要较高的时间和经济成本。由于该方法对访谈人员的高要求、过程缺乏私密性、结果处理难度大，其应用受到一定限制。因而，当前社会科学研究很多访谈以更为灵活的方式开展，从访谈方案设计到访谈对象选择、访谈方式、访谈频次、访谈结果处理都不再拘泥于传统规范。

本书在研究过程中，较多采用了访谈法。课题组通过实地调研、深入访谈公共数字文化基层工作人员和地方政府官员，以形成对公共数字文化协同治理末端的深入认知。由于新冠疫情的影响，课题组的实地走访活动受到了极大限制，但现场和非现场结合的访谈较好地弥补了这一缺憾。

（三）系统分析法

系统分析法（systems analysis）来源于系统科学，对特定的问题利用数据资料和有关管理科学的技术和方法进行研究，以解决方案和决策的优化问题。系统分析法将一个问题作为一个系统，将其中的各个子问题视为子系统，通过明确研究的预期目标，综合分析系统要素、全面分析系统环境、系统资源和系统管理，准确诊断问题，找出解决问题的可行方案。系统分析法中的可行方案应该是备选方案中稳定性最高、适应性最强、可靠性最好、可行性最佳的方案。

本书对公共数字文化协同治理结构、机制、评价体系等方面的研究运用了系统分析法。在对公共数字文化协同治理结构的分析中，提出了宏观、中观、微观的治理结构；在对公共数字文化协同治理机制的分析中，将协同治理机制从构成治理系统的国家、地方和基层治理三个方面进行展开；在公共数字文化协同治理成效分析中，基于系统分析提出了从多元参与到资源整合，从资源整合到服务提升的层层递进的评价体系。

本书采用的研究方法还包括：比较分析法、定性分析法、定量分析法、归纳法、演绎法、规范研究法、历史研究法、聚类分析法、层次分析法等。

第二章 文献述评

城乡融合背景下的公共数字文化协同治理研究兼具理论性和实践性，需要全面掌握期刊论文、政策文献、实践案例等各类资料，从多个角度展开分析。本章从学科视角、事业视角、政策视角以及治理实践视角四个视角展开文献述评，以揭示当前公共数字文化协同治理研究的基本特征。

第一节　学科视角下的公共文化

作为一门学科，其问世和续存须符合三个要求，即有特定研究对象、有具体的应用需求以及有科学的内在逻辑。具体而言，学科研究应包括它的历史沿革、对象范围、科学定位（学科关联）、研究范式、主要方法、理论体系、学科结构、应用领域、演进态势、发展环境、未来前景等。

进入21世纪以来，随着国家对文化工作的重视，公共文化研究开始兴起。本书选取了中国知网数据库收录的2000—2019年20年间公共文化的研究成果（数据统计时间2020年8月），具体范围为主题包含"公共文化"的期刊、博士学位论文、硕士学位论文等学术文献。在清洗数据并去除访谈、资讯、撤回、文件、会议信息、培训、讲话、导语等无关文献后，最终得到期刊论文 8100 篇、学位论文 2035 篇的数据集。20 年间我国公共文化研究文献的增长情况如图 2-1 所示。

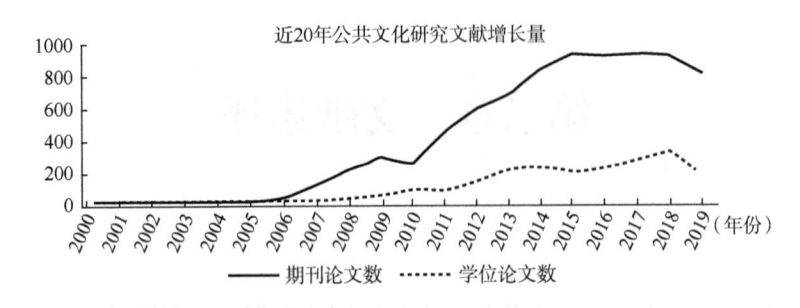

图 2-1　2000—2019 年公共文化研究文献增长量

由上图可见，中国公共文化研究在 2007 年前后进入一个快速增长期。研究井喷的主要背景是国家对公共文化前所未有的重视。这期间，最具代表性的事件是一次会议的召开和一份文件的印发。

2007 年 6 月，中共中央政治局召开了一次对公共文化意义空前的会议，专题研究部署了公共文化服务体系建设事宜。紧接着，中共中央办公厅、国务院办公厅于 2007 年 8 月印发了《关于加强公共文化服务体系建设的若干意见》，明确了公共文化服务体系的建设目标、重点任务和组织领导。以此为契机，自 2007 年起，一大批兼具理论价值和实践价值的研究成果开始涌现。其中包括：李少惠对公共文化服务体系建设的主体构成、功能以及公共文化政策演进的探讨；[1] 吴理财、李世敏对公共文化服务运行机制逻辑和农村公共文化重建的分析；[2] 闫平对公共文化服务体系建设基本理论问题的梳理；[3] 蒋永福就文化权利核心价

---

[1] 李少惠：《公共文化服务体系建设的主体构成及其功能分析》，《社科纵横》2007 年第 2 期。
[2] 吴理财、李世敏：《农村公共文化的陷落与重构》，《调研世界》2009 年第 6 期；吴理财：《公共文化服务机制的六个特性》，《人民论坛》2011 年第 30 期。
[3] 闫平：《试论公共文化服务体系建设》，《理论学刊》2007 年第 12 期。

值作用的探析；① 周晓丽、毛寿龙对公共文化服务模式的总结；② 王子舟对面向农民工的图书馆公共文化服务方式的调研；③ 等等，这些成果引领着研究的纵深发展。

在前期文化改革发展的理论和实践探索基础上，以2011年10月党的十七届六中全会的召开为标志，党和国家对公共文化做出了新的部署，带来了公共文化研究的新一轮高潮。这期间，影响力较大的成果有：荣跃明对公共文化的概念、形态和特征的分析④；柯平关于公共图书馆免费开放以及构建基本公共文化服务体系的理论思考⑤；胡唐明、郑建明关于公益性数字文化建设内涵、现状与体系的研究⑥；阮可对公共文化服务的多元主体构成的分析⑦；王学琴、陈雅关于公共文化服务绩效评估的研究⑧；李国新对《关于加快构建现代公共文化服务体系的意见》的解析⑨；王子舟关于公共阅读空间的研究⑩；肖希明等关于公共数字文化理论基础、均等化、资源整合动力机制的研究⑪；吴建中关于社会力量在公共文化中的地位作用以及公共数字文化中精准扶贫的研究。⑫

在本书出版之际，公共文化被列为信息资源管理学科的二级学科，

---

① 蒋永福：《文化权利：中国图书馆行业的核心价值》，《图书馆论坛》2007年第6期。
② 周晓丽、毛寿龙：《论我国公共文化服务及其模式选择》，《江苏社会科学》2008年第1期。
③ 王子舟：《图书馆如何向农民工提供知识援助》，《山东图书馆季刊》2009年第1期。
④ 荣跃明：《公共文化的概念、形态和特征》，《毛泽东邓小平理论研究》2011年第3期。
⑤ 柯平：《公共图书馆免费开放的理论思考》，《图书馆》2011年第3期。
⑥ 胡唐明、郑建明：《公益性数字文化建设内涵、现状与体系研究》，《图书情报知识》2012年第6期。
⑦ 阮可：《公共文化服务的社会力量参与研究》，《文化艺术研究》2013年第3期。
⑧ 王学琴、陈雅：《公共文化服务绩效评估基本理论辨析》，《图书馆》2015年第7期。
⑨ 李国新：《现代公共文化服务体系建设与公共图书馆发展——〈关于加快构建现代公共文化服务体系的意见〉解析》，《中国图书馆学报》2015年第3期。
⑩ 王子舟：《我国公共阅读空间的兴起与发展》，《图书情报知识》2017年第2期。
⑪ 肖希明、石庆功、唐义：《公共数字文化资源整合的制度供给》，《图书馆论坛》2021年第8期。
⑫ 吴建中：《精准扶贫——公共数字文化的下一个发力点》，《图书馆研究与工作》2017年第1期。

但距离成熟还有一段漫长的路要走。本小节基于学界对各种一般性、普遍性、基础性元问题的探讨，开展公共文化学科脉络的梳理。

一 理论基础

公共文化研究内容丰富、范围广泛，来自不同学科背景的研究者从各自学科角度开展工作，形成了来源广泛的理论基础。我们从2000余篇公共文化研究学位论文的摘要中抽取所涉及的相关理论，统计分析后发现，新公共服务理论、治理理论、公共产品理论以及新公共管理理论构成了公共文化研究的主要理论来源。如图2-2所示。

图2-2 公共文化研究的主要理论基础

（一）新公共服务理论

基于新公共服务理论，政府在公共服务中扮演的是掌舵人角色，主要负责建章立制，而公共服务更多由政府以外的力量来实现。自产生以来，新公共服务理论得到了普遍的认同和应用，在众多发达国家和发展中国家得到了较为广泛的推行。

公共文化以服务社会、满足人民大众的文化需求为出发点和最终目标，是公共服务的有机组成，因而，新公共服务理论与公共文化研究高度契合，成为公共文化研究的重要支撑理论。

（二）治理理论

治理理论中的治理是一种社会力量参与下的公共管理活动。治理理论在治理空间范围、资源内容、主体结构、理念方法、成本和效益五个维度展开，网络化治理理论、整体性治理理论和数字治理理论等构成了现代治理理论的基本框架，并形成了多种治理理论模式。这些治理模式从不同的路径指向同一治理目标，提供了丰富的治理方法促进治理目标的达成和公众权益的保障，在各领域公共管理中发挥积极作用。

公共文化研究与现代治理理论完美契合。党的十九届四中全会为公共文化如何运用现代治理理论，以多元化主体结构实现综合的、公正的、透明的治理，为保障人民基本文化权益指明了方向。

（三）公共产品理论

公共产品理论认为公共产品应由政府供给和掌控。通常公共产品被认为是一类在同一时间中可被共同消费、使多个个体得益的产品，严格意义上的公共产品还应具备效用不可分割性、消费非竞争性和受益非排他性三大特征。

因而，公共部门产生的一般产品都不属于纯公共产品，而是准公共产品。公共文化产品是典型的准公共产品，具有明显的非竞争性和非排他性，公共产品理论的基本观点在公共文化产品中具有较好的适用性。

（四）新公共管理理论

新公共管理理论致力于通过公共部门的小型化和分散化改革，提高公共部门效率。其基本观点包括：政府的角色在于掌舵而非划桨；政府的作用在于催化；社区在公共管理中发挥作用；政府主要在于授权而非服务；建设竞争性政府；开展竞争性服务；注重使命感；政府工作是用户驱动的，以满足用户需要为目标；从层级制走向协同和分权；借助市场的导向作用变革政府。新公共管理理论以及整体政府理论、网络治理理论等在包括公共文化在内的众多公共服务相关领域中产生巨大影响。

公共文化研究涉及的其他理论包括：马斯洛需求层次理论、均等化理论、供给理论、马克思主义文化理论、公共选择理论、市场失灵理论、政府失灵理论、社会公平理论、新农村理论、新型城镇化理论、社会公平理论、公共行政理论、绩效理论、最优化理论、标准化理论、社会变迁理论、协同理论、社会参与理论、城乡一体化理论等。这些理论在具体情境中为公共文化的研究提供了有力的支持。

综上所述，新公共服务理论、治理理论等形成了公共文化研究的理论基础，马克思主义理论为公共文化研究提供了基本的方法论武器。此外，国家法律和政策、文化事业基础与现实以及政府职能转变则为公共文化研究提供了现实依据，相关研究和实践也应根据这些理论与现实依据展开。

二 研究对象

"公共文化"（public culture）是一个与"公共领域"（public realm）、"公共服务"（public service）、"公共物品"（public goods）相关的对象。汉娜·阿伦特指出：公共领域的生活是真正属于人的生活，是真正有价值的公共生活，其中也包含了公共文化。阿尔让·阿帕杜莱提出，公共文化是一个与全球化、多元文化以及国家的政治生活密切相关的概念，与流行文化、大众文化、民间文化、民族文化、消费文化、中产阶级文化均有关联，强调的是共同体内部的公共生活与文化共享。

回归到中国环境中，"公共文化"是在中国特色社会主义实践背景下产生和演变的，其内涵和外延都具有明显的中国特色。在中国，公共文化最初是作为一个具有文化属性的公共空间概念而存在的。目前最为权威的"公共文化服务"界定来自《中华人民共和国公共文化服务保障法》,"公共文化服务"被认为是"由政府主导、社会力量参与,以满足公民基本文化需求为主要目的而提供的公共文化设施、文化产品、文化活动以及其他相关服务"。

公共文化研究具有明显的多学科关注、多角度切入的特色,公共文化研究涉及中图法 A、C、D、F、G、J、K、T 八大分类及上百个次级类目。表 2-1 列出了国内公共文化研究文献数量最多的 10 个学科分类。

表 2-1　　　　　　开展公共文化研究的主要学科分类

序号	中图分类号	总文献数	学位论文数	期刊论文数
1	G2(信息与知识传播)	5609	920	4689
2	G1(世界各国文化与文化事业)	1639	329	1639
3	D6(中国政治)	582	227	355
4	D4(工人、农民、青年、妇女运动与组织)	519	177	342
5	G1(世界各国文化与文化事业)	329	72	150
6	D9(法律)	173	53	97
7	TU(建筑科学)	159	32	87
8	C9(社会学)	150	25	87
9	F3(农业经济)	112	23	74
10	F8(财政、金融)	106	23	57

国际公共数字文化研究同样呈现出多学科发展的明显特征。信息科学与图书馆学是涉及本领域研究的主要学科,同时有大量研究偏向计算机科学、通信科学、管理科学、人文艺术学等方向。

三 研究方法

作为一门社会科学，公共文化研究以社会科学研究方法为主。社会科学研究常见的方法技术包括问卷法、访谈法、观察法、量表法、抽样法、测量法、统计分析法、计算机应用技术等，又可总结为调查研究、实验研究、文献研究、实地研究四种基本方法。本书从相关学位论文、期刊论文的摘要、关键词和目录字段提取涉及的研究方式、研究方法所绘制的公共文化主要研究方法的标签云如图2-3所示。由于不少研究对研究方式和研究方法并未进行严格区分，导致文献中两者混用的情况较多，笔者将其统一为研究方法。

图2-3 公共文化的主要研究方法

由上图可知，在公共文化研究中最为常见的方法包括问卷法、访谈法、文献法。

（一）问卷法

公共文化作为一门社会科学，为社会大众提供服务的目标属性要求相关研究更多关注公众的需求和体验，因而，在公共文化研究中问卷法有极高的使用频率。

公共文化研究中的问卷法应用通常出于调查目的，调研某一地区、某一领域、某一群体对各类公共文化服务资源、设施、活动的认知程度、心理需求、行为偏好、使用体验等。也有部分基于统计目的的问卷，通过抽样调查进行公共文化相关政策、具体项目和活动进行满意度测评。通过问卷的发放和分析，研究者获取大量第一手的、基础性的、即时性的资料，形成一系列典型的案例分析，对于开展公共文化的发展理念、发展路径、发展方式和效益研究具有重要价值。

当然，问卷法也并非万能的，在受访者成分较为复杂时效果会大幅下降，也会因问卷设计缺陷、样本规模不足、受访者结构不合理等因素导致分析结果与实际情况不符合。

（二）访谈法

在公共文化研究中，通过实地调研，深入访谈服务发起人、管理者、志愿者以及受众，形成对问题的全方位了解，是最为有效的个案研究方法之一。典型的基于访谈的公共文化研究案例，如王子舟对7个乡村民间图书馆进行的实地个案调查，通过走访乡村图书馆负责人和当地村民，探究其修复或重建乡村文化的经验教训，总结乡村图书馆的基本特征。[①]

相比于文献法、问卷法，传统的访谈法需要较高的时间和经济成本，对访谈人员的要求高，过程缺乏私密性，结果处理难度大，其应用受到一定限制。因而，当前公共文化领域的很多访谈以更为灵活的方式开展，访谈设计以半结构性、非结构性替代结构性，调查对象从集体访

---

① 王子舟等：《乡村民间图书馆田野调查笔记》，国家图书馆出版社2019年版，第6—8页。

谈转向个别访谈，沟通方式以在线访谈和电话访谈取代直接访谈，调查次数从多次减少到一次。公共文化研究通过对访谈严密性的牺牲来换取访谈效率的提高和整体效果的改善。

（三）文献法

在提出假设、研究设计、文献收集、文献整理和文献综述的基础上形成对问题的科学认识，是科学研究的基本要求。公共文化研究中的文献法主要涉及对国内外期刊、学位论文等文献，以及政策文献的搜集、鉴别和整理，常与问卷法、访谈法等研究方法同时使用，以获得对研究问题的全面认识。由于公共文化是多学科、综合性的研究，在研究工作初期，通常需要基于文献法明确研究问题、界定相关概念、辨析相关理论，在此基础上，对公共文化的理论架构、服务体制、模式、机制进行探讨，总结公共文化服务实践的成功经验，分析亟待解决的问题及其产生原因，并基于实证提出针对性对策与建议。

公共文化研究中常用的研究方法还包括：比较分析法、定性分析法、定量分析法、归纳法、演绎法、规范研究法、数据包络分析法、历史研究法、聚类分析法、层次分析法等。

四 研究内容

（一）研究领域

公共文化是扎根于中国特色社会主义文化建设土壤之上的学科，紧密围绕公共文化服务体系的建设而展开研究，具有广阔的学科生存和发展空间。随着公共文化事业的发展，公共文化研究的理论厚度和韧性不断加强，核心理论持续得到发展，已在多个领域形成了丰富的理论积累。

研究可见，当前公共文化研究在基础理论研究、服务体制机制建设、乡村公共文化服务、专门机构公共文化服务、数字文化等领域发力，构建了相对完整的知识体系。

基础理论研究方面，通过对文化事业、文化产业以及两者间的区别和联系的讨论，对公共文化的治理问题的探究，对发展战略、理论依据、服务理念、政策法规、主体功能、体系结构、绩效评价等问题的分析等工作，公共文化研究的理论基础正日趋坚实。

服务体制机制建设方面，作为国家公共文化服务体系建设的基础性工作，研究者们对公共文化服务的管理体制、主体结构、治理模式、运行机制、建设标准等开展了广泛而深入的讨论，促进了现代公共文化服务体系的建设和完善。

充分发展乡村公共文化服务是实现乡村振兴、全面建成小康社会的必要条件，也是公共文化研究的重要领域。研究者们就公共文化的城乡一体化建设、公共服务的均等化、公民文化权益的保障、农民信息素养的提高等问题各抒己见，不仅丰富了公共文化的理论体系，也为公共文化事业的繁荣提供了理论支持和对策。

以图书馆为代表的专门机构和组织的公共文化服务是公共文化研究的另一个重要方向。图书馆、文化馆、美术馆等公共文化相关机构和组织是中国公共文化服务的主要力量，这也是中国的特色和优势，各机构和组织在开展公共文化服务的实践过程中积累了大量宝贵的经验，通过提炼，在学术交流中实现了理论和实践的互长。

此外，代表技术发展趋势的数字文化已成为公共文化研究的又一重地。在这一领域，研究者已在数字资源标准建设、数字人文、多媒体技术应用、数字服务平台建设等方面产出大量优秀成果。

（二）主要流派

如图 2-4 所示，通过对 20 年间公共文化研究的笔者和关键词进行共词聚类分析，可发现中国公共文化在研究过程中已形成了若干流派，并在百花争艳中初现一派繁华气象。

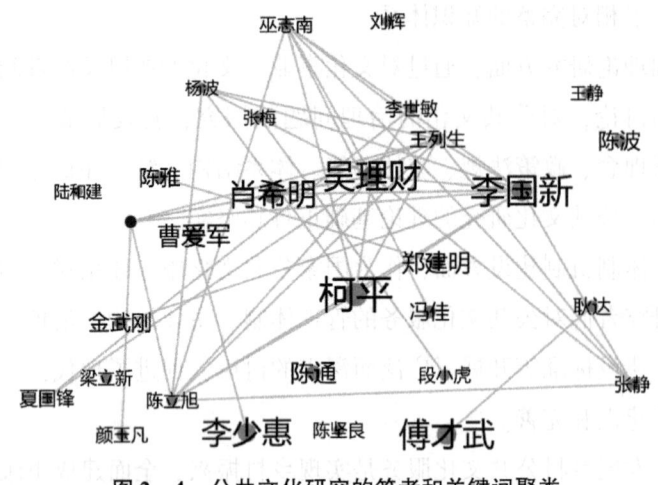

图 2-4 公共文化研究的笔者和关键词聚类

北京大学李国新教授等主攻公共文化的法治与体系建设，在公共图书馆法、图书馆法治、现代公共文化服务体系建设、总分馆制等方面开展了深入研究。

南开大学柯平教授等重点关注公共文化的评估与规划，在图书馆战略规划、图书馆评估、图书馆事业发展、公共文化服务均等化等方面建树颇丰。

南京大学郑建明教授等在数字文化及治理方面有较大影响力，就公共数字文化理论、治理能力现代化、治理体系构建、治理机制完善等方面做出了开创性工作。

以武汉大学肖希明教授为代表的专家则致力于数字文化资源标准化与整合，提出了公共数字文化资源的基础标准、元数据标准、机构合作、资源整合、平台一体化等方面的解决方案。

华中师范大学吴理财教授及其团队的主要工作领域是文化权利与农村文化服务，对农村基层政府、乡镇文化站、农村劳动者等主体对农村公共文化服务均等化的作用进行了深入分析，为推动文化体制改革和文化权利的实现提出了可行性意见和建议。

除上述专家外,还有一些发文量较多、影响力较大的专家,如专长于公共文化政策、公共文化服务体系建设的兰州大学李少惠教授,专注于文化事业与文化产业发展与改革的武汉大学傅才武教授。

(三) 学科演进

本书使用引文分析方法以及 CiteSpace 可视化工具,对 20 年来的公共文化研究文献进行关键词突变分析,研究热点和发展趋势见表 2-2。

表 2-2　　　　　　　　公共文化研究热点

关键词	强度	开始年度	结束年度	持续时间
基本文化权益	9.2219	2007	2011	
农村文化建设	7.7078	2007	2012	
农民	7.6608	2006	2011	
劳动者	7.6608	2006	2011	
农村公共文化服务体系	6.8119	2009	2011	
免费开放	6.1173	2011	2012	
公共文化服务体系	5.9003	2006	2008	
事业	5.7805	2008	2012	
财政	5.5877	2007	2010	
国家公共文化服务体系	5.0286	2012	2013	
财政金融	4.7254	2008	2010	
产业	4.4595	2008	2012	
浙江	4.3444	2012	2013	
乡镇综合文化站	3.9076	2009	2014	
文化惠民	3.7906	2013	2014	

续表

关键词	强度	开始年度	结束年度	持续时间
群艺馆	3.7640	2013	2014	
农村	3.7440	2008	2009	
需求	3.6964	2013	2016	
社会主义文化大发展大繁荣	3.6764	2011	2013	
创新	3.3644	2011	2012	
社区居民	3.2617	2013	2015	
全国文化信息资源共享工程	3.2515	2008	2010	
十八届三中全会	3.2178	2013	2015	
公共文化服务体系建设	3.1874	2008	2011	
建筑物	3.1491	2008	2009	

围绕公共文化服务体系建设这一核心，中国公共文化研究大致可分为如下几个阶段，不同阶段出现一系列热点：

2000—2006年为起步阶段。在这一阶段，中国公共文化研究方得初创，相关成果数量不多，尚未形成稳定的研究主题，基本也不存在热点话题。直至2006年，在国家全面部署公共文化服务体系建设的前夜，才出现对农村公共文化服务体系的集中关注，"公共文化服务体系""农民"和"劳动者"成为公共文化的研究热点。

2007—2010年为井喷阶段。2007年，中共中央政治局公共文化服务体系建设专题会议的召开，激发了学界公共文化理论建构和实践总结的热潮，形成了很多研究热点，例如，为建设结构合理的公共文化服务体系而开展的文化事业、文化产业讨论；为实现公共文化服务的全社会覆盖开展的基本文化权益探讨，对农村公共文化服务体系中的农村文化建设、乡镇综合文化站建设、农村发展问题的分析；为促进具体工作开展，对全国文化信息资源共享工程等重点工程的经验总结，对财政金融支持的建议，对公共文化建筑和设施的讨论。

2011年至今进入繁荣阶段。2011年党的十七届六中全会的胜利召开代表公共文化研究进入了一个全面繁荣阶段。一方面，通过对社会主义文化大发展大繁荣的讨论以及对党的十八届三中全会精神的阐释，公共文化理论实现创新。另一方面，及时总结并推介各地先进经验，贯彻执行文化惠民政策、落实公共文化资源免费开放政策，不断完善国家公共文化服务体系，满足城乡居民公共文化需求，一系列研究热点都与实践紧密结合，也成为公共文化学科发展的活力所在。

随着图书情报与档案管理学科更名为信息资源管理学科，公共文化已被正式列入指导性二级学科目录。公共文化将拥有更为庞大和专业化的研究队伍，进一步加深与各学科的融合，充分吸收和借鉴各学科的先进理论、研究方法和学术观点，丰富和发展自身的知识体系，成为一门真正成熟的、足以引领社会主义文化建设的学科。

第二节　事业视角下的公共文化

公共文化事业是指文化事业单位及其向社会大众提供的文化服务和文化产品。精神产品来源有文化事业与文化产业两种，学界一般将其中非经营性、公益性的文化产品生产和服务活动纳入公共文化事业范畴。中国公共文化事业强调由政府主导、多方参与，以社会主义核心价值观为引领，向社会大众提供各种文化设施、文化产品、文化活动以及其他相关服务以满足社会大众基本文化需求。

作为中国特殊国情的产物，公共文化事业这一概念具有鲜明的中国特色，国外文献通常不直接使用这一提法，但以公益性的文化服务满足人民基本文化需求始终是各国政府职责所在。自"二战"结束以来，各国政府均加强了对公共文化的引领和协调,大力建设公共图书馆、博物馆、美术馆,不断丰富各种非竞争性、非排他性文化产品和服务的供给,不断创新服务手段,以保障社会大众的文化权益,一些国家如法国还专设了政府部门进行公共文化的日常管理和发展规划。

中国公共文化事业起步于中华人民共和国成立之时,快速发展则是改革开放40余年以来所发生的。本书以时间为轴,回顾中国改革开放40余年的公共文化事业发展历程,并对今后一段历史时期尤其是"十四五"阶段的公共文化事业进行展望。

笔者将中国改革开放40余年公共文化事业的发展历程分为如下三个阶段:1978—2002年为第一阶段,分别以党的十一届三中全会和党的十六大为起点和终点,这一阶段公共文化事业得到复苏、文化改革开始展开;2002—2017年为第二阶段,自党的十六大到十九大之间的十余年间,中国公共文化事业得到了快速发展;2017年,党的十九大指出中国特色社会主义已进入新时代,公共文化事业也步入了纵深发展的新阶段。

一 改革开放初期公共文化事业的复苏

党的十一届三中全会开启了现代化建设的新时代,党的工作重心开始转向"以经济建设为中心",作为现代化建设重要组成的公共文化事业迎来了快速恢复和发展时期。恢复、调整、改革成为贯穿这一时期的公共文化事业发展主线。在恢复公共文化服务的基础设施条件后,中国不断深化对文化事业的认识,对文化的内涵把握更准确;对文化产品的商品属性认识更到位;对文化的经济、社会功能有了全新认识。通过适时调整文化事业的基本方针,中国通过文化体制改革为公共文化事业的进一步发展打下了坚实基础。

二 新世纪公共文化事业的快速发展

随着21世纪的到来和党的十六大的胜利召开,中国公共文化事业发展进入成熟和完善的新时期。这一时期，公共文化事业的理论建构得到了快速发展：对政府职能、文化市场的认识不断深化；发展目标任务得到不断细化；改革试点实现了从点到面、从易到难、由浅入深；政策环境建设逐步成熟；事业发展关键领域和关键工作被更深入地认识。随着理论认识的深化，公共文化事业取得了巨大的成就和长远的发展，在国家战略中占据越来越关键的位置，深化文化体制改革成为全面深化改革的重要组成，现代公共文化服务体系的构建有力地促进了中国特色社会主义文化的繁荣。

三 新时代公共文化事业的纵深发展

随着中国特色社会主义进入新时代，公共文化事业的主要矛盾也发生了新的变化，人民群众日益增长的美好精神文化需求和文化事业发展不平衡不充分之间的矛盾成为公共文化事业发展众多矛盾中的主要矛盾，这也是中国社会主要矛盾在文化领域的投影。

新时代，新矛盾带来了新挑战，公共文化事业发展过程中政府文化管理、文化立法、资源建设、基础设施保障、经费保障、人才保障、效能管理、行业规范与业务标准等领域，实践和理论中的各种不平衡不充分开始凸显。

面对新时代公共文化事业发展过程中的上述挑战，中国进一步丰富了公共文化事业理论：公共文化事业发展的内在动力来自新时代文化领域的基本矛盾；乡村地区是公共文化事业的发展重点；公共文化事业的最终保障来自完善的法制体系；以文旅融合为代表的其他领域融合是公共文化事业的重要增长点。最新的理论将在未来一段时期尤其是"十四五"期间更加有力地推进公共文化事业的纵深发展，推动公共文化事业体制机制改革、法律法规建设、经费和人才保障等方面工作的优化。

第三节 公共数字文化之政策

公共数字文化建设作为文化和旅游公共服务体系建设的重要任务，是文化强国和网络强国两大战略的汇集点，对于提升公共文化服务智慧化、现代化水平和治理能力，满足人民群众对美好文化和旅游生活的新期待具有重要意义。加强公共数字文化政策法规建设，完善内容建设、标准规范制定、绩效考核评价机制，提高公共数字文化建设工作的科学性、规范化水平，是公共数字文化建设的重要任务。从中央到地方各级政府都对公共数字文化极其重视，出台了一系列政策、法规、标准、规范。

一 国内外公共数字文化政策研究现状

由于国情不同，西方国家通常不会将公共数字文化作为研究对象，而是具体化为对图书馆、博物馆、美术馆等文化服务机构及其服务项目的研究，这些战略规划、理论创新和实践探索，对中国公共数字文化的发展有积极的借鉴意义。国外文献中，与公共数字文化相关的宏观指导制度主要包括文化法律法规、文化政策体系和数字文化战略规划，三者互为补充，为公共数字文化建设提供了宏观指引方向。

国内对公共数字文化的政策研究多为比较研究、案例分析，如邵燕、石慧[1]对中国和英、美、法三国的公益性数字文化政策法规的比较研究；马岩等[2]对中外公共文化立法的分析比较；王芬林[3]在中国数字

---

[1] 邵燕、石慧：《国外公益性数字文化建设实践解析及对我国建设的启示》，《图书馆理论与实践》2014年第5期。
[2] 马岩、于伟、孙红亮：《中外公共文化立法：现状、特点与比较》，《图书馆》2017年第10期。
[3] 王芬林：《全国文化信息资源共享工程服务政策解析及对数字图书馆服务政策的思考》，《图书馆》2010年第1期。

图书馆服务政策和英、美类似数字文化项目信息伦理政策之间的对比。在相关领域地方治理研究中，共词分析、文本分析是目前主流的研究方法，在科技创新、大数据、农民工等政策科学领域各主题有广泛应用。具体到公共数字文化政策的研究中，近年来涌现了一批采用了共词网络、文本分析方法的成果，如曹树金等采用政策分析方法建立了公共文化服务政策三维立体模型；[①] 李鑫炜基于政策工具理论对公共数字文化政策文本的分析；[②] 闫慧、林欢采用文本分析对电子阅览室评估政策的分析；[③] 肖希明、卢世晴构建了公共数字文化整合政策的体系框架；[④] 王学琴探讨了公益性数字文化服务体系构建的政策环境、内涵和特点。[⑤]

二　国家层面的公共数字文化政策

在国家层面，党和国家一直重视文化工作，习近平总书记就加强公共文化服务体系建设，推进文化体制改革，推动文化事业全面繁荣发表了一系列重要论述。[⑥] 中央一级政府和相关部门先后发布了《文化部、财政部关于进一步加强公共数字文化建设的指导意见》《文化部"十三五"时期公共数字文化建设规划》等文件，部署公共数字文化建设工作。2011年以来，国家发布的部分公共数字文化相关政策见表2-3。

[①] 曹树金、孙立宝、曹茹烨：《基于文本和回归分析的中国城市科技创新发展的政策因素影响研究》，《科技情报研究》2023年第3期。

[②] 李鑫炜：《我国公共数字文化服务政策文本分析》，硕士学位论文，河北大学，2018年。

[③] 闫慧、林欢：《中国公共数字文化政策的评估研究——以公共电子阅览室建设计划为样本》，《图书情报工作》2014年第11期。

[④] 肖希明、卢世晴：《公共数字文化资源整合政策体系探讨》，《图书馆》2015年第9期。

[⑤] 王学琴：《我国公共文化服务绩效评估指标体系研究》，硕士学位论文，南京大学，2014年。

[⑥] 中共中央文献研究室编：《习近平关于社会主义文化建设论述摘编》，中央文献出版社2017年版，第183—194页。

表2-3　　2011年以来部分国家层面公共数字文化政策

标题	效力级别	发布部门	发布日期
文化部、财政部《关于进一步加强公共数字文化建设的指导意见》	部门规范性文件	文化部;财政部	2011.11.15
文化部办公厅关于印发《公共电子阅览室终端计算机配置标准》和《公共电子阅览室管理信息系统功能规范》的通知	部门工作文件	文化部	2012.01.09
文化部、财政部关于印发《"公共电子阅览室建设计划"实施方案》的通知	部门工作文件	文化部;财政部	2012.02.03
财政部《关于贯彻落实十七届六中全会精神做好财政支持文化改革发展工作的通知》	部门工作文件	财政部	2012.04.24
文化部办公厅关于印发《文化部"十二五"文化科技发展规划》的通知	部门工作文件	文化部	2012.09.12
文化部关于印发《文化部"十二五"时期公共文化服务体系建设实施纲要》的通知	部门工作文件	文化部	2013.01.14
文化部关于印发《全国文化信息资源共享工程"十二五"规划纲要》的通知	部门工作文件	文化部	2013.01.30
文化部关于印发《全国公共图书馆事业发展"十二五"规划》的通知	部门工作文件	文化部	2013.01.30
国务院关于印发《"宽带中国"战略及实施方案》的通知	国务院规范性文件	国务院	2013.08.01
文化部关于印发《文化部信息化发展纲要》的通知	部门工作文件	文化部	2013.09.10
国务院办公厅转发文化部、财政部、新闻出版广电总局、体育总局《关于做好政府向社会力量购买公共文化服务工作的意见》	国务院规范性文件	国务院办公厅	2015.05.05

续表

标题	效力级别	发布部门	发布日期
国务院办公厅《关于推进基层综合性文化服务中心建设的指导意见》	国务院规范性文件	国务院办公厅	2015.10.02
财政部关于印发《中央补助地方公共文化服务体系建设专项资金管理暂行办法》的通知	部门规范性文件	财政部	2015.12.24
《中华人民共和国国民经济和社会发展第十三个五年规划纲要》	工作文件	全国人民代表大会	2016.03.16
文化部、国务院农民工工作领导小组办公室、全国总工会《关于进一步做好为农民工文化服务工作的意见》	部门规范性文件	文化部;国务院农民工工作领导小组办公室;全国总工会	2016.03.17
科技部、文化部、国家文物局关于印发《国家"十三五"文化遗产保护与公共文化服务科技创新规划》的通知	部门工作文件	科学技术部;文化部;国家文物局	2016.12.07
《中华人民共和国公共文化服务保障法》	法律	全国人大常委会	2016.12.25
文化部、新闻出版广电总局、体育总局、发展改革委、财政部关于印发《推进县级文化馆图书馆总分馆制建设的指导意见》	部门规范性文件	文化部;国家新闻出版广电总局;国家体育总局等	2016.12.26
文化部关于印发《文化部"一带一路"文化发展行动计划(2016—2020年)》的通知	部门工作文件	文化部	2016.12.29
国务院关于印发《"十三五"推进基本公共服务均等化规划》的通知	国务院规范性文件	国务院	2017.01.23
文化部关于印发《"十三五"时期繁荣群众文艺发展规划》的通知	部门工作文件	文化部	2017.05.04
《"十三五"时期文化扶贫工作实施方案》	部门工作文件	文化部	2017.05.25
国务院办公厅关于印发《兴边富民行动"十三五"规划》的通知	国务院规范性文件	国务院办公厅	2017.05.28

续表

标题	效力级别	发布部门	发布日期
文化部关于印发《文化部"十三五"时期公共数字文化建设规划》的通知	部门工作文件	文化部	2017.07.07
文化部关于印发《"十三五"时期全国公共图书馆事业发展规划》的通知	部门工作文件	文化部	2017.07.07
中共中央办公厅、国务院办公厅关于印发《文化和旅游部职能配置、内设机构和人员编制规定》的通知	党内法规	中共中央办公厅；国务院办公厅	2018.07.30
文化和旅游部办公厅关于印发《公共数字文化工程融合创新发展实施方案》的通知	部门工作文件	文化和旅游部	2019.04.16
文化和旅游部公共服务司关于印发《公共图书馆、文化馆(站)恢复开放工作指南》的通知	部门规范性文件	文化和旅游部	2020.02.25

三 区域性公共数字文化政策

在国家层面的宏观指导下，地方政府及相关部门制定和发布具体的公共数字文化政策，将国家治理目标落到地方治理中。地方治理承上启下，统筹地方协调发展，是国家治理体系不可或缺的一部分。在中国，有立法权的省、自治区、直辖市，以及较大的市、经济特区所在市等地政府具体负责贯彻落实上级政府重大战略部署，推进重大项目落地实施，完成和实现公共服务和社会事务管理的改革和发展过程。本书所指区域性政策为各省、市政府部门对地方公共问题的治理，通过采集和分析各省、市、自治区以及下设地市发布的公共数字文化相关政策，可以了解地方政府公共数字文化治理的基本思路、发展路径、治理现状以及内容结构，揭示公共数字文化地方治理的现实问题及其解决思路。

第二章 文献述评

本书的政策数据主要来源于上海科学技术情报研究所开发和维护的公共文化服务政策基础数据库（http：//pcsp.library.sh.cn）以及北京大学法制信息中心的北大法宝数据库（http：//www.pkulaw.com），数据汇总、去重后，共遴选出2000—2019年省级和地市级公共数字文化相关法律、措施、规定、办法、制度、条例、通知等政策588份。

部分区域性公共数字文化政策见表2-4。

表2-4　　　　2005年以来部分区域性公共数字文化政策

标题	省份	年度	发文字号
云南省人民政府办公厅转发省文化厅、省财政厅《关于加强文化信息资源共享工程建设的实施方案》的通知	云南省	2005	云政办发〔2005〕146号
丽江市人民政府办公室关于印发《丽江市农村数字电影放映试点工作实施方案》的通知	云南省	2010	丽政办发〔2010〕64号
《中共广州市委办公厅、广州市人民政府办公厅关于进一步加强我市农村文化建设的实施意见》	广东省	2006	穗办〔2006〕26号
《广州市农家书屋管理暂行办法》	广东省	2009	穗新广〔2009〕第139号
东莞市人民政府办公室关于印发《东莞市公共文化服务社会化发展促进办法》的通知	广东省	2014	东府办〔2014〕91号
徐州市政府办公室印发《关于做好政府向社会力量购买公共文化体育服务实施办法（试行）》的通知	江苏省	2017	徐政办发〔2017〕131号
江苏省政府办公厅转发省文化厅等部门《关于做好政府向社会力量购买公共文化服务工作的实施意见》的通知	江苏省	2015	苏政办发〔2015〕128号
毕节市人民政府办公室关于印发《"十三五"时期公共文化服务精准扶贫实施方案》的通知	四川省	2018	毕府办发〔2018〕16号

续表

标题	省份	年度	发文字号
杭州市人民政府办公厅关于印发《杭州市智慧政务发展"十三五"规划》的通知	浙江省	2016	杭政办函〔2016〕134号
盘锦市人民政府关于印发《盘锦市"十三五"推进基本公共服务均等化规划》的通知	辽宁省	2018	盘政发〔2018〕5号
福建省人民政府办公厅关于印发《福建省"十三五"文化改革发展专项规划》的通知	福建省	2016	闽政办〔2016〕84号
《盐城市人民政府关于推进文化惠民工程的实施意见》	江苏省	2013	盐政发〔2013〕123号
《中共深圳市委办公厅、深圳市人民政府办公厅关于全面提升深圳文化软实力的实施意见》	广东省	2010	深办发〔2010〕4号
六安市人民政府办公室关于印发《六安市"十三五"文化事业建设和产业发展规划》的通知	安徽省	2016	六政办〔2016〕55号
《中共江苏省委、江苏省人民政府关于发展先进文化建设文化江苏的决定》	江苏省	2006	苏发〔2006〕23号
《浙江省公共文化服务保障条例》	浙江省	2017	浙江省人民代表大会常务委员会公告第68号
江门市人民政府关于印发《江门市关于加快构建现代公共文化服务体系的实施方案》的通知	广东省	2016	江府〔2016〕19号
中共南京市委办公厅、南京市人民政府办公厅《关于推进现代公共文化服务体系建设的实施意见》的通知	江苏省	2016	宁委办发〔2016〕64号
中共辽宁省委办公厅、辽宁省人民政府办公厅印发《关于加快构建现代公共文化服务体系的实施意见》的通知	辽宁省	2016	辽委办发〔2016〕32号
无锡市人民政府办公室关于印发《无锡市创建国家公共文化服务体系示范区建设规划(2013—2015年)》的通知	江苏省	2013	锡政办发〔2013〕300号

续表

标题	省份	年度	发文字号
河南省人民政府办公厅关于印发《河南省现代公共文化服务体系建设绩效考核办法（试行）》的通知	河南省	2018	豫政办〔2018〕42号
浙江省人民政府关于印发《浙江省基本公共服务体系"十二五"规划》的通知	浙江省	2012	浙政发〔2012〕103号
上海市嘉定区人民政府办公室关于转发《嘉定区持续推进国家公共文化服务体系示范区建设工作的实施意见(2018—2020)》的通知	上海市	2018	嘉府办发〔2018〕16号
德宏州人民政府《关于加强公共文化惠民服务体系建设的实施意见》	云南省	2013	德政发〔2013〕43号
《江苏省公共文化服务促进条例》	江苏省	2015	苏政办发〔2015〕135号
福建省人民政府办公厅关于印发《推进基层综合性文化服务中心建设实施方案》的通知	福建省	2016	闽政办〔2016〕138号
河南省人民政府办公厅关于印发《河南省推进基层综合性文化服务中心建设实施方案》的通知	河南省	2016	豫政办〔2016〕113号
《内蒙古自治区人民政府办公厅关于推进基层综合性文化服务中心建设的实施意见》	内蒙古自治区	2016	内政办发〔2016〕83号
《北京市人民政府关于进一步加强基层公共文化建设的意见》	北京市	2015	京政发〔2015〕28号
苏州市政府关于印发《苏州市区公共文化设施布局规划(2015—2030)》的通知	江苏省	2017	苏府〔2017〕6号
江苏省政府办公厅转发省文化厅等部门《关于加强农村电影放映工作意见》的通知	江苏省	2006	苏政办发〔2006〕69号
中共辽宁省委、辽宁省人民政府关于印发《辽宁省文化产业振兴规划纲要》的通知	辽宁省	2010	辽委发〔2010〕12号
《呼和浩特市人民政府关于加快构建现代公共文化服务体系的实施意见》	内蒙古自治区	2017	呼政发〔2017〕29号

城乡融合背景下的公共数字文化协同治理

对上述区域性公共数字文化政策地域分布、治理主体、治理内容的分析可见：

（一）基本面貌

治理主体方面，除台湾省、香港特别行政区和澳门特别行政区外，全国 31 个省、自治区、直辖市都制定和发布了地方公共数字文化服务相关政策，上百个地市也以各种形式对公共数字文化建章立制以繁荣公共数字文化。除了当地人民政府、人大常委会以及直接相关的文化厅等部门外，党委办公厅、财政厅、文化广电新闻出版局等部门以及地市对应部门也参与了公共数字文化服务的治理。

地方公共数字文化服务相关政策法规以意见、办法、规划、通知等地方规范性文件、地方工作文件为主。效力级别更高的地方性法规和地方政府规章较少，省级地方性法规主要为在《中华人民共和国公共文化服务保障法》基础上制定的当地公共文化服务保障条例，一些地市如苏州市还发布了公共文化服务办法作为当地政府规章的一部分。总体而言，地方公共数字文化治理政策工具的运用并不均衡，一半以上的省级政策工具都属于保障类的政策，即各种规划、计划和整体方案是省级治理的主流。地市级的地方治理更具体一些，规范类、动能类的政策工具运用较省级频繁，但保障类政策工具仍是最常用的治理手段。

（二）治理历程

如图 2-5 所示，地方治理中的公共数字文化政策发展呈现出如下特点：政策数量总体上处于逐年增加状态，但也有明显的起伏；在 2006—2007 年、2015—2017 年，地方政策工具运用力度出现了两次加强，形成了两次峰值；地市级的政策发展稍慢于省级的政策发展步伐。

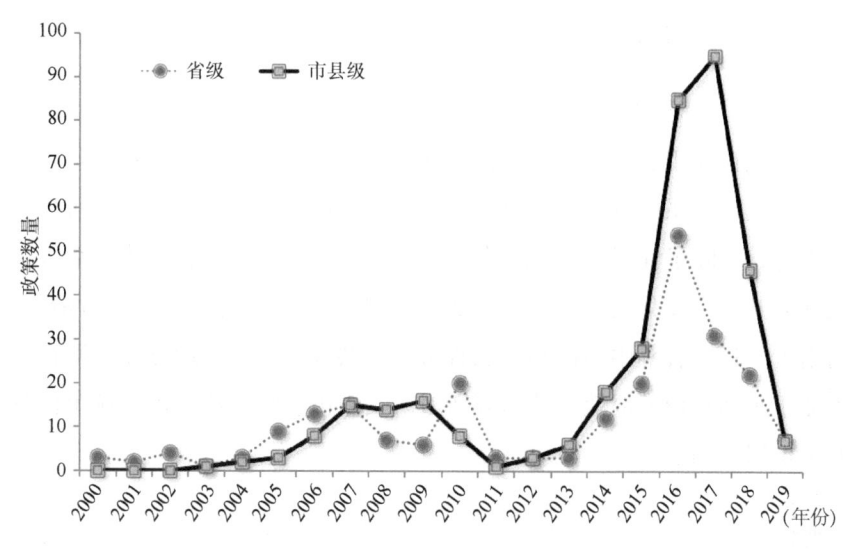

图 2-5 2000—2019 年地方公共数字文化政策数量

地方公共数字文化政策治理的力度起伏主要源于中国自上而下的施政设计，国家治理的措施传导到地方治理层面导致地方政策的密集出台，由此可推知基层治理的强度也是随之联动的。这一制度客观上有助于公共数字文化治理的标准化、制度化，但也存在地方治理活力不足的隐忧。

地方政策工具运用强度的两处峰值主要是由于地方政府对中央政策的贯彻落实。2006 年，《2006—2020 年国家信息化发展战略》发布，要求各地、各部门加强信息基础设施建设和信息资源开发，缩小城乡居民的数字鸿沟。2007 年，《关于加强公共文化服务体系建设的若干意见》出台，该意见对地方公共文化服务体系建设提出了明确的目标要求。2015 年，国家发布了《关于加快构建现代公共文化服务体系的意见》，该意见指出了建设现代公共文化服务体系的新方向，印发了《文化部公共数字文化工程管理办法》《国家基本公共文化服务指导标准（2015—2020 年）》以指导具体工作的开展。2017 年，《中华人民共和国公共文化服务保障法》正式实施，《"十三五"时期公共数字文化建设规划》正式发布，公共数字文化的地方治理走出了规范化、法治化的重要一步。国家治理的强度直接影响了地方治理，促使地方出现了两次公共数字文化治理的高潮。

(三) 治理内容

各地在利用数字文化数字化、网络化、智能化的特点，建设现代公共文化服务体系的过程中，根据自身条件积极探索，走出了各具特色的治理道路。除了江苏、广东等东部省份凭借经济、技术和人才优势大力发展公共数字文化服务外，由图2-6和图2-7可见，内蒙古自治区、河南省、辽宁省等中西部和东北省份在公共数字文化治理方面也取得了不亚于东部省份的成效，鄂尔多斯市、安阳市、呼和浩特市等城市治理水平位居全国前列。

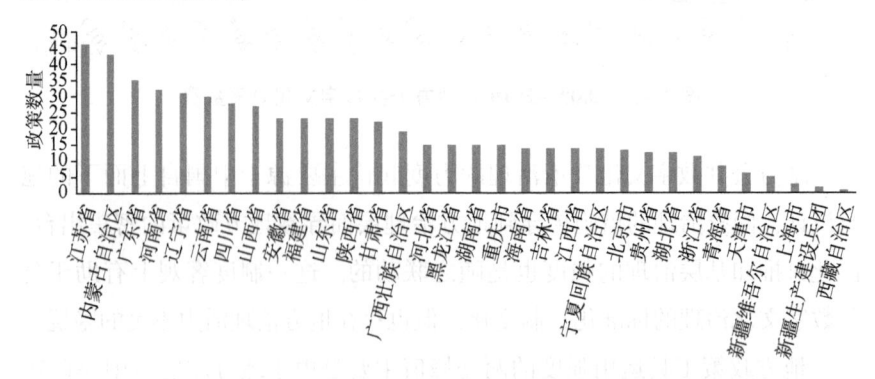

图2-6 2000—2019年各省公共数字文化相关政策数量

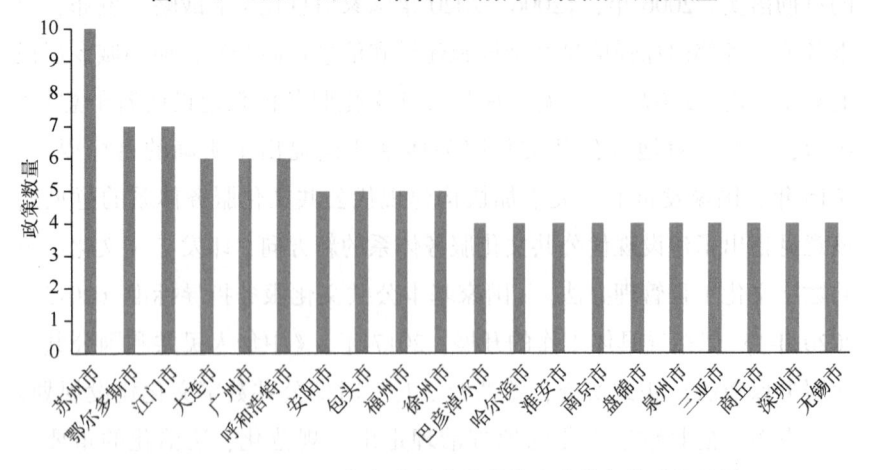

图2-7 2000—2019年部分地市公共数字文化相关政策数量

江苏省以"三强三高"文化强省为目标和"走在全国前列"为要求，坚持运用法治思维和法治方式，不断提高文化治理能力和水平。江苏省及下属地市约有50项政策直接或间接与公共数字文化相关，是全国发布公共数字文化相关政策最多的省份，其中还包括一部地方性法规和一部地方规章，苏州市、南京市、无锡市等城市都有一批公共数字文化政策出台。近年来，通过推进公共数字文化工程融合创新发展和智慧文化建设，建设全域性"文化数字化服务管理平台"和"江苏文旅在线超市"，江苏省的公共数字文化治理又迈上了新台阶。

内蒙古自治区近20年来因地制宜开展多维治理，实施"公共文化服务+"，加大政策支持和投入保障力度，出台了40余项相关公共数字文化政策，数量上仅次于江苏省。经过20年的发展，鄂尔多斯市、呼和浩特市、包头市等城市的公共数字文化水平已位居全国前列，"数字文化走进蒙古包"工程以及"彩云服务"计划已成为公共数字文化服务的创新样板。

其他地区的公共数字文化治理发展程度不一，但也各具特色。例如，浙江省依托数字经济发达和体制机制灵活的优势，在总分馆制的探索和大数据的应用方面主动发力。又如，河南省全力贯彻落实中央部署，仅在推进基层综合性文化服务建设工作中，便密集出台了省级和地市级实施方案十余份。

（四）治理结构

参照曹树金的三维政策体系和王鹤云的政策框架，可从效力、作用和内容三个维度来阐释地方公共数字文化治理结构，如图2-8所示。

效力维是指依照政策的效力从低到高，地方公共数字文化政策包括地方性工作文件、地方规范性文件、地方性规章以及地方性法规。作用维将公共数字文化政策依据作用类型分为中长期规划、年度计划、任务分工等方面的保障性制度，建设、运行、服务、管理等方面的标准、规范，以及财政倾斜、税收减免、示范区和示范项目建设、社会力量参与

城乡融合背景下的公共数字文化协同治理

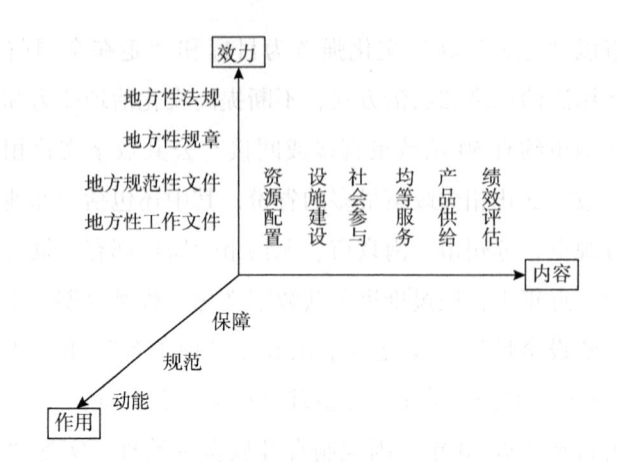

图 2-8 地方治理视域下的公共数字文化政策体系框架

等动能类政策。20年来,公共数字文化的地方治理不仅在政策数量上有了质的提升,政策工具的内容多元化程度、效力级别、类型多样化程度都有明显改善,整体治理结构不断得到优化。

表 2-5　　2000—2019 年地方公共数字文化治理政策主题

年份	主　题
2000	文化事业;文化产业
2001	"十五"计划
2002	基层文化建设;财政
2003	基层文化建设;广播电视网络整合
2004	上网服务;互联网
2005	有线电视数字化;全国文化信息资源共享工程;非公有资本;文化产业
2006	农村文化建设;非物质文化遗产;"十一五"规划;数字电影
2007	数字电影;"十一五"规划;农家书屋;文化产业
2008	全国文化信息资源共享工程;数字电影;文化体制改革
2009	农家书屋;未成年人;文化创意产业

续表

年份	主　题
2010	电影产业;文化产业;少数民族文化事业
2011	均等化;"十二五"规划
2012	"十二五"规划;示范区建设
2013	示范区建设;文化惠民
2014	宽带中国;农村扶贫开发;示范区建设;均等化
2015	"互联网+";社会力量购买;现代公共文化服务体系;示范区建设;农民工服务;公共文化服务促进
2016	基层综合性文化服务中心;社会力量购买;"互联网+";大数据;精准脱贫;服务清单;"十三五"规划;现代公共文化服务体系;专项资金
2017	"十三五"规划;社会力量购买;基层综合性文化服务中心;西部大开发;现代公共文化服务体系;示范区后续建设;脱贫攻坚
2018	老年人;"十三五"规划;均等化;乡村振兴;绩效考核;文化扶贫;信息消费;基层综合性文化服务中心
2019	示范区建设;长期规划;智慧城市

由表2-5可知，20年来，公共数字文化地方治理的政策主题不断丰富。初期，地方政策以落实中央部署，开展文化事业发展规划、加强基层文化建设为主。随后，地方政府开始对全国文化信息资源共享工程建设、农家书屋建设、公共文化服务示范区创建等重点工作进行部署落实。近年来，在公共数字文化治理中，地方政府一方面加强社会力量的参与，建立服务清单，形成资金使用的规范，进一步细化工作；另一方面加强与相关领域工作的协同治理，将公共数字文化与智慧城市建设、老年人照顾、大数据产业发展、乡村振兴以及西部大开发等紧密结合，治理的深度和广度都得到有效扩张。

随着政策主题的丰富，各地公共数字文化治理的政策工具逐步多元化，效力级别有所提升。近年来，不少地方出台了保障公共文化服务的地方性法规和地方政府规章，一些地方如江苏省的相关条例出台时间甚至比《中华人民共和国公共文化服务保障法》的实施时间整整早了一年。效力的提升极大改善了地方公共数字文化服务只有工作文件和规范性文件可遵照执行的状况。

公共数字文化毕竟是新生的文化形态，对公共数字文化的地方治理更是全新的课题。当前，地方公共数字文化的政策治理结构仍在有效性、权威性、均衡性、主动性等方面存在较大的改进空间。相关政策中，以法定形式发布的具有普遍约束力的规范性文件较少，仅有少数省制定了公共数字文化服务相关地方性法规，地市级的公共数字文化政府规章更属罕见，导致政策体系的权威性和社会效力不足。从地区发展来看，虽然所有省、自治区、直辖市都制定了公共数字文化相关政策，但各个省份的政策密度、力度差别明显，具体到地市级的地方治理更是如此。从政策内容来看，在人才培养、普及推广、国际合作、社会监督等方面尚存在不少政策的空白区，治理体系和治理结构完整性较差。此外，各地对公共数字文化的治理普遍依赖上级部署，主动治理意识薄弱。

第四节 公共数字文化之治理探索

"公共数字文化治理"只是近年来新出现的概念，但对公共数字文化各个具体方面之治理在国内外早年的研究中已有一定积累，国内外文献数据库中可见不少相关文献。笔者在中国知网 CNKI 和 Web of Science 分别检索 2000 年以来相关中外文文献，共检得 1737 篇中文文献和 2857 篇外文文献，检索时间为为 2020 年 6 月 17 日，对上述文献的分析如下。

一 国际公共数字文化治理研究

（一）主要国家/地区

从国家/地区分布看，公共数字文化研究相关成果有半数来自美国学者。其他主要贡献国家/地区有英国、中国、西班牙、德国等。

在公共数字文化研究的主要国家/地区间，作为最主要研究力量的美国也是影响力最大的国家，与英国、中国、西班牙等国都保持着较强的合作强度。英国的主要合作国家包括美国、新西兰、荷兰等。中国的公共数字文化研究最重要的合作国家是美国，其次是澳大利亚。

（二）主要出版物

笔者检索所得的2857篇论文来自93种期刊/会议。主要出版物中，*Electronic Library*、*Library Hi Tech*、*Journal of Academic Librarianship* 等期刊长期关注公共数字文化相关主题，有一些出版物如 *Library Trends*、*Program – Electronic Library and Information sys Tems*、*Research and Advanced Technology for Digital Libraries* 虽然也有较多公共数字文化相关成果刊发，但或集中在少数几年间，或在近年已经逐渐衰退。

（三）主要笔者

公共数字文化研究主要笔者中，武汉大学的查先进教授（Zha XJ）相关文献数量最多，英国伦敦大学学院的 Huntington P 有最高的 H 指数，见表2-6。

表2-6　国际公共数字文化治理研究主要学者

序号	笔者	机构	文献数量	总被引	H – index
1	Zha, XJ	Wuhan Univ	15	93	7
2	Tenopir, C	Univ Tennessee	14	442	12

续表

序号	笔者	机构	文献数量	总被引	H-index
3	Nicholas,D	City Univ London	14	402	11
4	Yan,YL	Wuhan Univ Sci & Technol	13	87	7
5	Fox,EA	Virginia Tech	13	84	4
6	Foo,S	Nanyang Technol Univ	11	91	6
7	Abrizah,A	Univ Malaya	10	98	6
8	Goncalves,MA	Univ Fed Minas Gerais	10	98	6
9	Seadle,M	Humboldt Univ	10	23	3
10	Shiri,A	Univ Alberta	10	78	6
11	Blandford,A	Middlesex Univ	10	196	7
12	Chowdhury,G	Univ Technol Sydney	9	164	8
13	Noh,Y	Konkuk Univ	9	51	4
14	Chen,CM	Drexel Univ	9	90	5
15	Chen,CC	Tamkang Univ	9	76	5
16	Zhang,Y	Kent State Univ	9	62	5
17	Ke,HR	Natl Chiao Tung Univ	9	116	5
18	Xie,I	Univ Wisconsin	8	60	4
19	Huntington,P	City Univ London	8	259	16
20	Borgman,CL	Univ Calif Los Angeles	8	501	6

（四）主要机构

美国伊利诺伊大学是公共数字文化研究最活跃的机构，发表相关论文48篇，其次是美国威斯康星大学和武汉大学。新加坡南洋理工大学、马来西亚的马来亚大学、英国伦敦大学学院、美国田纳西大学、美国北卡罗来纳大学以及巴西米纳斯联邦大学的论文数量也较为可观。

在机构间的合作方面，武汉大学、美国伊利诺伊大学、英国伦敦大学学院等高校是公共数字文化研究的主要力量，串联起一批专业机构。也有部分机构的研究相对独立，较少与其他机构开展合作或合作主要集中在少数几个机构间，如美国的华盛顿大学、国罗特格斯州立大学。

（五）核心主题

数字图书馆、信息检索、高校图书馆、用户研究等图书馆相关主题是公共数字文化治理的主要话题，可见，高校图书情报院系、高校图书馆在公共数字文化治理研究中发挥重要作用，而图书馆已成为公共数字文化治理的主要阵地。从国别来看，亚洲的中国、印度，欧洲的西班牙等国家的公共数字文化治理研究比较活跃。

进一步分析可以发现，图书馆相关主题是公共数字文化治理研究的主要方向，多年来一直占据研究的主流。具体而言，相关研究主要分为如下几块：数字图书馆相关研究、数字人文相关研究、面向学生群体的文化教育、在线数字文化系统、移动学、数字档案管理。

值得注意的是，不同主题在不同时间成为公共数字文化治理研究的热点。信息技术、数字期刊、数字出版、互联网、数字图书馆、馆际互借等在 2000 年后的几年间成为学界重点关注的研究问题，2010 年后的热点方向则有数字存储、数字图书馆、高校图书馆等。

二　国内公共数字文化治理研究

（一）核心笔者

基于有被引记录的文献，分析可知武汉大学的肖希明教授、南京大学的郑建明教授以及武汉大学的唐义教授位居核心笔者榜单的前三位，其后有中国国家图书馆的魏大威、武汉大学的完颜邓邓、湘潭大学的戴艳清等，见表2-7。

表2-7　　　　国内公共数字文化治理研究核心笔者

序号	被引笔者	笔者单位	文献数	被引	H-index
1	肖希明	武汉大学	34	603	15
2	郑建明	南京大学	14	122	7
3	唐义	武汉大学	12	237	8
4	魏大威	中国国家图书馆	11	116	6
5	完颜邓邓	武汉大学	9	170	8
6	戴艳清	湘潭大学	9	91	6
7	陈雅	南京大学	8	48	6
8	张炜	中国国家图书馆	7	75	9
9	吴高	广西师范大学	6	80	5
10	洪伟达	中共黑龙江省委党校	5	42	4
11	韦楠华	桂林电子科技大学	5	32	6
12	李国新	北京大学	4	143	18
13	李金芮	暨南大学	4	68	9
14	曾粤亮	武汉大学	4	66	6
15	杨蕾	武汉大学	4	52	9
16	李春明	中国国家图书馆	4	51	9
17	韦景竹	中山大学	4	47	13
18	王世伟	上海社会科学院信息研究所	3	57	5
19	傅才武	武汉大学	3	54	6
20	许建业	南京图书馆	3	36	8

(二) 核心机构

在国内研究机构中，武汉大学无论是文献数、被引频次还是 H 指数，都占据了公共数字文化治理研究的第一位，可见，其优势之明显，地位之超然，见表 2-8。紧随其后的是南京大学和中国国家图书馆，这两家机构的研究实力同样不可小觑。

表 2-8　　　　　国内公共数字文化治理研究核心机构

序号	被引机构	文献数	被引	H - index
1	武汉大学	92	1630	21
2	南京大学	41	448	12
3	中国国家图书馆	40	309	11
4	湘潭大学	33	192	8
5	北京大学	25	515	17
6	山东大学	24	857	13
7	安徽大学	24	182	11
8	华东师范大学	19	162	8
9	华中师范大学	19	115	7
10	南京图书馆	18	170	8

(三) 主要出版来源

国内公共数字文化治理研究兴起于 2011 年后，各主要出版来源在 2015 年前后出现了相关成果的出版高潮。在公共数字文化治理研究主要出版来源中，《图书馆》《图书馆建设》《图书馆论坛》是发文量排名前三的期刊。但就影响力而言，武汉大学博、硕士论文的被引频次位居众多出版来源的首位。

（四）核心主题

公共图书馆是公共数字文化治理研究的主要对象，而数字图书馆建设则是一段时间以来公共数字文化建设的重要内容。在时间分布上，国内公共数字文化治理研究兴起于2011年前后。10年间，国内先后兴起了文化共享工程、数字鸿沟、新媒体、农家书屋等热点主题。

第五节 本章小结

本章从学科视角、事业视角、治理探索视角以及政策视角开展了城乡融合背景下的公共数字文化协同治理研究现状述评。基于学科视角，探讨了公共文化的理论基础、研究对象、研究方法和研究内容。基于事业视角，对改革开放以来公共文化事业的发展历程进行了回顾。从政策视角，分析了当前公共数字文化建设的政策环境。从治理探索视角，对国内外公共数字文化治理的理论研究和实践探索进行了分析总结。

具体来看，文献述评揭示了当前公共数字文化协同治理研究有如下基本特征：

公共数字文化研究已进入一个繁荣期，主要表现为外在的"三多"和内在的"三全"，即理论研究的论文成果多、研究人员多和研究团队多；相关的研究主题范围、创新领域、政策保障日益全面、完善和深入。

由于基本概念的不同，国内外公共数字文化治理的研究对象、方法和内容也有区别。国际研究对公共数字文化用户研究极为重视，广泛应用技术接受模型等研究方法开展了公共数字文化用户特征和用户行为研究，国内相关研究近年来逐渐兴起。国外已形成较为成熟的公共服务评价体系，但通常具体到公共图书馆、博物馆等细分的内容，且不少评价研究与数字时代的要求不匹配，整体性的公共数字文化治理评价研究主要来自国内。在我国，与国家推进治理能力现代化相呼应，学者对公共数字文化治理的现状及困境、治理能力的构成及特征、治理机制、治理现代化的建设路径等展开研究;随着城乡融合的推进,国内城乡融合相关的文化扶贫、社区服务研究也开始出现。

无论是国际研究还是国内研究,都或多或少存在理论研究与实践脱节的问题。除了一些源自实践案例分析的研究成果,大量的学术研究关注的是理论问题,其采用的研究方法、建立的治理模型、运用的先进技术、搭建的协同平台、构建的评价指标多停留在纸面上,未见有运用于实践中。

第三章 理论基础

城乡融合背景下的公共数字文化协同治理研究并非凭空出现，而是扎根于中国城乡融合和公共文化服务体系建设的实践，以城乡融合理论、社会主义文化理论、协同理论、治理理论等相关理论为源流，在主体要素、资源要素、技术要素、制度要素与客体要素协同中实现宏观、中观和微观治理目标而逐步发展成熟的研究领域。

第一节 公共数字文化协同治理：源流

一 城乡融合理论

城乡融合是公共数字文化协同治理的内在源流，马克思主义经典理论则是城乡融合理论最坚实的基石，指引城乡融合理论体系的框架构建和深入发展。

18世纪中后期，工业革命的爆发导致英国、法国、德国等西方国家城市化率的快速提升，由此引发了日益加剧的城乡二元化现象。马克思、恩格斯敏锐地观察到了这一现象，并提出了马克思主义的城乡融合理论。

在《德意志意识形态》中，两位革命导师指出："生产力与生产关系的矛盾是根本矛盾，一个国家或地区不同时期的生产力发展水平的变动导致社会阶段的变化，相应的城乡关系也随之改变，导致城乡关系从统一到对立进而发展到融合。"[1] 恩格斯在《共产主义原理》中明确提出"城乡融合"这一概念，认为城乡的融合发展促使全体社会成员得到全面发展。马克思、恩格斯还认为，城乡的分离和融合是一个历史进程，会依次经历"城乡混沌一体""城乡分离对立"和"城乡融合"三个历史阶段。基于马克思主义的观点，对资本主义生产方式带来的城乡矛盾，不但要运用马克思主义的科学方法来深入剖析其背后的深层原因，更要基于城乡融合的理论和方法来推动工业和农业的合理分布，城市和乡村的协调共生，城市居民和农民的共同幸福。

西方发达国家的城市化进程引发这些资本主义国家学者深入思考，他们认为应当重视乡村的价值和理念，逐步消除城乡对立，并提出了一系列城乡关系理论。这些理论包括城乡一体化理论、乡村社区发展理论、城乡发展理论等，其中比较有代表性的是城乡一体化理论。19世纪中叶以来，一些西方学者从社会学、生态学、人类学、经济学等角度出发，认为应增强工业和农业的联系，打破相对发达的城市和相对落后的乡村之间的分隔壁垒，加强城市和乡村之间的经济、文化、人员的交流和协作，逐步缩小城乡差距，最终使城市和乡村融为一体。这些理论为我国城乡融合理论发展和实践应用提供了有益借鉴，但西方城乡关系理论仅仅基于对西方发达国家的研究，对于广大发展中国家尤其是中国而言，城市化时代背景不同、经济社会发展程度不同导致乡村衰落、农业发展缓慢、城市过度膨胀和环境恶化等城乡矛盾问题的表现方式与西方发达国家有很大不同，对于西方城乡发展理论需要有选择、有鉴别地吸收和应用。

中国的城市化进程和城乡关系几经波折，城乡融合理论也随着环境

---

[1] 《马克思恩格斯全集》第4卷，人民出版社1958年版，第371页。

变化而几经调整，并在充分总结实践经验，吸收各国城乡关系相关理论精髓和广大人民群众智慧的基础上，坚持马克思主义城乡融合理论基本原理，以习近平新时代中国特色社会主义思想为指导，逐步形成了具有中国特色的城乡融合理论。在正确的理论指导下，我国城乡融合虽然遭受过波折、遇到过不少困难，但始终没有出现其他发展中国家如巴西、印度等国面临的城市贫民窟与富人区泾渭分明、农村人口密集而生活水平低下等严重的城乡矛盾。

马克思主义城乡融合理论认为，城乡融合包括"城乡混沌一体""城乡分离对立""城乡融合"三个时期。

中华人民共和国成立初期，由于整个国家还属于落后的农业国，城市化水平低下，大多数人民群众还居住在乡村，城乡矛盾尚未完全凸显，这一时期的城乡关系相对良好。随着工业化基础的完善，城市的发展速度加快，社会贫富差距有所拉大，城乡发展开始有失衡倾向。

1978年改革开放后，我国的城市化进程明显加快，城市作为政治、经济、文化中心，基础设施条件不断改善，吸纳了越来越多的农村人口进城工作和生活，与此同时，广大农村地区的资源劣势被不断放大。城乡生活环境的差异、城乡基础设施条件的差距以及工业与农业生产方式的不同使城市居民和农村居民生活水平、生活习惯、教育水平的差距进一步拉大，导致一系列问题的出现。

进入21世纪后，党的十六大提出"统筹城乡经济社会发展，建设现代农业，发展农村经济，增加农民收入，是全面建成小康社会的重大任务"，统筹城乡发展成为科学发展观"五个统筹"之一，为中国特色城乡融合理论的进一步完善打下了良好基础。统筹城乡发展战略实施后，乡村面貌有了明显改善，城乡差距逐渐缩小。但是，城市的扩张速度仍然快于治理速度，环境、交通、卫生、文化、教育等方面发展的不充分、不均衡问题仍旧存在，乡村的生活、就业条件也没有得到有效改善，公共服务水平与城市的差距还在拉大。城乡居民的各种需求无法得到很好的满足，生活品质仍有待提高，制约了中国特色社会主义事业的发展。

党的十八大以来，以习近平同志为核心的党中央提出了一系列城乡关系的新理论和新战略，为新时代城乡融合发展提供了重要的理论指导。新时代城乡矛盾问题的本质是发展不平衡不充分的问题，途径在于实现工农城乡的共享发展和高质量发展。党的十九大报告首次将"城乡融合"写进党的纲领性文献。习近平总书记指出："在现代化进程中，如何处理好工农关系、城乡关系，在一定程度上决定着现代化的成败。"①

二 社会主义文化理论

中国共产党的历史，也是社会主义文化理论的探索史。中国马克思主义传播肇始于新文化运动，陈独秀、李大钊、鲁迅等提出的"文艺为工农大众服务"的口号，为社会主义文化理论埋下了伏笔。几代中国共产党人连续不断地探索，推动了文化实践的发展和文化理论的创新。

1940年，毛泽东在《新民主主义论》一文中提出"民族的科学的大众的文化"，并建立了新民主主义文化理论。新民主主义文化理论是对马克思主义基本原理的科学运用，是马克思主义中国化的伟大创新，奠定了社会主义文化理论的基础。

中华人民共和国成立后，以"民族的、科学的、大众的"基本要求，中国特色社会主义文化在实践中取得了丰硕成果，在理论上渐次展开成为科学的、系统的理论。围绕"什么是社会主义文化""如何建设社会主义文化"这一基本问题，毛泽东、周恩来等党的第一代领导人开展了一系列有意义的实践探索，对社会主义文化的性质进行了科学界定，领导奠定了社会主义文化基本内涵的基础。社会主义文化是反映社

---

① 《习近平主持中共中央政治局第八次集体学习》，中国青年网，2018年9月22日，https://news.youth.cn/sz/201809/t20180922_11736116.htm，2024年1月14日。

会主义经济基础的上层建筑包括政治法律制度、哲学、宗教、文学、艺术等意识形态，它们是经济基础的反映，在《毛泽东选集》第 2 卷中有所阐述，是以马克思主义为指导的、民族的科学的大众的文化。坚持文化为工农兵服务、为社会主义服务的方向和"百花齐放、百家争鸣"的基本方针，提倡爱国主义、集体主义、社会主义价值观念，为文化建设奠定了理论基础。

改革开放以来，以邓小平同志为核心的党的第二代中央领导集体成功开辟了中国特色社会主义道路，形成了中国特色社会主义理论体系，也带动了社会主义文化理论进入新的发展阶段。1979 年，党中央提出"建设高度的社会主义精神文明"，要求"发展高尚的丰富多彩的文化生活"。1986 年，中共十二届六中全会通过了《中共中央关于社会主义精神文明建设指导方针的决议》，强调以马克思主义为指导的，以培育"四有"的社会主义公民和提高中华民族思想道德素质和科学文化素质为目标的，坚持四项基本原则、促进改革开放和推动社会主义现代化建设的社会主义精神文明是社会主义社会的重要特征。

以江泽民同志为核心的党的第三代中央领导集体则明确提出了初级阶段的中国特色社会主义文化纲领。初级阶段的中国特色社会主义文化是以马列主义、毛泽东思想为指导的、有中国特色的、坚持"二为"方向和"双百"方针的文化，是继承和发扬民族优秀传统文化的，以培育有理想、有道德、有文化、有纪律的公民为目标，发展面向现代化、面向世界、面向未来的，民族的科学的大众的文化。

以胡锦涛同志为总书记的党中央进一步探究了和谐文化的建设问题。十六届六中全会通过的《关于构建社会主义和谐社会若干重大问题的决定》指出，建设和谐文化是构建社会主义和谐社会的重要任务。社会主义核心价值体系是建设和谐文化的根本。

进入新时代，习近平总书记不断强调"文化是一个国家、一个民族的灵魂"，深入思考中国特色社会主义文化的本质和道路，引领对中国特色社会主义文化建设规律的认识迈上新台阶。"中国特色社会主义文化"是在"新民主主义文化""社会主义精神文明",以及先进的和谐的"中国特色社会主义文化"基础上对社会主义文化内涵和性质的认识的不断深化。随着党对社会主义文化建设规律的认识不断深化,社会主义文化理论的基础不断夯实、体系不断完善。

综合当前社会主义文化理论各种观点,社会主义文化有如下基本特征。

(一) 社会主义文化是科学的文化

崇尚科学,是社会主义文化自五四运动以来带来的特殊基因。此处所讨论的科学,不仅是五四运动的"赛先生",还是对文化发展规律的充分认识、尊重和适应,更是因时而兴、乘势而变、与时俱进、不断创新,推动文化的发展和繁荣。

(二) 社会主义文化以保障人民群众基本文化权利为目标

社会主义文化从一开始就是人民的文化、大众的文化。在70年的探索历程中,社会主义文化事业从初期致力于人人有文化、能识文断字,到在全国各地建设图书馆、文化馆,再到新时期满足人民群众日益增长的各种文化需求,保障人民群众基本文化权利始终是社会主义文化的目标。

(三) 社会主义文化以人民为中心

从中华人民共和国成立初期服从、服务于政治的文艺工作,到改革开放初期服务于物质文化建设的精神文明,再到新时期以人民为中心的文化工作,不同历史时期对社会主义文化的不同定位,其背后都是以人民为中心的基本逻辑,只是由于不同时期党和国家的工作重心不同而有不同表述。

(四) 社会主义文化是高举马克思主义大旗的文化

无论社会主义文化发展到哪个阶段,始终都是马克思主义基本原理指导下的文化。中国共产党历代领导核心以马克思主义基本原理为指导，不断地发展和完善社会主义文化理论，为新时代弘扬社会主义核心价值观和中华优秀传统文化，增强国家文化软实力，打下了坚实的理论根基。

党的十八大以来，习近平总书记多次提出"文化自信"。"文化自信"是对中国特色社会主义文化的自信，是对中国特色社会主义文化理论的自信。中国特色社会主义文化理论体系作为当下与时俱进的思想理论体系，无论是内容上还是形式上，都不是封闭的和固定的，而是开放的和运动的，它必然随着中国特色社会主义建设实践的发展而在内容和形式上不断地丰富和发展，并进一步推动社会主义文化大发展大繁荣以实现中华民族的伟大复兴。

三 协同理论

协同论（synergetics），顾名思义，即协调合作的理论，也称协同学或协和学，其创始人是德国学者哈肯。协同论一经提出，即在世界上产生了巨大影响。

哈肯认为，当今的整个世界就是一个协同运作的系统。协同学就是研究协同运作的系统中，各子系统在外在参量作用下相互影响的学科。协同论反映了各子系统之间结合力的大小和融合度的高低，系统中诸要素或子系统通过某种途径或借由某种手段有机结合，可发挥"整体大于部分之和"的效应。

协同论的主要内容可以概括为"一个效应、两大原理"。"一个效应"是指协同效应，"两大原理"是指自组织原理和支配原理。

（一）协同效应

协同效应描述了一个系统中子系统协同的结果。根据系统的规模大小和复杂程度，每个系统中都根据结构的复杂程度和开放程度存在或多或少的子系统。子系统之间在外部因素作用下，产生了整体效应，这种整体效应甚至可以导致系统从非稳定状态走向稳定状态，从无序状态走向有序状态，即产生协同作用。

(二) 支配原理

支配原理，又称使役原理、伺服原理，简言之，即快变量跟随慢变量，序参量支配子系统的运行。支配原理认为在一个系统里，各子系统、各参量以及各影响因子对系统的影响不尽相同，在系统运行的不同时期也有不同的特征，在阈值附近，快变量和慢变量两种变量的表现不同，快变量会随着慢变量的改变而改变。

支配原理从系统内部稳定要素和非稳定要素两种要素间的关系出发，描述了一个系统是如何实现自组织的。支配原理的核心是明确了一个系统在稳定边界的简化原则——"快衰减参数必须无条件服从慢增长参数"，即一个系统在稳定与不稳定的临界点时，结构和动力学特性会由少量的集合变量即序参数决定，其他系统参数的变化被这些序参数所控制。哈肯描述这种过程为一种序参数像泰山压顶一般覆盖整个系统，控制整个系统的变化全过程。

(三) 自组织原理

自组织原理解释了在相应的来自系统之外的能量流、信息流和物质流综合作用下，一个系统会基于内部各子系统之间的协同合作而呈现出一种新的时间、空间或功能有序结构。自组织机制是协同研究的重点之一。哈肯指出：一个系统以一种由外部指令驱动的统一方式运行属于有"组织"的。与"组织"不同，"自组织"的形成并不是由于外部指令的作用，而是由系统内部协调自动组织和操作所形成的，这种自动组织就是"自组织"。

四 治理理论

"治理"（governance）一词源自领航（steering），指各种公共或私有的利益方共同发挥作用，在某一领域满足公众需要，维系社会秩序的过程和行动。各国研究机构和学者提出了对治理概念的多种解读，据统计约有 200 种。传统的治理概念与统治内涵相近，各种国家统治活动也都视为治理，即治理是政府的行为。

治理理论兴起于国外，是在 20 世纪 90 年代公共管理理论新的进展基础上，社会组织对公共事务的影响不断扩大，政府与社会在公共事务中的关系被重新审视的背景下的产物。世界银行在 1989 年发布了一份关于撒哈拉以南非洲发展问题的重要报告，分析指出非洲面临的挑战与治理能力低下有很大关系，治理问题成为全球问题。与传统的政府管理有所区别，治理理论中的治理是一种社会力量参与公共管理过程和公共管理活动，并运用公共权威来实施计划的进程。换言之，现代意义上的治理强调政府与社会各方力量之间的伙伴关系。世界银行用善治（good governance）取代治理（governance），以强调治理的过程应是公正和透明的，结果应是良好的。

1995 年，全球治理委员会发表《我们的全球伙伴关系》，认为治理的基本特征是：治理是一个过程，不是一套规则或一种活动；治理过程是协调而不是控制；治理是多个部门的过程；治理是一种互动的过程。

治理理论在如下五个维度展开：治理空间，即政策法规划定的治理活动范围；治理资源，即治理活动中所涉及的人力、财力、物力和智力资源；治理结构，即各种治理主体之间在横向、纵向所形成的双向或单向关系结构；治理理念，即治理过程中对治理目标、方法、路径等的理解和认识；治理成本，即在治理路径的选择以及治理实施中，对资源消耗和成果的对比判断。

基于网络化治理理论、整体性治理理论和数字治理理论，现代治理存在多种治理理论模式。这几种治理模式从不同的路径指向同一治理目标，提供了更为丰富的治理方法，促进治理目标的达成和公众权益的保障。现代治理理论的基本特征如下。

第三章　理论基础

(一) 以保障公众的权益为价值判断依据

治理方向是否正确、治理手法是否合适、治理措施是否有效，判断依据不在于产生了多少经济效益，而在于公众的基本权益是否通过治理得到了有效保障，是否让所有人享受到了发展带来的红利。

(二) 以多元化主体结构实现综合治理

在治理主体方面，社会协同和公众参与是现代治理体系的基本路径，现代治理要同时发挥市场和政府的作用，培育发展各种治理主体。其中，政府的作用不可或缺，各种企事业单位、社会组织以及个人也是公共事务自我管理、自主治理、协同合作的重要力量。

(三) 治理工具现代化

信息化社会的治理具有鲜明的时代特征。在治理过程中，现代治理工具的地位越来越重要。治理工具现代化主要表现为：各种现代信息技术如人工智能、物联网、云计算、大数据技术在治理体系中的作用日益重要；微信、微博、移动 App 以及抖音短视频等新媒体形式都已成为现代治理的有效工具。

第二节　公共数字文化协同治理：内涵

协同治理（collaborative governance）这一概念的出现最早可以追溯到 20 世纪 90 年代，伴随着数字化、信息化的发展，一些西方公共管理学者开始注意在将公共治理理论应用到公共行政领域时需要与协同理论相结合，为人们引入了协同治理这一政府治理的全新视角。在公共行政研究基础上，国际上对协同治理的研究还涉及如下三个方面：其一，运用网络治理的框架探讨公司治理；其二，从宏观层面侧重于社会学角度对政府、气候、环境等的协同治理要素和功能分析；其三，从传播学视角出发，针对互联网的网络治理以及网络时代的传播机制研究。Ansell 等研究人员回顾了国际协同治理研究，通过 137 个协同治理的案例分析，确定了一组影响协同治理模式是否产生成功协作的关键变量，指出协同治理是公共政策实现时利益相关者参与协商、形成共识的一种多元主体共同决策的过程。中国学界对于协同治理的概念解释和实践应用要比一些西方国家宽泛得多，从国家治理、城市治理、社区治理到乡村治理，从环境治理、生态治理、教育治理、网络空间治理到各种经济业态治理，此外，还包括共享单车、水利设施、企业供应链等各种微观层面的协同治理，以及公共文化领域的协同治理。

从概念建构来看，国内外的协同治理存在明显差异。有学者指出，将一些西方国家流行的"协同治理"理解为"协作治理"更为贴切和妥当，而现今，中国学界所指的协同治理更多地体现为中国学术话语体系下的本土化概念。一方面，西方国家的协同治理发端于公共政策领域，然后更多落脚于公共行政、企业管理领域，中国的协同治理覆盖了国家和社会生活中各种宏观、中观和微观场景，并已成为国家战略；另一方面，从协同治理的要素结构看，中国"协同治理"构成上既包括协同治理主体的协同，也涵盖协同治理客体的协同。此外，西方"协同治理"概念强调绝对的多元性，而中国协同治理话语中党政部门产生的政治势能的作用是不可忽视的。

国内外协同治理内涵的差异来自西方协同治理理论自身的缺陷和社会科学的实践性。长期以来，中国社会科学研究热衷于引进西方的理论和方法。近年来，理论界开始重视西方社会科学的适应性问题和学术话语权问题，开始自觉凝练和总结核心概念并推动其在中国情境下适配和创新。就协同治理而言，一方面，西方理论界强调的绝对多元化治理已在其内部表现出碎片化和长时耗的弊端；另一方面，中国在自身土壤上协同治理实践的成功佐证了中国式理论重塑和革新的必要性。因此，学界基于中国情境对协同治理进行了适配，在平等参与条件下，赋予了各个主体不同的角色和身份，并将治理对象引入协同范畴。

中国特色的协同治理首先表现为一种角色分明的多元主体关系，党政部门是舵手，引领治理的前进方向，各种社会力量为治理的前行提供充足的动力。其次治理目标呈现出系统化特点，在整体性的服务全体人民的长期愿景之外，协同治理衍生出各种分阶段、分地区、分领域的治理目标。此外，中国语境下的协同治理结构是综合性的，协同不仅仅发生在各个利益相关的治理主体之间，治理主体、治理客体之间也会发生综合作用。可以认为，中国情境下的协同治理是基于共同的治理愿景下，在党委领导下的多元主体通过理解和信任建立共识解决公共事务或管理项目，最终创造公共价值的治理安排。

协同治理是党和国家在新时代对包括文化事业在内的各项事业改革发展做出的关键部署。党的十八届三中全会印发的《中共中央关于全面深化改革若干重大问题的决定》中提出了"推进国家治理体系和治理能力现代化"的目标和要求，"协同"被视为治理的目标导向，"协同治理"的重要性再次被强调。文化治理则是其中的重要内容。文化治理建设包括健全现代市场体系、构建现代公共文化服务体系、推进文化管理体制机制创新三大任务，其本质就是调节政府与市场、政府与社会以及政府内部之间的关系。

公共数字文化协同治理，可认为是党政部门、文化事业单位、企业、社会组织和个人基于协同论和治理思想共同推进公共数字文化事业发展的一种过程。其内涵主要包括序参量的支配性与子系统的自组织性、治理主体的多元性、治理资源的协同性、治理方式的权变性。其中，协同是公共数字文化各子系统在序参量的支配下相互协作，发挥自组织作用，使公共数字文化事业整体呈现出一定的结构特征并按规律运行的过程。治理则是政府、公共文化机构、企业等众多公共数字文化服务提供主体，在互动过程中通过协商运用公共权力、共同运营公共数字文化服务的过程。

具体来看，公共数字文化协同治理包括如下内容。

一　自组织子系统

系统的自组织是指系统内部各子系统之间默契配合，在没有外力驱动的情况下按照一定的规律自发地协调运动，从无序走向有序、从低序走向高序的运动过程。在这一运动过程中，外部因素只是提供了触发系统趋向有序的条件。

具有自组织结构的系统则被称为自组织系统，一个由熵最大、最无序、最混乱的不会主动变化的平衡态在内部协同作用下熵逐步减少、有序度逐渐增加直至达到熵最小的有序状态的系统。

自组织是内部协同演化的结果，协同演化增加有序度是形成自组织结构的最根本的内在动因。公共数字文化协同治理中的自组织，是在序参量支配下，公共数字文化协同治理过程中各系统发挥自组织作用，有序开展公共数字文化治理活动，并协同处理公共数字文化治理中出现的问题，从而实现治理目标。

公共数字文化实现自组织的动力是公共数字文化系统各子系统及其内部的协同，即党政部门子系统、文化单位子系统、文化产业子系统、社会用户子系统之间及其内部的相互影响、相互促进和相互配合。系统的自组织可从三个层次进行观察。宏观层面，公共数字文化协同系统与周边环境进行物质与能量交换，维持自身的运行；中观层面，公共数字文化协同系统与内部的党政部门子系统、文化单位子系统、文化产业子系统、社会用户子系统产生整体与局部的双向影响；微观层面，党政部门子系统、文化单位子系统、文化产业子系统、社会用户子系统四个子系统在序参量作用下，内部要素的运行逐渐走向有序。

公共数字文化系统的有序度用系统熵来表示。系统熵由系统内部熵和环境交互熵两部分组成。一个趋向自组织的公共数字文化系统是系统内部各子系统协同水平不断提高、系统熵值不断变小、有序度不断提升的系统，也是一个在与外界环境相互作用过程中不断减少环境交互熵并适应外部环境的系统。公共数字文化系统处于熵减状态，具有自组织性。

基于自组织理论，为减少公共数字文化系统的环境交互熵值或为其注入负的环境交互熵，就需要不断向公共数字文化投入运行经费，加快技术革新并改进协同治理机制，为系统协同发展提供有利外部条件。公共数字文化协同系统是一个协同发展的耗散的自组织结构，具有系统整体性、有序性、多样性、结构功能的可控性等特性，正是基于这些特性，它才能在不断优化发展成为远离平衡态开放体系的过程中逐渐优化产出，并实现其经济功能、文化功能与生态功能。

二 序参量

在公共数字文化协同治理整体系统中，治理的出发点和落脚点皆为实现治理目标，据此而形成的用以规范各子系统行为的治理规则即是决定整体系统运行秩序的序参量，并在序参量对公共数字文化各子系统活动的控制过程中实现公共数字文化协同治理目标。

一个系统由无序转变为有序的自组织过程中受到大量参量的影响，其中与系统的有序状态具有正相关性，可表征熵值减少和系统有序程度的参量被称为序参量。由于时序上演进的缓慢，序参量也被称为慢弛豫参量，与之对应的是时序上演进较快的快弛豫参量。在系统参量中仅占极少数的序参量控制快弛豫参量的演进和系统的发展，形成了役使与伺服的关系。

序参量来自系统内各子系统之间的各种协同和对抗活动。在序参量形成后，就开始通过对快弛豫参量演进和子系统发展的役使，掌管协同系统的发展和演化进程。这种系统由系统协同的各种状态变量形成序参量，再由序参量支配快弛豫参量的过程，就被称为系统的相变过程。序参量体现了各子系统的协同水平，描述了系统的自组织状态，在系统从无序到高度有序发展过程起至关重要的作用，准确识别序参量是研究系统协同的核心问题。

对于公共数字文化协同治理系统而言，序参量与指标的选取需要在深入分析党政部门子系统、文化单位子系统、文化产业与社会力量子系统、社会用户子系统之间相互关系的基础上，选择最关键和主要的指标。在选取序参量与指标的时候，应遵循以下原则：序参量与指标的选取应科学地把握系统的结构、功能、作用机理和演化特征，合理地选择既能描述其发展现状也能显示其发展趋势的指标；序参量与指标应该全面地反映其各方面的状况和特点；选取序参量与指标时应注意把握该复合系统与其各子系统及其组分的层次性；序参量与指标从横向角度和纵向角度都应该具有可比性并容易采集或获得。

基于序参量的上述特征和选取原则，本书将城乡居民文化需求、主体利益平衡机制、协同和信息共享能力作为支配公共数字文化协同治理系统有序运行的序参量。

（1）城乡居民的公共数字文化需求是整个公共数字文化协同治理系统中至关重要的因素，正是这种需求驱动相关主体进行公共数字文化资源的生产、组织和供给，将公共数字文化协同治理系统各子系统连接为一个系统。进入新时代以来，随着社会基本矛盾的深刻改变，城乡居民的公共数字文化需求更加强烈和多样化，驱动公共数字文化协同治理系统向高度有序、自组织的方向演进，成为至关重要的序参量。

（2）公共数字文化事业发展过程中，党政部门、文化事业单位、企业、社会组织和个人等主体扮演着不同的角色，在协同合作满足城乡居民公共数字文化需求的同时也不可避免地发生各种利益冲突。这种利益冲突又有两种截然不同的发展路径，如果处置得当，将有效减少子系统之间的摩擦和系统整体的熵值，驱使公共数字文化协同治理系统向自组织方向演进；反之，则趋向平衡态。因而，主体利益平衡机制是公共数字文化协同治理系统有序运行的序参量。

(3) 协同系统的自组织源自各子系统的协同，对公共数字文化协同治理系统而言，子系统的协同程度取决于党政部门子系统、文化单位子系统、文化产业子系统、社会用户子系统之间的相互了解程度及其内部的组织能力。因而，协同和信息共享能力是公共数字文化协同治理系统的重要序参量，实现公共数字文化协同治理系统的自组织，就要求各子系统内部实现各要素的有效组织，各子系统之间实现信息的充分交换和有效共享，降低系统的不确定程度和熵值。

三 多元治理主体

协同论认为，系统实现自组织最重要的条件是系统内部各主体要素进行相互合作、协同共生和互相影响。公共数字文化协同治理系统是一个由党政部门子系统、文化单位子系统、文化产业子系统、社会用户子系统四个子系统共同构成的整体，多元主体协同是公共数字文化治理的基本特征。各主体扮演角色和功能具有差异性，需要各主体类型在技术要素、资金要素、人才队伍、政策制度等各方面进行合作互补。

治理现代化场景下，公共数字文化协同治理是在党的全面领导下政府主导和负责、文化事业单位担责、社会各方力量协同参与的结构。中国共产党以服务人民为宗旨，总揽全局、协调各方，构成中国协同治理最大优势、最鲜明特色、最基础结构。各级政府部门作为治理的"中心"，既把握公共数字文化协同治理的整体方向，又为相关主体协同提供了有效的外部指导或第三方支持。

图书馆、文化馆、档案馆、美术馆等文化单位，是公共数字文化服务的主要执行主体，也是公共数字文化公益性的保障。这些文化单位各有分工，在党政部门领导下为社会提供不同类型和方向的公共数字文化资源，有计划、有组织、有重点地开展公共数字文化服务。

除党政部门、文化单位外，文化产业上下游的企业以及非营利组织、志愿者等社会力量也参与公共数字文化服务，他们既是组成公共数字文化协同治理整体系统的子系统,又是对该领域实施共同治理的主体。由多元主体通过协作的方式对公共数字文化服务进行治理,可以有效应对传统的单中心治理模式所带来的效率低下的治理困境,为系统带来新的技术、文化理念和管理方法,逐渐打破系统之前保持的平衡态。但子系统的增加提高了系统的复杂度,增大了子系统之间信息共享和有效协同的难度以及提高了子系统之间利益冲突的可能性,需要有效的信息共享和利益分配机制来平衡各主体之间的利益、磨合各子系统,推动公共数字文化协同治理系统实现自组织。

四 协同资源治理

由于所属领域、发展基础不同,公共数字文化协同治理系统中各治理主体在政治、经济、文化、技术等方面所掌握的治理资源存在较大差异,这种资源差异会导致各子系统之间的摩擦增加,系统无序度增大,需要加强各治理主体之间的资源整合与互补,实现资源的协同治理。

各治理主体通过资源整合与互补等方式促进治理资源的协同增效,为公共数字文化协同治理整体系统通过自组织运转解决公共数字文化服务过程中的各种问题,实现治理目标保驾护航。协同资源治理的主要途径在于有效的协调机制和监管机制,协调好各利益主体间的利益关系,以保证资源协同的顺利进行。

公共数字文化资源协同具体协调机制包括公共数字文化资源协同主体合作机制、资源运行机制和监督管理机制。

公共数字文化资源协同主体合作机制旨在对党政部门子系统、文化单位子系统、文化产业子系统、社会用户子系统的协同主体的角色做出定位,明确各自的权利与责任,加强各子系统之间及其子系统内部相关主体的信息共享和分工合作,从而使各主体所掌握的资源能够得到充分利用。

公共数字文化资源运行机制是对系统运行中公共数字文化资源生命周期中生产、加工、整理、组织、整合、传输和反馈各个环节的管理，通过建立和规范数据采集标准、数据加工规范、数据标引元数据、数据平台管理规范、数据交换标准、数据集成接口规范、信息反馈制度等管理机制，促使公共数字文化资源正常有序运行。

公共数字文化资源监督管理机制旨在提升公共数字文化资源治理的管理水平，避免资源协同过程中可能出现的一些无序现象，从而推动公共数字文化协同治理系统实现自组织。重点监督管理的领域包括公共数字文化资源协同中政府职责履行情况、公共数字文化资源使用情况、社会力量参与公共数字文化资源协同监督情况以及其他制度的执行情况等。

五　权变治理方式

公共数字文化协同治理系统及各子系统协同发展的目标是在子系统的协同过程中促进子系统的共同提升，在此基础上利用协同效应实现整体大于个体、公共数字文化协同治理系统功能强于子系统的整体治理提升目标。

在子系统协同过程中，公共数字文化协同治理系统呈现出以满足城乡居民文化需求为基本目标的价值体系、多元主体治理格局的影响因素多样化、兼具开放性和整体性的协同系统、适应数字化新时代的复杂结构等权变组织的诸多特征。因而，在公共数字文化协同治理过程中，系统权变理论的运用将对治理成效的提升产生积极作用。

在基于系统权变组织理论的公共数字文化协同治理系统中，协同治理的党政部门、文化单位、文化产业和社会力量、社会用户等治理主体力量之间不再是一种机械组合的关系，而是呈现出"有机体"的运作状态，灵活采用各种权变治理方式实现发展公共数字文化事业、满足城乡居民文化需求的治理目标。这种权变治理体现在公共数字文化治理过程中现代信息和网络技术的应用、多层次的人才队伍建设、保证托底又来源多样的资金结构、因地制宜因时而变的政策调控、社会力量灵活多变的参与形式等促进协同发展的方式。

通过灵活运用多样化的治理方式，实现各子系统多元互动、相互协作与相互促进，从而解决公共数字文化协同治理系统中复杂多变的问题，最终达到协同治理系统的持续、高效、稳定、协调发展，实现公共数字文化的有效治理和可持续发展。

第三节　公共数字文化协同治理：要素

从构成协同治理的基本要素来看，中国语境下的协同治理与西方国家的协同治理有明显区别，这种区别突出表现在不同国家对治理主体的理解和处置方式上。

西方国家的协同治理强调主体的绝对多元性，在讨论要素构成上通常不涉及治理客体的协同。我国的协同治理概念表达和价值取向更具包容性，既包括协同治理主体的协同，也包括协同治理客体的协同。同时，我国协同治理中的主体要素治理并不是泛泛地强调多样化，而是格外注重党政部门的统筹和引导作用，以提高协同治理效率并保障最广大人民群众的基本权益。

公共数字文化协同治理的效能高低取决于主体、制度、组织、技术等各要素的协同程度。

SHEL模型对于探析系统中独立个体与要素间协同情况有良好成效。该模型中由软件、硬件、环境和人件四部分组成，四个部分各组件之间的协同保障了协同系统的正常运行，其中人件（作为个体的人）是协同治理系统的中心。

笔者借鉴SHEL模型架构，将公共数字文化协同治理要素分为公共数字文化治理主体、制度要素、技术要素、环境要素和治理客体五部分，整个要素体系围绕治理客体即广大人民群众及其文化需求而运行，其结构如图3-1所示。

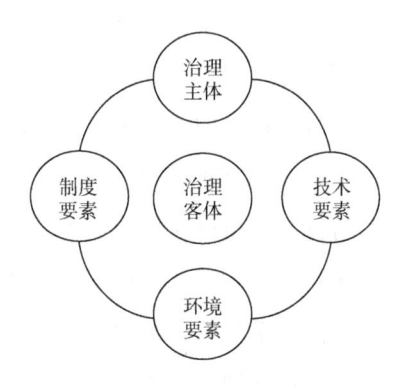

图3-1 公共数字文化协同治理要素结构

由此可见，公共数字文化协同治理强调的是党政部门等治理主体在公共数字文化服务过程中形成的要素协同关系，作为治理客体的公共数字文化服务平台及其背后的人民群众文化需求是协同治理的中心。这种"主体—制度—技术—环境"要素协同的整体性路径，可客观阐述不同层级和维度的要素协同方式，支持公共数字文化治理能力建设和水平提升。

一 主体要素协同

主体要素的协同对于公共数字文化协同治理能否达到预期效果是至关重要的，但这一协同的实现颇有难度，需要协同理念的改变和相关机制的完善。

公共数字文化协同治理结构的主体由党政部门、文化单位、文化产业和社会力量四部分组成。党政部门是传统意义上公共文化服务的领导者，在协同治理语境下也是整个公共数字文化服务和管理活动过程中的引导者，各类主体要素的协同都离不开党政部门的直接和间接参与。各种公共文化单位长期以来是开展公共文化服务的基本力量，在主体多元化后仍然有举足轻重的地位，但来自内部和外部的协同需求日益凸显。随着国家治理体系和治理能力现代化建设战略的有序推进，公共数字文化事业与文化产业的联系越来越密切，各种公益部门、公益组织和个人开始在公共数字文化协同治理过程中发挥积极作用。

为促使这一复杂的主体要素结构能真正发挥效能，需要党政部门提升协同意识，更加积极主动吸纳其他治理主体参与公共数字文化治理，同时建立健全机制使参与目的、角色属性、组织结构、运行方式各异的治理主体能和谐共处并建立有效的相互协作关系，从而以子系统的协同来实现公共数字文化协同治理系统的自组织。

主体要素协同首先要求建立健全各子系统内部和子系统之间的主体协调配合机制。在党政部门子系统内，应优化各类党政议事协调机制建设，建立并完善跨部门、跨层级、跨区域的协同治理机制，防止同一公共数字文化建设活动政出多门的重复建设和内耗，避免政策落实过程中的各种上有政策下有对策，并坚持共同富裕共同发展的方针破解区域发展壁垒。

此外，培育社会力量、激发社会力量参与公共数字文化建设的热情是当前主体要素协同的重要任务。社会力量在整个公共数字文化协同治理系统中发挥重要作用，以自身优势填补了政府供给公共数字文化的空白区域，提高了公共数字文化建设效率。但社会力量参与公共数字文化的制度建设探索仍处于起步阶段，各种文化产业相关企业、公益性文化组织和社会个人等社会力量的发展还不够成熟，表现在企业和志愿团体数量较少、个人的文化意识淡薄，而且相互之间缺乏互动，组织协调能力较差，造成文化供给主要还是依靠政府。亟须建立社会力量参与公共数字文化的专门制度，在现有社会力量参与公共文化服务的政策法律基础上，进一步推动社会组织的公平参与，丰富社会力量参与途径和方式，并形成更加具体而有效的社会力量参与公共数字文化激励机制。

二 资源要素协同

由于所属领域不同，来自公共数字文化协同治理系统中各子系统的治理主体的资源要素结构存在明显差异，同时构成了实现协同治理的机遇和挑战。资源要素协同即是各治理主体在子系统内部和子系统之间形成统一的资源规范，通过资源整合与一体化揭示实现共享共建和互补互惠，为公共数字文化协同治理系统解决各种发展问题，通过自组织为实现治理目标提供保障。

公共数字文化资源标准的建立是资源要素协同的前提。长期以来，不同的公共文化机构采用不同的数字资源建设标准，成为公共数字文化实现资源共建共享的难点。目前，《公共数字文化工程融合创新发展实施方案》已就公共数字文化标准体系建设中的资源建设标准、技术标准、服务标准、管理规范和绩效指标提出要求，在现有元数据标准、对象数据标准、数据格式标准、数据内容标准、服务中信息检索标准、数据交换标准等资源标准基础上，部署落实统一数据集成、系统平台接口、统一访问等技术标准。

此外，为有效协同资源要素，减少公共数字文化协同治理的熵值并实现系统的自组织，公共数字文化资源要素协同应逐步提高智能化水平，推动资源建设向智能采集、智能聚类、智能编码、智能索引、智能推送、智能传输的模式演进，并加快大数据技术应用，推进多源异构公共数字文化资源的整合。

三 技术要素协同

随着数字信息技术的发展，城乡居民对公共数字文化事业的要求越来越高，从硬件设施与软件系统两方面加强技术要素支持和协同，实现多维多源数据融合、统一标准的一体化平台以及深度契合需求的精准服务的呼声也越来越高。

就公共数字文化技术要素协同而言，《中华人民共和国公共文化服务保障法》《公共数字文化资源融合创新实施方案》都已就充分利用现代信息技术提高公共数字文化建设水平提出了明确要求，但公共数字文化资源的高度分散和异构仍是横亘在公共数字文化事业面前的障碍。因而，建立公共数字文化多维多源数据融合机制，建设公共数字文化大数据平台将源自党政部门、图书馆、文化馆、科技馆、美术馆、档案馆、文化产业相关企业、社会组织和个人的各种载体类型和组织形式的公共数字文化资源融合，是技术要素协同的基本要求。

技术要素协同的另一个重要领域是一体化的公共数字文化管理和服务平台。借助互联网、云计算、大数据、5G网络等现代信息和网络技术，以技术协同建立公共数字文化资源的一体化运行机制，搭建资源整合及共建共享的管理平台，消除公共数字文化的信息孤岛，促进文化机构之间的相互开放和数字文化资源的充分共享，对于加强公共数字文化服务效能有重要意义。同时，一体化平台建设有助于专家学者、行业代表以及其他城乡居民等社会主体在线参与公共数字文化建设，形成良好的公共文化服务生态环境。

为满足人民群众多样化的文化需求，提供深度契合需求的精准服务，在引入大数据、云计算等信息技术，将传统的公共数字文化平台进行技术层面的提档升级的同时，还需要结合大数据用户画像定位，全方位、精准化地了解城乡居民公共数字文化需求，不断优化公共数字文化数据内容供给，积极创新公共数字文化服务方式，精准满足城乡居民差异化的文化需求。

四 制度要素协同

在治理体系和治理能力现代化语境下，协同治理的关键词是制度。新制度经济学认为制度即社会的游戏规则，是集体行动控制个人的一系列行为准则或规则，具体包括社会所认可的非正式制度（道德约束、禁忌、习惯、传统、行为准则等)、国家规定的正式制度(宪法、法令、产权等)、制度实施机制三个方面。就公共数字文化协同治理而言，制度要素包含国家法律法规、部门政策规章和行业标准规范三个层面的制度要素，借由这些制度要素的协同，实现以先进队伍建设工程、以财政投入保障经费、以科学评估提升效能的公共数字文化协同治理目标。

实现协同治理的工具箱中存在价值理念、组织机构、制度、技术等多重工具，其中制度起主要作用。协同治理的可持续发展需要依靠制度、完善制度，从而实现制度化。在制度化基础上，不断提升治理效能。就公共数字文化协同治理而言，健全社会力量参与协同治理的参与制度、财政保障制度、绩效评价与监管制度，是加强制度保障、壮大公共数字文化事业力量的当务之急。

公共数字文化服务的运行经费主要来自政府拨款、市场融资和社会集资三种途径。一直以来政府拨款都是公共数字文化的主要经费来源，协同治理的目标则是拓宽市场和社会资金的来源渠道，并形成多种来源合理分工、有效协作的制度格局，引入更多活水来繁荣公共数字文化事业。在制度要素协同中，首先，应保证来自政府财政的拨款能稳定维持甚至合理增长以满足人民群众最基本的数字文化需求；其次，要完善各级财政的经费配套制度调动地方和基层保障公共数字文化资源的全面普惠；最后，建立市场上由非政府组织持有的具有经营性的文化活动或文化产品合理收费的制度，以及通过税收优惠支持并扩大社会志愿组织、个人、企业资金在公共数字文化领域投入的制度。通过系统性的制度安排，协同处理好各种资金要素的筹集方式、比例以及经费的使用方式，形成公共数字文化协同治理持续性的经费保障制度。

与资金使用、项目管理、队伍建设和服务开展方面的制度相匹配的，是公共数字文化的绩效评价制度。对于公共数字文化协同治理成效，可从宏观和微观两个层面建立绩效评估制度框架，考量其对人民群众文化需求的满足情况。从宏观维度来说，按照《中华人民共和国公共文化服务保障法》的基本要求，建立公共数字文化服务的细化评估体系；从微观维度来说，从图书馆、文化馆、档案馆等文化细分领域的实际出发，完善相关考核标准，细化评价指标。

五　客体要素协同

公共数字文化协同治理的客体要素协同是指治理对象层面的协同，即关于治理谁的问题。我国的协同治理与西方国家的协同治理在理念上的最大差异就是我国的协同治理不仅要考虑治理主体的协同，还要将治理客体要素纳入治理范畴。

不同层面的公共数字文化协同治理的客体各有侧重。在国家层面，公共数字文化协同治理的客体主要表现为一体化服务与管理平台。在地方层面，主要关注的公共数字文化治理客体是共建共享资源。在直接面对城乡居民的基层，公共数字文化的客体更多地指向具体服务的内容和形式。在这些具体化的平台、资源和服务背后，则是广大城乡居民多样化的数字文化需求表达和实现。

国家层面上的公共数字文化客体要素协同强调的是国家已经实施的数字图书馆推广工程、公共电子阅览室建设工程和全国文化信息资源共享工程这三大惠民工程的融合发展，并建立标准统一、服务分层的公共数字文化一体化服务与管理平台。

地方层面的客体要素协同，主要针对当地公共数字文化各子系统内部的协同，建设跨部门数字图书馆、数字文化馆、数字档案馆、数字美术馆的区域数字文化资源建设联盟，创新公共数字文化的服务方式。

基层公共数字文化客体要素协同，不仅要求一体化网站、移动平台、数字展厅、微信公众平台、抖音号等多种客体要素的综合运用，还考察各种线上线下服务手段的灵活运用。

第四节　公共数字文化协同治理：结构

公共数字文化协同治理的结构可从四个维度、三个层级展开，如图3-2所示。

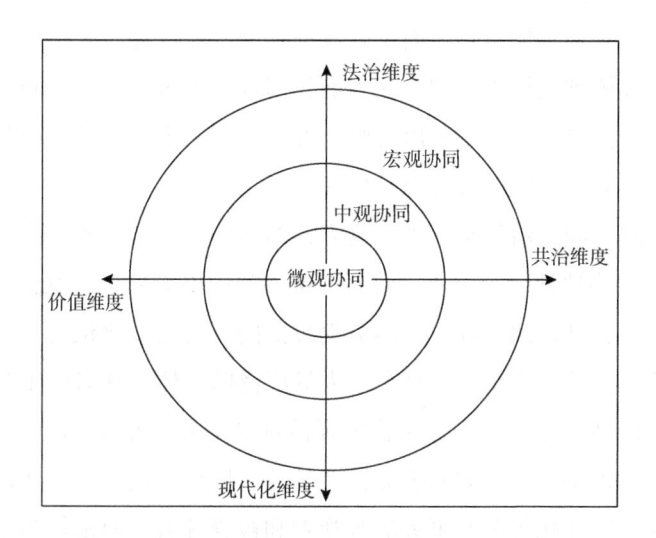

图3-2　公共数字文化协同治理结构

从各个维度展开，可见公共数字文化的协同治理主要呈现在多元主体共治、法治建设、现代化水平和价值目标取向这四个维度。从覆盖范围观察，公共数字文化协同治理系统则由宏观层面的公共数字文化协同、中观层面的资源和服务协同以及微观层面的要素集成构成，三个层级对应了国家治理、地方治理和基层治理这一治理现代化体系的三层架构。

一　协同治理维度

笔者认为，公共数字文化协同治理作为一个复杂问题，其系统展开至少存在如下四个重要维度。

（一）共治维度

习近平总书记曾经指出，"治理和管理一字之差，体现的是系统治理、依法治理、源头治理、综合施策。"这一席话充分说明了从管理走向治理的时代意义，对转变政府职能提出了注重系统性的要求。

从封建统治时期延续下来的社会管理模式都是单一向度的，政府是社会事务的管理主体，自上而下以各种指令进行管理，人民群众作为管理活动的客体被动接受管理。在当前我国推进国家治理体系和治理能力现代化建设的过程中，不断出现政府部门对公共事务管理越位和服务缺位现象，即源自传统的管理思维作祟。

与管理不同，治理是一种开放多元的活动，它形成各方参与的"共治"模式，构建社会、公众、政府多维参与的格局社会。就公共数字文化事业而言，其协同治理应当涵盖党政部门、公共文化机构、文化产业相关企业、公益社会组织、社会个人等广泛的主体，并对应了公共数字文化协同治理的各子系统。从管理到治理意味着从他治到共治的转变，公共事务不再是政府一方的事务，尤其对于城乡居民而言，他们不再仅仅是公共数字文化等公共事务的旁观者和被管理者，而是作为主体的一部分深度参与其治理过程。

就公共数字文化协同治理而言，共治意味着多维多向的公共数字文化管理和服务。在公共数字文化项目建设、数字资源生产加工、一体化平台设计运行、服务活动组织实施各环节的决策过程中，决策层不再纯粹由政府部门或公共文化机构构成，而是各种主体充分参与、综合施策。对于公共数字文化项目的实施效果、一体化服务平台运行的可靠性和稳定性、公共数字文化服务活动的质量，除了主管部门的统计报表外，第三方监管的参与、社会大众的反馈都在最终评价结果中占有较大比重。

（二）法治维度

制度建设是推动公共数字文化协同治理系统降低系统混乱程度、推动系统走向高度有序并实现协同治理的关键序参量。先有法治后有制度，法治作为协同治理的基础规范、协调方法和根本保障，体现在立法、制度和规范层面，也影响思想和文化层面，对于规范、协调、激发协同治理中多元主体的积极性和创造性并实现资源内容的多源融合具有重要作用。

治理现代化背景下，公共数字文化事业发展中的各种问题应基于规则、依法治理，但在现实中，以"法制"取代"法治"甚至实际上的人治现象屡见不鲜，不少问题的解决有赖于党政一把手的重视和协调。这种处置方式在解决发展问题的同时也会导致更多问题的产生，因而，最终仍然要回到建章立制，立足实际完善协同治理相关制度，以法治保障治理创新的推进。

公共数字文化协同治理是一种多元主体的活动，各种主体的角色定位不同，法治要求也不同。在这一背景下，单纯采用传统意义上的政策等行政协调手段与机制很难有效协调多元主体化的公共事务，催生了协调党政部门和各种利益相关主体的关系、以系统规范的法治进行协同的必要性。

就公共数字文化法治而言，首先应有效识别各种利益相关主体，定位各主体在公共数字文化活动中的合法权益，进而界定清晰各主体的角色身份、职权职责与权利义务，从而建立和谐的主体关系，实现公共数字文化的主体协同。

在此基础上，参考借鉴国内外相关领域的成功实践和有效的法律政策，从激励和约束两个方面来构建公共数字文化协同治理的相关机制和制度。其中，约束制度重在规范党政部门权力行使，明确相关程序、方式、责任；激励制度则是引导公共数字文化其他参与主体共商、共识、共治、共建、共享、共担公共数字文化。同时，法治方面还需要理顺公共数字文化服务供给过程中政府和市场的关系，定位各自的功能作用，给予市场和社会应有的地位，面向治理体系和治理能力现代化的要求确立法治地位。

此外，数据安全是加强法治的重要方面，对公共数字文化这一数据密集、技术应用较多而面向人群广泛的活动更加重要。在充分利用大数据、云计算、5G 网络、区块链等现代信息和网络技术丰富公共数字文化资源、解决公共数字文化服务发展不均衡、不充分问题，畅通主体意见表达与传递渠道过程中，需要加强法治，切实保障公共数据安全、保护好个人隐私和企业信息安全。

（三）现代化维度

作为文化领域治理体系与治理能力现代化的重要内容，公共数字文化协同治理就是在治理理念、价值取向、治理方式、治理制度与结构上按照治理能力现代化建设的要求，采取整体治理、网络治理、数字治理等现代治理方式来提升治理能力，促进公共数字文化的协同发展。

与我国传统的文化事业观和西方的文化管理理念不同，现代化的公共数字文化协同治理是适应市场经济的运行环境，基于马克思主义的社会主义文化理论，运用现代公共管理和公共服务的理念、方式、手段，形成较为完善的保障政府、市场和社会的协调协同、良性互动的公共数字文化管理、运行和保障机制和制度体系。

治理能力和治理体系现代化是坚持党的领导、人民当家作主、依法治国三者相统一的治理现代化。实践充分证明，中国共产党领导下的多元主体协同治理是治理现代化理念的核心概念和根本保证。唯有坚持党的领导，发挥党的核心和引领作用，积极调动社会力量的能动性，形成多元主体协同治理现代化格局，才能真正推进文化事业健康发展，实现最广大人民群众的文化权益。

人民当家作主是社会主义民主政治的本质和核心，保障并实现城乡居民基本文化权利是公共数字文化事业的基本价值立场，也是实现公共数字文化治理现代化的基本前提。实现人民当家作主就要求关注全体人民群众数字文化需求表达、实现个体的文化权利,化解人民群众日益增长的文化需求和不平衡不充分的文化服务之间的矛盾,使所有城乡居民充分享有数字文化服务。

促进公共数字文化治理现代化的基本方式是在党的领导下,理顺政府、社会、个人三者之间的关系,强调协同治理、转变政府职能、改革行政体制、构建服务型政府、推进多元主体协同治理,抓好公共数字文化服务顶层建筑,更好地提供基本公共服务、维护社会公平正义。同时,创新社会发展途径,发挥非政府组织在协同治理中的作用,着力培育公民在公共数字文化事务中的主体意识和参与意识,夯实多元主体协同治理的社会载体。

(四) 价值维度

公共数字文化作为社会公共事务,与以提高生产效率、创造更多经济价值为主要目的的治理活动不同,其协同治理更多追求的是一种价值理性,而非工具理性,价值维度上的协同治理起重要作用。

保障并实现所有城乡居民的文化权利,是公共数字文化协同治理的出发点和落脚点,维系着公共数字文化协同治理的基本价值立场,给出了公共数字文化协同治理"治理什么"和"何以治理"这一基本问题的最终答案。

文化权利理念的普及重新塑造了国家文化治理的社会环境,改变了城乡居民的文化行为,也促使公共数字文化的实现方式发生大尺度的调整,对所有城乡居民文化权利的关注,鼓励城乡居民主动参与公共数字文化、从事文化创造,极大地激发公共数字文化的活力和创新力。

基于保障城乡居民文化权利的基本价值取向,公共数字文化协同治理的重要价值在于提供城乡居民所需的公共数字文化服务并加强公共数字文化产品和服务的供给,服务于改善民生、促进城乡融合。公共服务的基本特征在于非排他性和非竞争性,以公益性而非经济性为考量标准。市场行为的本质是逐利的,以单位成本收益最大化为追求,对于基础性、大投入、长周期、低收益的广告服务缺乏兴趣。因而，实现公共数字文化的价值需要在协同治理过程中坚持公益性原则，避免过度市场化。但坚持公益、追求公平并非无视效率。在传统管理模式下，人们经常性将公平公益与效率低下相提并论，追求价值理性的现代治理则通过内外部的改革不断创新治理机制，提高公共事务的治理效率，在价值理性和工具理性之间达到平衡。公共数字文化协同治理不以最小投入和最大产出为至高追求，这不是意味着不努力提升公共数字文化服务各环节的效率，而是要在保证满足人民群众基本文化需求的基础上根据内外部环境合理调配人力、物力、财力资源，实现公共数字文化协同治理的自组织。

二 协同治理层级

经过20余年的建设，我国已初步建成跨越中央—省级—地级—县级—乡级五个行政层级的国家、省、地市、县、乡、村和城市社区六级公共数字文化服务网络，为形成全面覆盖、结构合理、充分保障的公共数字文化服务体系打下了良好基础。这一治理结构成为公共数字文化协同治理主体各子单位间分工与协作的基本制度安排。

这一跨越五个行政层级的公共数字文化协同治理体系又可根据作用范围划分为宏观层级的国家治理、中观层级的地方治理、微观层级的基层治理三个层级。宏观、中观和微观层级逐层接近城乡居民文化需求，各负使命共同构成了公共数字文化协同治理体系的整体。从传递链条看，公共数字文化采取行政逐级发包的方式进行治理。国家在宏观层面的治理将治理目标和行政权力下放到各地方，各地方政府随即沿着治理链条向下逐级发包直至传导到微观层面的基层组织并完成整个治理流程。

在这一多层级治理框架中，宏观治理层级起制定国家战略、规划中长期发展、引领法治建设等全局性、总体性作用；中观治理层级是公共治理的地方化，起承上启下的关键作用；微观层级治理发生在市县以下的基层，其治理直接面向城乡居民，是国家治理体系的神经末梢。在这一具有中国特色的多层级治理结构中，主体多元化不仅包括各级政府部门，也包括各类文化机构、企业、志愿组织和个人等；在正式的制度框架外也强调协商和沟通等柔性治理工具；治理层级不再限于中央和地方关系的处置，而是囊括更多治理层级。

（一）宏观层级的协同治理

治理体系和能力现代化视角下，宏观层级的公共数字文化协同治理需要从整体的、战略的层面确立和把握公共数字文化事业的价值理念、发展战略、目标愿景和发展路径。其主要任务是制定公共数字文化的发展战略、形成顶层的公共数字文化制度设计，引导地方治理根据国家文化战略的整体要求而开展。

在公共数字文化发展的现阶段，通过国家层面的公共文化投资推进公共数字文化基础设施建设对于改善与提高我国公共数字文化协同治理能力至关重要。在市场经济社会中，公共数字文化作为提供公共服务的活动，经济投入与直接产出是不对等的，导致一些地方政府在财政优先级安排中将公共数字文化投入放在靠后位次，甚至压缩公共数字文化建设经费，这就需要国家在宏观层级对基础性、普惠性公共数字文化的兜底。

在此基础上，宏观层级的协同治理主要在于从全局推动公共数字文化协同治理的理念创新、政策保障、制度设计和路径规划。

习近平总书记指出："新发展理念是方向、是钥匙，首要的就是创新。"[①] 在新发展阶段，为满足人民群众日益增长的文化需求，公共数字文化建设需要坚持创新理念，不断推动中华优秀传统文化创造性转

---

① 《创新，在总书记心中如此重要》，新华网，2016年4月27日，http://www.xinhuanet.com/politics/2016-04/27/c_128937920.htm，2024年1月13日。

化、创新性发展,不断增强文化发展动力,并积极推进革命文化和社会主义先进文化入脑入心,进一步增强其影响力和感召力,牢牢把握文化发展主动权,更好地引领新发展阶段文化治理实践,这也是我国公共数字文化协同治理的基本理念。

另外,宏观层面的公共数字文化协同治理要加强文化制度建设的顶层设计,把各地公共数字文化治理实践中的有效做法和成功经验制度化并在全国推广,为我国公共数字文化治理创新提供保障。同时,通过《中华人民共和国公共文化服务保障法》《"十四五"公共数字文化发展规划》等国家立法、整体规划从全局把握公共数字文化的发展,引导各地方政府因地制宜地制定地方性的法律规范、发展规划,从而自上而下地通过层级传递将统一的治理理念以切实可行的政策规划、制度设计来逐级落实。

(二) 中观层级的协同治理

中观层级协同治理承上启下,是公共数字文化治理体系的中坚环节。中观层级治理通常指向各省、市的地方治理,但地方治理的范围在学界尚有一些争论。不少学者认为地方治理是指各省、自治区、直辖市以及所有设区的市对当地公共事务的治理,是否具备立法权是其中的关键。但在我国治理层级的划分中,明确了乡镇(街道)、村(社区)是基层治理的阵地,市(县)则应加强对基层治理的领导,做好规划建设、整合数据资源、拓展应用场景。因而,笔者认为,中观层级的地方治理对应了我国省、地、市(县)三级行政级别的治理活动,但是不同行政级别的治理方式和手段有所不同,省、地级治理有更为丰富的治理资源,市(县)级治理的方式则更加灵活并有更多类似基层治理之处。

作为治理的中间层次,中观层级的治理要兼顾全局性、战略性的整体谋划和地方性、战术性的灵活安排。一方面,中观层面的公共数字文化协同治理要保证宏观治理所确定的战略全面贯彻落实,即全面、及时和准确地将中央对公共数字文化协同治理的部署在地方层面展开并传递到基层单位。另一方面，地方治理的主体地方政府在处理宏观和中观、中观和微观治理问题时有自身的价值评判、目标设定、治理资源和行为模式，导致地方治理较为灵活，带有浓厚的地域特色。

中观层级的性质要求这一治理层级要兼顾战略与战术、稳定与创新，凸显中国特色、地方特点。因此，在中观层级的公共数字文化应该坚持一地一策、差异化发展。各地应在贯彻落实国家公共数字文化政策的基础上因地制宜地创新机制体制，以解决当地公共数字文化发展的问题为导向对制约协同治理的体制机制及时灵活处理与完善提升。省、地、市（县）各级党政部门应秉持权变理念，在纵向应及时调整和重构分工关系，形成创新的多元主体共治地方治理格局。

对于中观协同治理，我国相关制度规范已明确提出了公众参与、专家论证、政府决策的"三位一体"模式，并将公众参与明确为地方政府治理的法定程序。但是这一模式在各地的公共数字文化实践中不尽相同，公众参与的形式和深度都与地方经济社会和文化发展水平有关，各个地方的公共数字文化专家、智库的规模和能力也千差万别，因此，地方政府在具体实践中需要创造性、差异化开展协同治理。

郁建兴教授曾指出，随着现代科学技术的发展，尤其是信息技术革命的到来，政府职能及其履行方式，以及以政府、市场主体、社会组织和民众构成的地方治理网络组织的运行方式都将发生重大转型，运用技术手段的程度将成为决定地方治理水平和效率的重要衡量标准。在信息技术飞速发展的今天，大数据、云计算、人工智能、区块链等现代技术在地方治理的应用越来越普遍，带动了地方治理向智能治理、精准治理的跨越式发展，公共数字文化协同治理结构也将不断得到重塑。

（三）微观层级的协同治理

微观层级的治理通常是指基层治理。作为国家治理的基石，基层治理是对乡镇（街道）和城乡社区治理的统筹推进，是实现国家治理体系和治理能力现代化的基础工程。① 作为治理体系微观层级的前沿和末梢，基层治理影响国家对公共事务治理的最终成效，甚至决定了整体治理能力的水准。

党的十九届四中全会明确提出"推动社会治理和服务重心向基层下移，把更多资源下沉到基层，更好提供精准化、精细化服务"。对公共数字文化而言，资源有效下沉到基层意味着国家、地方和基层之间关系的有效协调，主体、制度、组织、技术等各要素的协同实现。

公共数字文化基层治理主要包括三个方面的内容：

一是建立多元要素协同的制度化机制。由于微观治理层级处于公共数字文化治理一线，解决的是最前端、最琐碎的细节问题，因此，极其容易出现以领导意志代替协商、以行政管理取代协同治理的现象。基层治理层级亟须切实提升治理能力，建构制度化治理机制。在协同治理的框架下，基层治理意味着在政府组织之外还需要更多的治理主体加入，实现党和政府、社会、市场、民间组织、公民个体等主体的合作共治，并建章立制保证多元要素协同、多元主体分权，增强基层治理的自主性功能和社会化能力。

二是建构利益协调机制和社会公正维护机制。城乡融合时代的基层公共数字文化治理面对的是一个结构多元、利益多元和价值多元的社会环境，面临着将城乡居民利益充分组织化的问题，需要联结城乡居民个体与国家的社会组织，使得全体社会成员都置身于相互联通的网络之中。

三是以整体治理化解碎片化问题。在数字化时代，互联网等信息技术的发展为实施整体性治理提供了必要的媒介。为应对我国公共数字文化基层治理中的碎片化问题，政府和社会都应探讨如何发挥信息技术的

---

① 《中共中央国务院关于加强基层治理体系和治理能力现代化建设的意见》，《人民日报》2021年7月12日第1版。

优势以实现权力、利益和空间的整合。

第五节 本章小结

本章从理论基础的角度，深入探讨了城乡融合背景下公共数字文化协同治理的研究源流、内涵、要素和结构。通过对城乡融合理论、社会主义文化理论、协同理论、治理理论等相关理论的分析，揭示了公共数字文化协同治理的理论渊源和实践意义。

在理论源流方面，公共数字文化协同治理是在中国城乡融合和公共文化服务体系建设的实践中逐步发展成熟的研究领域。源自马克思主义经典理论的中国特色社会主义城乡融合理论为公共数字文化协同治理提供了内在源流。从新文化运动到新时代中国特色社会主义文化理论，社会主义文化理论为文化治理提供了价值导向和理论基础。协同理论和治理理论则为公共数字文化协同治理提供了方法论和实践路径。

在内涵方面，本章明确了公共数字文化协同治理的核心在于多元主体的合作与协同，通过序参量的支配性和子系统的自组织性，以及在治理过程中对资源、技术、制度等要素的有效整合，从而实现治理目标。同时，强调了公共数字文化协同治理的多元性、系统性和动态性，协同治理不仅关注治理主体的协同，也包括治理客体的协同，体现了中国特色的治理理念。

在要素方面，本章将公共数字文化协同治理的要素分为主体要素、资源要素、技术要素、制度要素和客体要素，并对各要素的协同作用进行了详细阐述。主体要素协同是实现有效治理的关键，资源要素协同是提升治理效能的基础，技术要素协同是推动治理创新的动力，制度要素协同是保障治理有序的框架，客体要素协同则是实现治理目标的核心。各要素在不同层级和维度上的有机结合和高效运作是实现公共数字文化协同治理目标的关键。

城乡融合背景下的公共数字文化协同治理

在结构方面，本章从四个维度和三个层级对公共数字文化协同治理的结构进行了分析。四个维度包括共治维度、法治维度、现代化维度和价值维度，三个层级包括宏观层级的国家治理、中观层级的地方治理和微观层级的基层治理，四个维度和三个层级的治理活动的相互作用共同构建起全面覆盖、结构合理、充分保障的公共数字文化服务体系。

总体而言，本章通过对公共数字文化协同治理的理论基础的深入分析，揭示这一领域的复杂性和多维性，为后续的实证研究和政策制定奠定坚实的理论基础并提供参考。

第四章　公共数字文化协同治理实证研究

我国幅员广阔，人口众多，56个民族分布在34个省、自治区、直辖市和特别行政区。各地城镇化水平、人口结构、历史文化、风俗习惯、经济社会发展水平不同，对城乡融合背景下公共数字文化协同治理的研究需要走访调研各种类型的城镇和乡村，在分析各地城乡融合发展过程中的公共数字文化协同治理理念、方法和措施基础上总结地方经验，支持并促进各地公共数字文化服务的个性化发展，寻找公共数字文化发展共性问题的解决之道，为公共数字文化协同治理能力的提升提供支持。

根据地域分布、城市类型、经济发展水平、城镇化水平不同的原则，在有一定合作基础的城镇和乡村中选取了来自东部地区的新市民聚居地浙江省杭州市钱塘区、外来人口占多数的浙江省义乌市新农村、中部地区的安徽省全椒县农村、西北部地区的历史文化之乡陕西省西安市鄠邑区作为实证研究的案例。这些地区城乡融合情况、基层治理条件、公共数字文化发展水平不同。例如，浙江省杭州市钱塘区从空旷无人的滩涂地起步，2017年进入钱塘时代以来常住人口增长迅速，同在浙江省的义乌市从贫穷农村发展到世界小商品中心，户籍人口在总人口中占比却很少。总体而言，处于中国特色社会主义共同富裕和省域现代化"两个先行"示范区的钱塘区和义乌市的城镇化水平较高、地方经济较为繁荣,持续吸纳着来自全国各地乃至世界各国的人口,而我国其他一些地区则有不同境遇,如处于中东部地区的全椒县则在经济持续发展的同时常住人口逐年下降。

因此,基于前述几个具有一定代表性的案例,从多个视角观察基层公共数字文化协同治理的发展情况,比较不同城乡融合发展条件下的公共数字文化协同治理模式,形成对城乡融合背景下公共数字文化协同治理较为系统和深入的认识,为有关部门改进治理方式、提高治理效能、推进公共数字文化协同治理迈上新台阶提供参考。

第一节 对东部城市新市民聚居地的调查

一 围出来的钱塘区

钱塘区是一个年轻的移民聚居地,位于杭州市东部,其主体之一下沙原本是一个由若干村落组成的小乡。"日落江湖白,潮来天地青",下沙原本只是钱塘江奔流入海前留下的一片滩涂,20世纪70年代,浙江省决定在钱塘江畔进行围垦,围江造田,最终围出了一个繁荣的新下沙。后人总结下沙初创史称"杭州人民战天斗地、肩挑手扛,围出了大江东和下沙数百平方公里的土地,创造了人类造地史上的奇迹"[①]。

改革开放后,钱塘区的发展步入快车道,吸引了来自全国各地的大量人口。1993年4月4日,国务院正式批准在下沙设立杭州经济技术开发区,作为重点发展现代制造业、外向型经济和高教科研的国家级开发区,下沙成为杭州市的三大副城之一,城市化进程快速推进。下沙新城成为城市化与工业化同步推进、多元文化融合交会的从"移民之区"迈向新型城市化的生动实践。

[①]《潮平两岸阔 风正好扬帆》,《杭州日报》2019年4月19日第A01版。

2017年，杭州市政府下发《关于实施"拥江发展"战略的意见》，提出实施"拥江发展"战略，把钱塘江流域打造成为生态文明建设示范区和宜业宜居宜游的区域协调发展示范区，下沙开始进入钱塘时代。2019年4月，浙江省人民政府正式批复同意设立杭州钱塘新区。2021年3月，浙江省人民政府发布《关于调整杭州市部分行政区划的通知》，对杭州市部分行政区划进行优化调整，设立杭州市钱塘区，以原江干区的下沙街道、白杨街道和原萧山区的河庄街道、义蓬街道、新湾街道等为基础设立钱塘区。

今天的钱塘区总面积达531.7平方千米，已成为长三角南翼地理中心、杭州都市区东部门户，致力于打造智能制造产业集群、产城融合发展示范区、杭州湾数字经济与高端制造融合创新发展引领区。根据第七次全国人口普查结果，钱塘区常住人口已达76.92万，与第六次全国人口普查的47.58万人相比，十年共增长29.34万人，增长率61.64%，其中，15—59岁人口为61.85万人，居住在城镇的人口为67.83万人，是名副其实的新市民聚居地。

二 逐步完善的公共数字文化服务

作为一个真正的新区，钱塘区的各项基础设施正在逐步完善中。截至2021年，就公共数字文化服务而言，各街道的文化中心以及各社区、村的文化家园、文化礼堂已初步完成布局并陆续投入使用，各项服务活动有序开展。同时，区一级文化中心的建设工作正在有序推进中，各街道、社区、村的图书室、文化站也在逐步形成体系。

目前，钱塘区共拥有7个街道图书馆，各图书馆均已对外开放。其中，下沙文化中心是钱塘区较早建成并投入使用的文化中心，下设的图书室是当地公共数字文化服务的主要力量和笔者实地走访的基层公共数字文化服务点。

下沙文化中心目前隶属于钱塘区下沙街道办事处下设的下沙党群服

务中心，中心建筑总面积8000平方米，由街道党建文化展览中心、多功能活动中心、区少年宫等组成。其中，下设的图书室是公共数字文化服务的主要责任部门。

下沙党群服务中心图书室原名下沙街道文化体育站图书室，筹建于2012年，于2013年正式开放，是全国文化共享工程下沙地区的主节点。图书室面积约200平方米，Wi-Fi全覆盖，已有藏书1.6万册。图书室在行政关系上隶属于下沙街道办事处，相关工作由负责文化、广播、旅游、体育公共事业发展和配套项目、设施、体系建设的区社会发展局指导和管理，杭州市图书馆对各项业务工作的开展进行专业指导。

（一）布局公共数字文化服务

浙江省"八八战略"提出，要进一步发挥人文优势，积极推进科教兴省、人才强省，加快建设文化大省。基于这一战略，杭州市就全面贯彻落实《中华人民共和国公共文化服务保障法》，加快推进公共文化服务均等化建设，对广大群众共享文化发展的成果做出部署，提出管好用好信息化利器，以"互联网+"模式加快步伐实现城乡无差异，加快现代公共文化服务数字化、智慧化建设。

钱塘区则在全面贯彻落实国家、省、市的整体部署基础上，结合"拥江发展"战略科学布局，提出以钱塘江为轴，推进公共文化设施网络城乡一体化，区—街道—社区/村三级服务体系加快重大文化设施建设，并实现所有村、社区公共文化场地Wi-Fi全覆盖。在建设过程中，着力搭建"文化礼堂（家园）—校（市民学校、老年学校）—班（春泥班、培训班）—馆（图书馆）"四大服务平台，重点关注基层公共文化设施建设，协同做好公共文化服务"最后一公里"的畅通工作。

就走访的下沙党群服务中心图书室而言，主要服务对象为下沙街道50平方千米辖区内19个社区的22万名常住人口，方便的地理位置同时也吸引了来自其他街道的周边居民。

图书室不仅是街道的文献服务中心，也是下沙地区的全国文化信息资源共享工程基层服务点，目前配备了 2 名全职在编工作人员负责日常开放和各项管理工作。

根据基层公共文化服务站点的开放要求，图书室每周开放时长为 42 小时，即每天的上午 9 点至中午 12 点，以及下午 1 点 30 分至 5 点 30 分。开放期间，对外提供的主要服务为馆藏图书的借阅服务、电子阅览室服务以及各类阅读推广服务。图书室通过各种途径已形成 1.5 万册的纸质馆藏规模，并保持每年约 1000 册新书的增长规模以及数十份报纸的订购量。资源的有效更新得益于有力的经费和运行机制保障，图书室的纸质资源主要来自自行采选。近年来，图书室每年的图书采购经费都保持在 3 万元左右，报刊采购经费则为 5000 元左右，图书的采选由区统一组织供应商招标，图书室从入围供应商的可供书单中采选图书后，供应商负责对图书进行编目加工和上架，整个采购流程清晰而高效。

值得注意的是，笔者在走访中发现，对于基层服务点来说，现有人员结构为保障每周足够的开放时间已消耗了大量工作精力。尤其是每到周末和假期，会有大量的读者选择在图书室阅读、休憩，其中还有很大比例是管理难度较大的儿童。虽然说街道也采取了一些更为灵活的组织方式来开展服务，如一些公共文化宣传推广活动会由上级安排其他部门人员参与，但公共数字文化各项工作的开展仍然步履艰难。

（二）完善智慧文化基础设施

为确保基层公共文化的各项基本服务充分到位，钱塘区在各个街道、村和社区普及图书阅览室，加快社区文化家园和农村文化礼堂的建设，并在各个公共文化场所的建设中做到功能完备，配备一定数量的计算机等硬件设施供群众访问数字文化资源。

在硬件设施建设的同时，根据杭州市"实现村（社区）Wi-Fi 全覆盖"的为民办实事总体部署，钱塘新区启动了村（社区）公共文化场地 Wi-Fi 设施建设，以"互联网+"模式，加快现代公共文化服务数字化、智慧化建设。借助智慧文化 Wi-Fi 全覆盖工程，钱塘新区的区、街道、村（社区）三级公共文化服务网络基本形成。

作为全国文化信息资源共享工程节点，2013年图书室开放使用时，配套的电子阅览室也一并建设完成并投入使用。根据服务人口规模，电子阅览室配备了12台计算机，在开通使用时同时接入互联网，可供读者上网访问数字文化资源。

2018年，根据钱塘新区智慧文化云的整体部署，图书室开始连入智慧文化网，开放了馆内免费Wi-Fi。到访的读者一进入图书室即可搜索到免费Wi-Fi信号，连接后只需在手机端进行简单认证即可免费连接上网，使用智慧文化网资源。

由于图书室的管理仍采用传统的手工登记制度，只登记借书和还书，没有进馆统计和电子资源使用统计，电子阅览室设备的使用和数字文化资源的利用情况都无法统计，但从日常观察和读者咨询频率可推知公共数字文化服务被用户知晓和采纳的情况不甚理想。图书室也采取了一些措施来推广公共数字文化服务，但无论是张贴海报、设立宣传栏还是发放宣传手册，都收效甚微。由于公共数字文化服务并非图书室的主要业务，在推进服务方面显得有心无力，更不可能开展数字资源的自建等工作。因而，如何更为合理地配置公共数字文化硬件资源，如何推广公共数字文化云资源，仍是摆在各级管理者面前的难题。

（三）全面构筑数字资源体系

钱塘区的公共数字文化资源来自国家公共文化云、浙江网络图书馆、杭州图书馆数字资源以及区引进数字资源。国家公共文化云是由公共文化司指导、发展中心在全国文化信息资源共享工程基础上具体建设的公共数字文化服务总平台、主阵地。浙江网络图书馆是以浙江省全国文化信息资源共享工程和全省公共图书馆的传统文献及数字资源为基础，为城乡居民打造的一个一体化公共数字文化资源提供和服务平台。杭州图书馆收藏数字资源数据库上百个，这些数字资源大多可以在各分馆、各基层电子阅览室访问。在国家公共文化云、浙江网络图书馆以及杭州图书馆数字资源的基础上，钱塘新区还着力建设了区级智慧文化云，并在各个街道配备电子显示屏，要求各个村（社区）面向城乡居民大力推广电子阅读。

笔者在走访时得知，文化中心的数字文化电子屏恰好安装完成，点击屏幕就可阅读、下载和借阅电子图书。通过与超星、喜马拉雅等品牌的合作，目前可借阅的图书达130万册，且资源内容做到了持续更新。

（四）加强队伍建设与业务培训

钱塘区在文化队伍建设中主要抓好区级示范团队和街道"三团三社"。"三团三社"即乡村合唱团、乡村艺术团、乡村民乐团和书画社、摄影社、文学社。目前，区内各街道均已建立"三团三社"，把乡村文艺团队活动与乡村旅游、科技致富、特色展示、非物质文化遗产保护和传承等结合起来，融入各类文化惠民活动，有效提高了乡村文艺团队的公共文化服务能力和水平。

为进一步加强基层文化队伍建设，促进全区公共文化事业的繁荣与发展，钱塘区建立了基层文化系统业务骨干的常规性业务培训制度，每年组织多次业务培训活动。

面向各街道、村（社区）的群众文化业务骨干，钱塘区邀请专家就《中华人民共和国公共文化服务保障法》的解读、基层群众文化活动的策划和组织、群众文化艺术的鉴赏等方面开展授课。通过解读上级各项文化政策，安排部署集聚区文化工作，进一步提高集聚区基层文艺骨干的思想理论素质和业务能力，打造一支技能高、业务精、素质好的基层文化骨干人员队伍，建设标准化、规范化的公共文化服务体系。

面向村（社区）的基层公共数字文化服务站点，为提高最基层的公共数字文化服务水平，钱塘区组织了面向村（社区）宣传文化员的综合素养培训。邀请专家以集中授课、示范讲解的形式，就公共数字文化与文化馆总分馆制、繁荣乡村文化等专题培训各村（社区）宣传文化员。专家们对公共数字文化与文化馆总分馆制的优势和发展方向进行案例分析，根据多年乡村文化特色工作分享经验，让宣传文化员在基层群众文化工作中，以学促行，带动广大市民真正享受公共文化服务的便利。

从走访情况来看，这一系列业务培训还是有一定成效的。图书室的工作人员反映其每年会接受2—3次业务培训，主要培训内容为公共数字文化相关系统的使用培训、参观先进图书馆等。通过培训，基层公共数字文化服务工作人员不仅提高了业务能力，还扩大了视野，有助于基层公共数字文化服务的创新发展。

三　协同治理建设文化钱塘

（一）第三方运营加强基层治理

第三方运营是提高基层治理效能，加强社会组织建设，激发社会组织活力的基本途径。钱塘区第三方运营主要依托街道社会组织服务中心。街道社会组织服务中心是为社会组织提供孵化培育、技术培训、项目开发、资源链接、宣传推介、督导咨询等服务的枢纽型、支持型综合平台，也是政府与社会组织强化合作、协同治理的重要载体。

按照"政府部门引导、民间力量兴办、专业团队管理、政府公众监督、社会民众受益"的原则，街道社会组织服务中心实行理事会领导下的中心主任负责制；服务中心运营经费来源于承接政府和社会购买服务、相关资助与奖励、接受社会捐赠等。服务中心通过定期会商、情况专报、列席会议等方式，建立与街道办事处、居（村）民委员会的协同机制；引导社会组织服务中心通过需求对接、项目开发、资源共享等方式，建立与各类社区资源平台的协作机制。第三方运营工作内容和要求包括：提供前台服务、宣传服务，为基层党组织、群团组织、社会组织、企业、居民提供各项服务；运用传统及新媒体宣传方式，加大面向辖区居民的宣传力度；等等。

下沙文化中心依托街道社会组织发展服务中心，引进第三方运营入驻基层，初步形成相关制度规范，开展公共数字文化相关的资源建设、宣传推广等活动。但是，目前还没有具体针对公共数字文化服务的第三方活动，无论是基层领导对公共数字文化服务的重视程度，还是基层公共文化服务人员在公共数字文化推广中的工作投入程度，都亟须重视。

(二) 公益创投支持社会参与

公益创投是公益领域的创业投资，起源于欧美，是一种新型的公益伙伴关系和慈善投资模式，有助于公共问题的解决。作为一种非营利性创投活动，公益创投采用了与商业投资较为接近的运作模式，但投资没有回报或投资收益回流到公益中。

钱塘新区已形成较为成熟的公益创投项目申报和管理机制，近年来，各街道都会由社会组织服务中心组织公益创投项目申报活动。公益创投项目的基本要求是符合公益性、专业性、经济性和融合性，即不以营利为目的，低偿或无偿地为社会各类群体提供服务，具有专业的知识和方法、服务理念、管理模式，确保服务内容、服务质量和社会影响的同时节约资金，切合经济、社会发展程度并发挥社区、社会组织、社会工作者"三社联动"的综合效应。

在具体组成上，公益创投项目包括社区党建类、社区建设类、社区民生类、社区融合类和社区治理类。其中关注老年人、青少年儿童、妇女、残疾人等各类弱势和困难人群的社区民生类，为科技、教育、文化、卫生、体育等事业提供公益性服务的社区融合类，以及营造熟人社区以及帮助新杭州人、外来人员及其他特殊群体融入社区的社区治理类等项目都可融入公共数字文化。但是，近年来的项目中鲜有与公共数字文化直接相关的，相关社会组织对公共数字文化的认识水平以及相关部门对公共数字文化的重视程度都有待提高。

(三) 志愿服务汇聚个人力量

钱塘新区在发展文化事业过程中强调发挥志愿者活动的作用，提出按服务人口的千分之二配备文化志愿者，并做出了具体部署。在街道统一组织下基于志愿汇App的志愿服务网络已成为社会力量参加文化服务的主要途径。

中青益信（杭州）科技有限公司研发的志愿汇App是一个志愿者和志愿活动的聚集平台，图书室根据需要在上面发布活动，然后志愿者可以在该平台报名参加。志愿汇App里有志愿队的积分排名，也有个人的志愿统计。志愿汇App平台实行实名制注册，帮助全国志愿者报名注册、志愿服务签到、组织报名、活动报名、益币兑换，实现了志愿服务需求和服务愿望的有效便利对接。

在志愿汇App上，公共数字文化的宣传推广可以找到更多志愿者，尤其是园区内的高校学生对于各类公益活动的参与积极性较高。当前的瓶颈在于对公共数字文化资源宣传推广活动的策划工作缺乏专业人员，导致志愿者活动尚未真正进入公共数字文化领域。

（四）借力文教区资源优势

钱塘区范围内有浙江省最大的高教园区，拥有60多所院校，其中高等院校14所。同时，拥有中国科学院理化所杭州分所等省、部重点学科80多个，硕士、博士授予点187个，国家、省部级重点实验室20多个，自然科学科研机构100余所。丰富的文教资源成为钱塘区公共数字文化服务的有力支撑。在政府有关部门的协调下，越来越多的高教园区大学图书馆开始向社会开放，包括一些电子资源也可在满足一定条件下供社会读者使用，成为公共数字服务体系的有益补充。由于高校图书馆电子资源对社会开放仍是一个探索中的课题，无论是高校图书馆的电子资源配置，还是对社会开放的方式方法以及相应的网络著作权问题，都有待来自图书情报学、法学、社会学等学科的进一步理论工作。

博物馆、校史馆资源是高校另一种独特的文化资源，也是钱塘区推动政校企合作共建数字文化设施的重要切入点。与高校图书馆文献资源的独占性不同，博物馆资源的社会共享阻力要小得多，也不会遇到文献资源数据库供应商设置的知识产权壁垒。不少高校博物馆还依托自己的技术和资源条件积极争取经费，采用了大量现代化的数字展示技术，对于城乡居民来说颇具吸引力。如能有效打通高校博物馆、私人博物馆等公共文化空间共享通道，将是钱塘区公共文化协同治理过程中的一项成功探索，为其他地区提供有益借鉴。

四 对钱塘实践的思考

钱塘区街道图书馆，除了节假日，工作日读者不多。节假日由于孩子们在旁边文化中心教室上课读者较多，有时甚至一座难求。但是，很少有读者根据图书馆入口处的易拉宝去尝试使用手机访问公共数字文化资源，电子阅览室的计算机由于管理难度大不能稳定开放使用。在课间到街道图书馆阅读的孩子使用频次最高的公共数字文化设施是图书馆旁边的游戏互动屏（由于声音太响以及孩子们使用习惯不好，不久被工作人员关闭）。对于公共数字文化资源，孩子们认知有限，父母平常不会给他们介绍公共数字文化资源对学习有哪些帮助，孩子们一旦坐到电子阅览室里只会扎堆玩各种游戏。到访图书馆的另一类读者是陪读的家长，一些爷爷奶奶会在这里看书、看报，年轻的爸爸妈妈则以看手机视频、刷微信微博等休闲娱乐为主。一些父母表示知道有公共数字文化云这种文化服务，由于平常工作繁忙，带孩子上课更累，在这里主要是休息，而且这些数字文化资源对他们来说缺乏足够的吸引力。偶尔也有附近的居民到图书馆来翻阅图书，当地占比很高的外来务工人员基本没有到访过图书馆。这一现状与钱塘区建设"文化钱塘"、推进公共数字文化事业发展的目标显然还有很大差距。

2021年，《杭州市钱塘区国民经济和社会发展第十四个五年规划和二〇三五年远景目标纲要》提出：坚持把文化建设摆在突出位置，对照杭州建成"东方文化国际交流重要城市"标准，实施"文化钱塘"工程，挖掘传承潮涌文化、围垦文化、移民文化和创新文化，发展文化事

三 城乡融合背景下的公共数字文化协同治理

业和文化产业，努力实现物质精神共富。移民文化是钱塘区文化的特色，也是公共数字文化加强协同治理、推进城乡融合的关键。钱塘区的移民文化，正是新市民聚居地的显著特征。在钱塘区这样一个新市民聚居区建设公共数字文化，移民文化将发挥不可替代的积极作用。为提高公共数字文化服务水平，充分发挥移民文化的作用，相关部门还需要多管齐下，加强协同治理。

首先，应保证各方主体的充分参与。图书馆是公共数字文化服务的主力，长期以来，钱塘区没有真正的图书馆，街道图书馆受限于极少的人员编制从而无力顾及公共数字文化宣传推广活动，社区和村镇的文化站的人手更是捉襟见肘。因此，为了尽快建成高标准的区级图书馆，在当地社发部门和市级图书馆的管理和指导下具体统筹公共数字文化服务的开展，是做好各项工作的基础。杭州市图书馆在公共数字文化服务的开展方面有很多心得，钱塘区政府有建设"文化钱塘"的雄心和财政实力，在人员和设施配备到位的情况下，公共数字文化服务水平会有质的飞跃。

其次，进一步完善政府向社会购买公共文化服务机制，充实志愿服务队伍，充分发挥社会力量的作用。得益于开放的内外环境，钱塘区有良好的社会力量参与文化事业基础，相关机制较为成熟，但需要改变以组织开展上级要求的活动为主的工作模式，加强工作的主动性和创新性，尤其要加大对数字资源的推介力度。志愿服务存在同样的问题，志愿者的参与频率和稳定程度仍处于较低水平，除了极少数平时在图书馆维护阅读秩序的志愿者外，只有在开展大型活动时才有较多城乡居民参与公共文化服务，而且志愿者普遍对公共数字文化资源了解不充分，无法起到辐射公共数字文化服务的作用。而钱塘区的志愿者资源是得天独厚的，既有几十万的大学生群体，也有数万名高校教师，还包括大批高新企业的高技术人才，这些群体都有较高的数字素养和较强的公益意识。总之，唯有社会力量的深度参与，才能改变数字资源不出门、城乡居民不进门的困境，实现钱塘区文化资源数字化和网络化共享服务。

最后，应立足新市民城市的特点，以当地移民文化为基底，基于协同和共享的理念以数字化方式塑造开放包容进取的文化精神，不断增强文化自信。作为新市民为主的城市，应以满足移民群体不同的文化需求为根本，在移动化、数字化、信息化、智能化的时代以各种数字化手段主动为各类人群提供针对性的文化服务，提升多样化文化服务水平，加大社会组织和民间团体的建设力度，开展丰富多彩的文化惠民活动，打造新市民文化高地。

第二节　对东部新农村的调查

一　文明富庶的义乌新农村

义乌地处浙江中部、金衢盆地东缘，改革开放以来作为全球小商品集散中心而闻名于世，是改革开放全国18个典型地区之一和国务院批复的国际贸易综合改革试点。除改革开放的先行者之外，义乌素有"文化之乡"的美誉，道情、婺剧、武术等特色文化赋予了这座江南小城独特的韵味，并诞生了陈望道、冯雪峰等文化名人。

从改革开放前浙中地区默默无闻的小县城到今天改革开放的前沿，义乌的城市规模和城镇化水平都得到了显著提升，目前市域面积1105平方千米，下辖6镇8街道，中心城区建成区面积103.8平方千米。根据2020年第七次全国人口普查结果，义乌本地户籍人口85.3万，登记在册外来建设者超过160万。户籍人口中乡村人口334220人，城镇人口519158人，人口自然增长率5.74‰。

赤岸镇地处义乌南部，是义乌历史最为悠久的乡镇之一，全镇总面积149.98平方千米，辖66个行政村，1个居委会，总人口3.88万人，总耕地面积28755亩。根据第七次全国人口普查结果显示，赤岸镇常住人口为35591人，较2010年第六次全国人口普查结果增长4096人，增幅达13.01%。与义乌全市的人口分布情况类似，赤岸镇的外来务工人员、外来经商人员数量远超本地户籍人员数量，不同国家、不同地区、不同民族、不同宗教信仰的人们在这里和谐相处，共同创业。

在抓好经济建设的同时，义乌市也不忘加强公共文化服务体系建设，不断提升公共文化服务的数字化、智能化水平，促进城乡居民之间、本地与外来人员之间的融合。在人均排名类指标和公共文化设施类指标不占优势的前提下，义乌市在浙江省基层公共文化服务评估排名中一路攀升，目前在全省89个县（市、区）总排名中位居前十。在文化队伍建设、群众文化活动、文化服务享受等与城乡居民文化生活息息相关的领域，义乌市已位居全省前列。本节以赤岸镇图书馆为切入点，调查公共数字文化协同治理的开展情况以及本地农民、外来人员对公共数字文化的利用情况。

二 全面布局公共数字文化

根据义乌市委、市政府贯彻实施《中华人民共和国公共文化服务保障法》《浙江省公共文化服务保障条例》"一法一条例"的统一部署，义乌市以打造市、镇、村三级服务网络为核心，全面布局公共文化服务，不断改善包括公共数字文化服务在内的各项公共文化服务工作。

在这一布局中，市级公共文化服务以市级图书馆、文化馆、博物馆、美术馆为中心实施；镇级公共文化服务以镇（街）综合文化站（文体综合体）、图书分馆为重点全面开展；村级公共文化服务以农村/社区文化礼堂、悦读吧等基层综合性文化服务中心为基础展开工作。为保障服务开展，义乌市还强化各级地方政府主体责任，切实保障公共文化服务运行经费的落实到位，并不断改善公共数字文化服务网络设施设备条件，从而逐步完善市、镇、村三级公共文化服务网络。

作为镇一级公共文化服务的重点，赤岸镇图书馆初建于2016年，

2017年1月正式对城乡居民开放，目前已成为赤岸人民文化生活的重要组成。图书馆每个工作日上午8点30分至下午5点30分不间断对城乡居民开放服务，每周开放时长达56小时。图书馆有3名工作人员，他们日常负责图书室开放、图书修补和上架、电子阅览室管理维护、接受社会读者图书捐赠、组织开展读书活动等各项管理工作。为改善城乡居民的阅读体验，图书馆不仅引进了自助借还机方便读者借书和还书，还开通了移动借还功能，读者只需手机下载义乌市图书馆App并绑定身份证，即可用二维码借还图书。

赤岸镇图书馆同时也是赤岸镇的文化共享工程站点，公共数字文化数据资源、软硬件设备和网络条件配置齐全。图书馆内建有专门的电子阅览室，供城乡居民访问和使用公共数字文化资源。

三　完善制度体系与组织建设

以《中华人民共和国公共文化服务保障法》《浙江省公共文化服务保障条例》等法律、条例为基准，义乌市加快文化改革步伐，不断完善公共数字文化相关制度体系与组织建设。

2016年，义乌市密集出台了《关于加快构建现代公共文化服务体系的实施意见》《中共义乌市委关于繁荣发展社会主义文艺的实施意见》等公共数字文化相关文件，并成立义乌市公共文化服务体系建设协调小组，负责组织开展公共文化服务的协同治理。自此，义乌市公共文化服务的发展有了清晰而明确的目标、愿景、路径、标准和组织设计，为公共文化服务管理体制机制改革和公共文化服务体系完善打下了坚实基础。

在此基础上，义乌市还制定了《义乌市鼓励和引导社会力量参与公共文化服务扶持办法》《关于进一步加强镇街综合文化站建设的实施意见》《义乌市农家书屋整合提升工作方案》等工作办法和方案。通过制定《义乌市鼓励和引导社会力量参与公共文化服务扶持办法》，社会力量参与公共文化服务的基本建设补助和运营成本补助方式、标准和程序得到明确,有力促进了民间剧团(艺术团)、群众文艺团队、文化志愿者团队等社会力量的蓬勃发展。以打造书香商城为目标,《关于进一步加强镇街综合文化站建设的实施意见》《义乌市农家书屋整合提升工作方案》的制定确立了义乌市、镇、村三级图书借阅网络的基本架构,保障了基层公共文化服务开展所需的经费、技术、人员、场馆和设施条件。

2017年,义乌市研究印发了《义乌市鼓励和引导社会力量参与公共文化服务扶持办法》《关于推进镇(街道)综合文化站建设的通知》,将公共文化服务的推进工作做细做实。在地方政府大力推动下,镇(街道)综合文化站标准化建设、文化辅导员队伍建设、文化志愿者机制建设等公共文化服务体系建设工作都得到了明显加强。

2018年,义乌市制订下发了《义乌市农村文化礼堂运行管理保障经费管理使用办法》《义乌市农村文化礼堂"建管用育"实施办法(试行)》,建立了有效的经费、设施、技术、人员管理制度,为文化礼堂这一基层公共文化服务重要阵地的健康发展保驾护航。

2020年,义乌市印发了《义乌市图书分馆与悦读吧星级动态管理办法(试行)》,提出将图书馆总分馆制度与基层文化阅读服务工作有机结合,加强基层公共文化服务站点的考核评估,为城乡居民提供更为贴近需求的公共文化服务。

四 夯实智慧服务基础条件

2016年,义乌市文化广电新闻出版局等部门通力合作,以编制义乌市智慧文化发展规划为契机,开始夯实智慧服务基础条件并大力推进智慧文化服务。

由义乌市文化广电新闻出版局主管并常态化运营的"文化义乌"微信公众号已成为义乌公共数字文化服务重要的新媒体信息平台,位列义乌市十佳政务微信微博。在成功运营"文化义乌"微信公众号的基础上，义乌市又实现了智慧服务的升级换代，通过搭建数字文化馆、智慧图书馆、数字博物馆、文化执法数字管理、体育产业事业等一体化的文化义乌云平台，完善公共文化服务信息资源平台和运营维护，义乌市智慧文化的基础条件得到了较大改善。

义乌市还积极实施文化共享工程进入农村文化礼堂计划，为农村文化礼堂提供数字资源和数字文化服务，使数字文化资源进村入户。通过线上线下相结合的活动，引导城乡居民关注公共数字文化智慧服务平台，在第一时间获取最新文化信息。

具体到赤岸镇图书馆，其公共数字文化资源以国家公共文化云、浙江省以及义乌市图书馆资源为主，近年来，智慧化水平不断提升。城乡居民可在图书馆内的电子阅览室或使用各种移动设备便捷地访问超星电子图书、中文在线电子图书、中国知网期刊论文、博学易知视频、EPS统计数据等各类数字文化资源，以及义乌市图书馆自建的善本库和讲座视频库。为方便读者获取数字文化资源，馆内还设有电子阅读机一台，读者可自由点击阅读电子书和新闻报刊，也可在电子阅读机上用手机扫码下载书籍，从而在离馆后仍可继续阅读图书馆电子图书。

五　构建政府、市场、社会共建格局

近年来，义乌市主动构建政府、市场、社会共同参与的公共文化服务体系建设格局，并努力实现由"办文化"向"管文化"转变，大力推进社会购买服务，完善志愿服务机制，打造特色文化和品牌，加强社会参与和评价，取得了良好成效。

（一）落实社会购买服务

社会购买服务已成为义乌市公共文化服务体系建设中的重要内容。以2016年出台的《义乌市文化广电新闻出版（体育）局向社会力量购

买公共文化体育服务管理办法》为依据，根据政府购买、群众受惠、企业经营、市场运作的基本原则，义乌市95%以上送文化下乡服务实现了由民间团体承接。通过购买服务的形式，作协、读书吟诵协会、古今文学研究馆、出版物中心、湖畔书榭等文体协会和社团举办了丰富多彩的文体活动，推动了全民阅读建设。

2017年，义乌市政府相关部门向义乌市新农村数字电影院线公司购买公益放映服务，建设经营性和公益性相结合的"农村影院"。"农村影院"每个放映点每年承担100多场次的公益免费电影播放任务，每个星期二，城乡居民都可以前往放映点免费观影。通过探索，义乌市在农村电影放映体制改革中成功地走出了一条"影院+"模式的新路子。农村电影"定时定点"放映模式为其他公共数字文化服务的普及做出了有益尝试。

2018年，义乌市政府相关部门与良库文创园签署了战略合作协议，合作开展阅读场所建设，打造"良库悦读吧"品牌。悦读吧以精选藏书为基础，提供了读书会、主题咖啡馆、茶吧、文创商店、创意花房、艺术展、手工艺体验、VR/AR体验等多种服务，成为图书馆之外公共文化服务体系的有益补充，为公共数字文化宣传推广创造了便利条件。目前，义乌市已建成100余家悦读吧，覆盖全市各个乡镇，仅赤岸镇就有赤岸三村、雅端、毛店、神坛、山盆、尚阳、派对集团、莱山、黄路、下水碓、清溪、乔亭、湾塘等十多家。

(二) 强化志愿服务管理

强化志愿服务管理被义乌市有关部门视为畅通公共文化服务"最后一公里"，成为在公共文化资源和城乡居民之间架起桥梁的重要手段。为加强基层公共文化服务队伍建设，义乌市于2017年筹备成立了义乌市文化志愿者大队，引导组织志愿者参与各种重大文化活动。随后，还出台了《义乌市志愿服务管理办法（试行）》，建立健全本市文化志愿者的登记注册、定期招募、组织运行、活动记录、事后评估和奖惩机制。仅2018年，就有上千人次的文化志愿者参与公共文化活动，全民共建共享公共文化服务的氛围日渐浓郁。

具体到赤岸镇的公共数字文化志愿服务管理，该镇的文化志愿队伍在2019年新时代文明实践所挂牌时成立，目前拥有志愿者队伍15支、志愿者1500余人。其中，最有代表性的是样样红志愿者协会，正式注册的成员超过百人，囊括了赤岸镇城乡各类社会人群。在赤岸镇图书馆的一些活动中经常见到这些志愿者的身影。但是，笔者在调查中发现，相关文化志愿服务仍以参与组织各种展览、表演活动为主，与公共数字文化宣传推广和资源建设密切相关的活动极少，距离多元参与的公共数字文化协同治理格局的真正形成仍有较大距离。

（三）改革法人治理结构

2014年12月，义乌市图书馆第一届理事会成立，这是义乌市文化事业单位法人治理结构改革试点工作迈出的坚实一步，标志着义乌市公共文化事业治理进入一个新的时期。随后，义乌市文化馆于2015年12月成立理事会，其他公共文化事业单位的法人治理结构改革也陆续启动。文化馆理事会负责审议决定公共文化事业单位规章建设、工作报告、发展规划、财政预算等多项工作，监督管理层执行理事会决议，促进公共文化事业单位与政府、社会公众等的沟通。

完成图书馆、博物馆、文化馆等理事会制度改革，由文化艺术专业人士、非遗界人士、法律界代表、文化企业代表、工商联代表、文化志愿者代表、文化事业负责人和政府相关部门领导组成来源广泛的理事会，吸纳社会专家智库为文化发展建言献策，有助于规范公共文化服务行为，提升当地公共文化服务能力和水平，推动文化建设向社会化、国际化迈进。

对图书馆、文化馆等公共文化服务单位而言，理事会通过吸收公共文化服务用户和其他方面的代表参加，扩大参与公共文化决策和监督的人员范围，有利于推动公共文化服务高标准建设、高效率使用、高品质服务，实现公共文化设施"建管用"的同步发展。

（四）打造特色文化品牌

开放包容、多元融合的"万国文化"是义乌文化的一大特色。结合义乌常住外籍人士众多、来源广泛的特点，义乌坚持万国文化，积极打造对外文化交流新丝路。

为提升涉外服务水平，义乌市多渠道引进国外优秀文化，图书馆采购了大量外文图书供外籍人士使用，并开辟国际文化交流吧方便在义外商的文化交流。同时，义乌市还开展了形式多样的文化活动促进文化的多元融合，迷你万国音乐节、中外商人歌曲演唱大赛、外商逛非遗、读书节、文交会等文体活动搭建起中外文化的开放交流区。在义外商、外来建设者参与本地公共文化服务活动的机制已基本建立，参与渠道较为畅通。已有不少在义外籍人士以文化志愿者身份参与当地文化活动。

六　对义乌实践的思考

在赤岸镇图书馆等基层公共数字文化服务站点，新冠疫情意外地促成了公共数字文化事业的高速发展。由于线下服务的受限，义乌各地公共文化服务机构推出了各种线上展览、讲座、培训。图书馆系统的线上书展、阅读竞赛，博物馆系统的艺术作品线上展览，以及各种云端课程、线上直播，都给城乡居民带来了不一样的文化体验。仅2021年，参与线上公共文化的城乡居民就达68万人次，公共数字文化便民惠民初见成效。但数字资源、人才队伍、资金保障以及政策制度方面的短板仍制约着当地公共数字文化的进一步发展。

受疫情影响，赤岸镇图书馆以及其他公共数字文化基层服务站点的开放时间难以得到保证，但图书馆一旦开放，就不愁没有读者上门，城乡居民的阅读热情始终不减。不过，公共数字文化服务的开展现状其实并没有那么乐观。

抛开那些到图书馆休闲放松的读者不谈，经常到图书馆阅读的读者了解公共数字文化服务的比例并不高,养成公共数字文化资源使用习惯的读者更是极少。对大多数城乡居民来说,到图书馆后关心的问题主要是图书馆的开放时间、服务是否收费、周围的交通和餐饮条件、有没有更多的阅读座位、乱架的图书去了哪里等传统开放阅读问题。有一些读者会询问图书馆是否有免费无线网络以及网络速度是否够快,但主要是为了手机娱乐以及自带笔记本电脑办公需要,很少读者会主动寻找无线网络访问公共数字文化资源。有过公共数字文化资源使用经历的读者会礼貌性地表示公共数字文化服务资源很丰富、使用很便捷,但不会经常访问公共文化云。也有读者委婉地表示没有自己需要的公共数字文化资源,表达对公共数字文化资源分类不符合使用习惯、更新不及时等方面的不满,但不会认为这是图书馆工作的重大不足。

对公共文化从业人员而言,推进公共数字文化则是力不从心的事情。在当地的社会发展规划和文旅事业年度工作计划中,提出了很多目标任务,但明显缺失了数字文化资源建设和推广部分。图书馆系统被要求做好全民阅读推广,新增图书不少于多少万册,全年开展若干次主题讲座、阅读推广活动以及每年服务读者达到多少人次;文化馆系统被要求开展文化活动进基层,扶持一定数量的培育文化能人、文艺团队。这些指标构成了上级部门对文化事业单位工作的考核依据,也成了他们工作的重心。社会组织同样如此,戏剧演出、电影播放以及讲座培训的场次是他们继续得到政府扶持的前提。

基于当地公共数字文化服务现状,就加强公共数字文化建设而言,各方主体都应提升能力、加强认识,将公共数字文化建设融入数字化改革中,并根据地方特色构建更加有效的协同合作网络,打造全面普惠而特色鲜明的公共数字文化服务体系。

就深入推进文旅数字化改革而言,义乌市有关部门已经提出重点探索在数字公共服务、文化市场治理、文旅产业培育等方面重大应用,打造1—2个具有创新性、突破性、绩效显著的应用场景,但是公共数字文化事业在整个文旅数字化改革框架中的分量有限，数字化改革能带来多少发展动力仍取决于有关部门的重视程度。在提升对公共数字文化重要性认识的基础上，加大人员和资金投入力度，加强公共数字文化工作管理是加强协同治理、提升服务层次的必要前提。虽然文化系统的人员编制整体来看并不少，但基层服务站点众多、承担的工作面广量大，再加上在岗的人员年龄、学历、性别结构不合理，相关岗位缺乏准入标准难以招聘到高素质人才。加大人才队伍建设力度、提升基层工作人员待遇、稳定人才队伍，是公共数字文化管理部门首先要完成的工作。此外，相关部门关注到几年前的政府机构职能整合撤销了镇街文化站，导致公共数字文化在基层出现了空白区域，部分工作由于没有专门人员负责而无法开展。人员的短缺导致很多公共数字文化设施维护、宣传推广以及后续建设跟不上，需要有关部门引起重视并着力调整。

从赤岸镇等基层的公共数字文化服务现状看，增加公共数字文化建设经费、突破在编人员的数量以及提高人才队伍质量不是在短期内可以顺利实现的，更为现实的考虑或许是加强志愿者和社会组织参与的深度和广度，建立与社会力量更加紧密的协同关系，并尝试开发更多公共数字文化产品，在法律法规及政策规定允许范围内开展一些收费服务实现公共数字文化协同治理的闭环提升。

虽然当地已建立一支较为庞大的文化志愿者队伍，仅赤岸镇登记在册的文化志愿者就达1500余人，但这些志愿者以参与图书馆的阅览秩序维护、参加文化演出活动为主。可以借鉴一些地方设置帮助维护和推广公共文化服务新媒体平台的志愿者岗位的做法，让城乡居民在公共文化云、微信、微博、抖音、学习强国等各种平台发声，提高公共数字文化服务的影响力。同时，从物质和精神两方面激励公共数字文化志愿者开展工作，每隔一段时间开展一次志愿者评优活动，不仅给表现出色的公共数字文化志愿者发放奖励，还给其颁发"公共数字文化推广大使""公共数字文化特殊贡献奖"等称号，甚至可以组织优秀志愿者外出考察学习，让志愿者产生成就感和满足感。建立一支具有高度的奉献精神、专业技能和荣誉感的公共数字文化志愿者队伍，将比增加专职公共数字文化工作人员编制更加可行且有效。

处于一个土地面积有限、民间资本丰富而高度国际化的新兴商业城市，义乌的新农村有本地人口少、人口年轻化、外来人口甚至外国商户多的特点，这些特点为当地开展公共数字文化协同治理、推进城乡融合带来了独特的挑战和机遇。

截至2021年年底，义乌市常住人口为186万，其中超过100万为外来人口。由于义乌城区面积小，很多外来人口租住在附近的农民房。这些外来人口来自世界各国和全国各个省市，由于民族不同、语言不同、文字不同，为当地公共数字文化的宣传推广带来了很大压力。

文旅系统对多语种、国际化水平的评价通常是主要标志提供2—3种常用外语的翻译，如道路指示牌除中文外还提供英语、日语、韩语。但在义乌，有大量来自俄罗斯、中东、非洲、南美的外来人口，其中多数人仅能使用简单的中文进行对话，能完整阅读中文文章的极少。因此，除了英语、日语、韩语外，俄语、阿拉伯语、西班牙语、法语等都有基数不小的使用人群。这些人群由于中文水平有限，无法顺利访问以中文为主的公共数字文化资源。公共数字文化服务如果要实现更大范围的覆盖，就需要先从前端的一体化平台和后端的资源标引和加工入手，提供更多语种的服务。这就需要调动义乌民间的强大翻译力量，让社会力量发挥积极作用。

为此，应加大基层公共数字文化服务外包项目的支持力度，让一些具有较强技术实力的文化企业、信息服务企业参加公共数字文化服务平台的建设和维护，让具有独特外语人才储备的文化企业、信息服务企业参与各种公共数字文化资源的建设，弥补公共文化机构专业人才尤其是外语人才较为匮乏的不足，打造数字"万国文化"。

此外，有必要建立专门的志愿宣传推广和咨询服务队伍，吸纳精通各国语言和文字的社会热心人士参与进来。通过制作多语种宣传单页、短视频和网络推广素材开展公共数字文化资源和服务推介，借助即时通信软件轮班开展在线参考咨询服务，解答来自世界各国的外来人员在使用公共数字文化服务过程中的各种疑问。

根据《中华人民共和国公共文化服务保障法》和相关法律法规的规定，公共文化设施应当向城乡居民免费提供各种法律规定的基本公共文化服务项目，公共文化服务机构也可以开展除免费服务以外的个性化服务并适当收取费用，满足城乡居民多样化、多层次文化需求，实现公共文化服务的可持续发展。当地民间资本力量雄厚，又有热心共助的优良传统，可以采取合营、参股等方式加强公共文化机构与社会组织的协同合作，开发一批公共数字文化产品，打造一系列公共数字文化品牌。在遵循补偿合理运营成本、基于市场调节但适当低于市场价格、有条件支持公益免费开放等原则基础上，将这些公共数字文化产品推向市场，让城乡居民获得更为个性化的公共数字文化服务体验，让公共数字文化服务实现可持续发展。

第三节　对中东部农村的调查

一　崇文重教的文化之乡全椒

全椒，位于安徽省东部，西汉置县，古称椒邑，至今已有2000多年历史。全县面积1568平方千米，人口约48万人。全椒县初建于西汉，县名由古国演变而来。相传古代高阳氏在椒陵山（又名覆釜山，在今城内）建立古椒国。春秋时为楚椒邑，后为全氏居住，汉在古椒邑置县设治，故名"全椒县"。

崇文重教的全椒自古文风鼎盛，文人学士代不乏人，孕育了唐朝名相张洎、明代"四大高僧"之一憨山大师、清代作家吴敬梓、中国实验及应用心理学奠基人周先庚、中国城市规划和水卫生专业的开山鼻祖朱皆平等历史文化名人和知名学者。其中，以我国第一部真正的讽刺文学作品《儒林外史》（鲁迅语）的笔者吴敬梓最为知名。全椒儒林文化与太平文化等民俗文化相互交融、共生共荣，被评为中国地名文化遗产"千年古县"和"中国民间文化艺术之乡"。

全椒正处于城乡融合的快速发展进程中。根据全椒县人民政府网站的统计数据，2014—2019年，全县户籍人口由46.05万人下降到45.2万人，常住人口从39.5万人增长至40.7万人，城镇化率从50.47%提升到56.94%。随着户籍人口的逐年下降，常住人口的不断增加和城镇化率的日益提高，城乡融合给全椒的公共数字文化服务带来了新的机遇和挑战。

二 扎根乡村的公共数字文化

2020年7月1日，安徽省十三届人大常委会第十九次会议表决通过了《安徽省公共文化服务保障条例》，并于2020年9月1日起施行。这是我国第七个省级层面出台的公共文化服务地方性法规。该条例对公共数字文化建设提出如下要求：省人民政府应当整合现有的公共数字文化服务资源，推动建立统一的公共数字文化服务平台，实现文化信息资源共享；各级人民政府以及相关部门应当按照规定及时向公共数字文化服务平台提供相关数据资料；县级以上人民政府应当将公共数字文化建设纳入本级信息化发展规划，加强公共数字文化工程建设管理，支持公共文化设施管理单位加强数字化和网络建设，推广新媒体公共数字文化服务，推动数字图书馆、公共电子阅览室等公共数字文化工程融合创新，提高数字化和网络服务能力；乡镇（街道）综合性文化服务中心应当设立基层公共文化服务岗位，按照规定配备专职文化工作人员；村（社区）综合性文化服务中心应当设立文化公益服务岗位，负责文化服务工作。该条例成为安徽省公共数字文化建设的四梁八柱，为安徽省各地公共数字文化事业发展绘制了美好蓝图。

具有悠久文化历史的全椒县一直重视公共数字文化建设工作，着力建设文化强县。近年来，在县域文化工作初步实现全市居第一、全省争前列、全国有影响的奋斗目标基础上，全椒县进一步完善县有文化馆、图书馆、大剧院，镇有综合文化站，村有农家书屋全覆盖的公共文化服务格局，并加快推进农村公共数字文化服务网络建设工作。目前，全椒已实现129个村（居）农家书屋全覆盖，各农家书屋的计算机设备、网络接入等方面按照相关标准配置，并安装完成94个数字农家书屋，实现了数字农家书屋全县覆盖。在笔者调查的全椒县图书馆和襄河镇八波村，当地公共数字文化建设扎根乡村的做法让人印象深刻。

（一）率先试点公共文化服务云

全椒县图书馆自2009年9月全国文化共享工程县级支中心成立以来，不断改善公共数字文化服务条件，2016年图书馆新馆的建成更是实现了公共数字文化服务条件的全新升级。目前，全椒县图书馆被评定为"国家一级图书馆"，拥有建筑面积5572平方米和8大功能区。图书馆有供读者使用终端计算机60余台，无线网全覆盖，20TB数字资源供读者免费下载使用，电子书143万册、电子报800余种、电子期刊1600余种。除了建有网站、微信、微博（"两微一端"），还部署了方便城乡居民访问数字文化资源的小微图书馆。基层站点的软硬件配置、信息资源接收等方面也获得了显著进展。文化共享工程常年走进广场、走进社区、走进农村、走进军营，为城乡居民播放舞台艺术、爱国主义电影和农村科技视频，实现资源共享，最大限度地为城乡居民服务。

国家公共文化云的率先落地则为全椒县公共数字文化建设带来了全新的推动力。通过积极申请，全椒县成为国家公共文化服务云建设试点县之一。2017年9月，国家公共文化云平台率先落户全椒县河东新村农家书屋，时任文化部部长雒树刚现场体验菜单式农村数字阅读并详细了解该村农民网上浏览、电子阅读以及读书活动的开展情况。

随着数字农家书屋的建成和国家公共文化服务云的落地，城乡居民可通过手机、计算机、公共文化一体机等多终端便捷获取数字文化资源，随时尽享文化大餐，丰富精神文化生活。

(二) 加强数字农家书屋治理

在全县94个村已实现数字农家书屋全覆盖，数字农家书屋基本建成后，为更好地满足农民群众日益增长的文化生活需要，全面提升数字农家书屋的长效管理和服务效能，确保农家书屋管理服务与增值增效同步推进，全椒县还建立了包括乡镇公共文化服务体系建设工作考评细则、农家书屋运行维护实施方案、农家书屋绩效考核标准在内的完备的农家书屋管理制度。此外，为进一步提升数字农家书屋使用水平、深化农家书屋延伸服务，全椒县多次举办数字农家书屋建设推进会和培训会，积极推动农家书屋向数字化、信息化的转型升级，并取得了明显成效。

通过一系列的治理措施，全椒县的数字农家书屋得到了有效推广。目前，不少农民群众已经掌握了通过相关网站、App和微信公众号的途径阅读数字农家书屋的数字文化资源的技能，海量的公共数字文化资源已成为全椒县实现乡村振兴、带领农民群众共同富裕的重要资源。

(三) 积极推广数字阅读

推广数字阅读被全椒县图书馆和各基层公共文化服务站点视为推进公共数字文化建设的重要抓手。近年来，全椒县在全县范围内以微信平台，馆内微信、微博平台等多种方式积极推广数字阅读，影响力较大的活动如"阅读推广公益行动——扫码看书 百城共读"活动。形式多样的推广活动适应了人们阅读方式和习惯的变化，让城乡居民充分感受到数字阅读的魅力，成为全椒县公共数字文化服务的一大特色。

（四）打造基层服务样板

襄河镇八波村率先探索、扎根乡村的公共数字文化服务已初见成效。八波村是省级农民文化乐园，农家书屋是文化乐园最重要的组成部分，每年举办各种读书会10多场，农民就近读书看报已成习惯。八波村农家书屋建立于2009年，并在近年从建立之初不到20平方米的小屋扩大到占地80余平方米，可容纳30多人进行现场阅读的文化阵地，并建有小微数字图书馆以及一个可供10人同时上网浏览的电子阅览室，极大便利了村民群众进行数字文化活动。2016年，八波村农家书屋在全市"双培双带"建设中，荣获"滁州市农家书屋示范点建设先进单位"。

八波村下属的河东新村是当地重点打造的"美好乡村"建设样板村，安徽省首台公共文化服务云即落户于此，一次足不出户利用国家公共文化服务云观看中国第六届农歌会开幕式盛况的美好体验成为当地公共数字文化服务迈上新台阶的象征。以文化活动室、社区综合服务中心、村级基层服务点、农家书屋、农村电影放映室、文化长廊、文化大舞台等阵地为依托，当地不断拓展公共数字文化服务内涵，提升公共数字文化服务水平，让农民群众乐享公共数字文化建设成果，并通过树立基层公共数字文化治理的典型来带动全县的公共数字文化建设。

三 同心共力的协同发展道路

作为一个经济欠发达地区，全椒县在公共数字文化建设中格外并重视吸引社会力量的参与，缓解政府在资金、技术、人才等方面的困难。

（一）社会购买充实公共数字文化服务

为更好地推进公共数字文化服务工作，全椒县由县文化广电新闻出版局统一组织，向社会购买基层公共数字文化服务，取得了较好的效果。社会力量在对接国家公共文化云、数字文化精准扶贫、特色数字文化资源建设等公共数字文化服务推广建设工作中表现优异。

通过向社会购买，在国家公共文化云平台上建立全椒县专区。全椒县公共文化云专区设有顶部 banner、共享直播、视听空间、活动预约和场馆导航五个功能栏目板块，保证各板块内容丰富、有序。在对接国家公共文化云资源的同时，可查看全椒地区对应类型的全部资源，打造自己的直播、活动、场馆导航、资源点播等板块，并形成丰富、有序的各板块内容，展示本地优质文化资源和文化活动。社会力量的介入，使得全椒县优质的文化资源和文化活动得以在国家公共文化云平台进行展示，并保证资源推送的有效性、可靠性。

在对接国家公共文化云平台基础上，按照平台的资源建设标准，对专区及推送至国家公共文化云平台的资源进行二次处理，保证资源与国家资源的一致性。同时通过与国家公共文化云平台进行对接实现国家公共文化资源注入，形成全椒县丰富的数字资源库。通过资源配送的方式将资源库中优秀的文化资源配送至各基层站点，为基层群众提供更多、更具特色的数字资源，完善各基层的公共文化服务。通过国家公共文化云平台的后台管理系统进行数据资源的上传录入，将全椒本地特色文化的数字资源（包括活动、场馆、视频、直播等资源）上传至国家公共文化云平台全椒专区。"共享直播"功能采用音视频编解码技术，实现高清、标清的在线视频直播效果，满足大并发量的直播需求。可对全椒各地承办、举办的示范性群众文化活动、惠民演出、文艺培训等，尤其是具有当地特色的主题活动及文化赛事进行实时直播。

结合区域内特色文化和贫困群众实际需求，在全县选取 7 个贫困基层站点，采购 7 台公共文化一体机和 5 台中国文化网络电视互动播出终端；内置聚焦网络技能培训、创业帮扶、电商对接、惠民服务等扶贫功能和内容的数字资源，开展精准服务推广试点工作。

在采购的公共文化一体机及中国文化网络电视互动播出终端内置"精准扶贫"数字资源。公共文化一体机分类浏览，设置包括热门推荐、精准扶贫、广场舞活动、文化广角、少儿乐园、艺术视界、健康养生、百科天地、三农之家、共享讲堂等一级栏目。其中，"精准扶贫"专区内设置技能培训、创业帮扶、艺术培训、就业指导等。通过专区可以让山村里的孩子接受优质艺术普及和职业技能教育、学习并了解先进的知识、展示群众风采，还可以让老百姓身边的农产品通过互联网走出乡村，直达海内外千家万户。

（二）服务外包打破协同治理"瓶颈"

作为公益性为主的社会事务，公共文化服务的价值更多地体现在其社会价值，而非经济价值，社会力量参与的预期收益比较有限，这就导致社会力量参与公共文化服务的积极性、主动性不易提升。同时，公共文化服务的城乡差距、区域差距比较明显，政府的资金、技术和人才支持也谈不上充裕。因此，在基层公共文化服务开展过程中，各方利益相对平衡的服务外包已成为打破治理"瓶颈"、提升服务水平的有效方案。

笔者通过走访发现，全椒县图书馆、文化馆一直在积极探索公共文化服务外包、社会参与的新路径。在图书馆、文化馆，以政府购买服务的方式实现公共文化服务部门与专业文化服务机构的合作较为常见。为提升公共文化服务能力，全椒县不少公共文化服务项目已实现了社会化策划、组织和活动运营。

农家书屋是全椒县公共文化服务外包的主要覆盖目标。在实现农家书屋100%覆盖后，各种文化活动的组织实施和宣传推广始终是"老大难"问题。受制于人才储备的不足，在全椒县129个村中，专职农家书屋管理员只存在于少数村中，大部分村的农家书屋管理员由村干部、驻村扶贫专干兼任。一方面，这些村干部、驻村扶贫专干投入公共文化服务的时间、精力难以保证；另一方面，频繁的人员变动使得各项工作无法持续、稳定地开展，很多人员还没有了解公共文化服务的基本情况、适应公共文化服务的基本要求，就转而专注于其他工作，留下一摊未完成的工作。

有鉴于此，全椒县经过反复讨论，选中了当地的李小笨文化公司，将农家书屋的全民阅读活动外包出去。在全椒县文广新局的指导下，李小笨文化公司以一年四季的不同风景为主题，设计了春、夏、秋、冬四套全民阅读活动方案，推送到各个乡镇的文化站以及农家书屋。由于社会力量的引入，农家书屋的全民阅读活动做到了每个月不重样，活动的策划、组织、实施和宣传都有了保障。

在此基础上，全椒县还探索了一条结合服务外包的高素质基层文化骨干队伍建设路径。每次外包企业开展活动，相关部门和农家书屋管理人员都会现场参与和观摩，提高公共文化活动组织能力。该县还通过举办农家书屋管理员演讲比赛等形式对农家书屋管理人员加强培训，以进一步做好基层公共文化服务工作。

（三）志愿服务完善共建共享机制

为进一步完善共建共享机制，真正发挥总分馆在农村公共文化服务体系中的特殊辐射作用，增强村民群众公共文化获得感，全椒县采取了创新性的志愿者深度参与的"总馆+分馆+活动联盟+农家书屋"共建共享机制。一方面，创立"总馆+分馆+活动联盟"和"总馆+分馆+农家书屋"两种共建共享模式，以联盟活动激活各个分馆的自主活动积极性，以总分馆同谋划同实施解决基层分馆和农家书屋人员、技术与资金不足的难题。志愿者服务机制则在其中发挥了至关重要的作用。

在全椒县图书馆阅览室前台、图书资料整理等区域经常活跃着文化志愿者的身影，各个村的农家书屋也建立了农民阅读志愿服务队伍。除专职负责基层综合文化服务中心、农家书屋运行维护管理、活动开展及数字文化推广的管理员之外，每个村的农民阅读志愿服务队伍已成为开展数字阅读推广等公共数字文化宣传推广活动的重要助力。

社会力量的参与能改善的主要是一些传统服务在基层综合文化服务中心、农家书屋，缺乏公共数字文化设备管理、资源建设、活动组织策划方面的专业人才，始终制约着公共数字文化治理水平的提升。

四　对全椒实践的思考

全椒是很多中东部农村的典型，经济稳定增长，人口持续下降，公共数字文化服务基础条件一般。截至2021年年底，全椒户籍人口44.9万人，比2020年减少0.26万人，常住人口39.6万人，城镇化率65%。"十四五"期间，全椒的目标是绕"互联网+公共文化服务"推进公共文化数字化建设，加大公共数字文化资源建设，建好数字文化馆、智慧图书馆，打造文化强县。

近年来，当地向城乡居民大力宣传推介公共数字文化资源，用新媒体架起城乡居民和公共数字文化服务的桥梁，用数字阅读让公共文化资源动起来、活起来，创新工作取得了良好成效。这种成效从八波村等全椒县基础公共文化服务站点读者的反馈中可见一斑，已有不少读者反馈曾参加过数字阅读活动并受益良多。一些读者还表达了希望继续参加类似公共数字文化服务活动的期望。在八波村等地，曾经使用过公共文化云服务的村民不在少数，对于国家建设文化平台的朴素信任以及没有广告打扰的良好体验让公共数字文化在村民中留下了良好印象，有利于相关部门开展更多宣传推广活动。

与此同时，城乡居民的信息素养以及公共数字文化资源和服务的质量仍然影响当地城乡居民对公共数字文化服务的接受。由于当地村民以中老年人群为主，其中有不少人文化水平不高，因此不乏对改善公共数字文化设施设备、资源内容、服务设置的期望。这些城乡居民的期望如：让文化云上的公共数字文化资源更容易上手，否则，即便是手把手教会了，过段时间也会忘记应该怎么操作；手机屏幕本来就小，手机端的公共数字文化资源字号不够大，需要开发老年版 App 来适配中老年人的需求；现有的公共数字文化服务平台是通用的栏目设置，每个人看到的资源内容都是一样的，对于中老年人来说查找自己需要的资源是件很困难的事情，而对于年轻人来说这种查找过程属于浪费时间，迫切需要个性化服务；电子阅览室等公共数字文化设施的开放管理有待加强，在一些地方这些设施每周仅开放很短的时间，另一些地方甚至平时没有上级检查的话不开放，村民需要使用时得向管理人员申请；长效的宣传机制也需要完善，错过集中宣传推广活动的村民只能从亲戚朋友处听到只言片语，无从获知访问入口和使用方法，也就不可能去体验公共数字文化服务。

因此，对于全椒这样的地区而言，提升公共数字文化服务水平，让公共数字文化更好助力城乡融合，推进新型城镇化进程，需要建立长效的宣传推广和用户教育机制，并增强资源的易用性和平台的可定制性，让城乡居民的公共数字文化需求得到切实满足。

公共数字文化事业的人才匮乏是全方位的、普遍的现象。无论是具有较强数字素养、改革意识和管理能力的高水平管理人员，技术能力过硬、服务意识强烈的信息技术人才，还是实践经验丰富、理论功底扎实的业务骨干，在各地公共数字文化建设队伍中都是稀缺的，而高素质的基层公共数字文化从业人员更是少有。因此，公共数字文化的长效宣传推广和用户教育机制的建立有赖于各方主体的共同参与，有赖于协同治理机制的完善。

基层公共数字文化服务站点的公共数字文化服务推广工作是真正面向城乡居民的活动，要求有效对接城乡居民的公共数字文化需求。但基层工作人员受限于各方面条件不可能掌握充分的城乡居民需求信息，需要大量的兼职人员和文化志愿者来建立与用户的有效联系。在宣传推广活动组织开展过程中，协同的作用更加明显，专职工作人员衔接上级管理部门并统筹整个活动，社会组织开展活动策划，文化企业提供资金和技术支持，志愿者承担各项具体事务，管理部门则借助各种官方渠道开展宣传报道。

除宣传推广之外，数字技能的培训和数字素养的教育是提升公共数字文化服务效能的关键。整体而言，农村人口的数字素养要弱于城市居民，需要从基本的计算机系统和网络知识、常用软件的安装和使用、信息检索的基本方法、虚假信息的甄别技巧等方面进行细致讲解。同时，公共数字文化的宣传推广有助于农民掌握现代农作物种植技术和方法，并帮助农民在各种新媒体平台展示推广和售卖农产品，这是缩小城乡数字鸿沟的有效途径。对于中老年用户来说，通过用户教育提升数字素养，不仅有助于他们准确获取健康医疗信息，还有助于他们形成健康的生活习惯，避免掉入各种传销、诈骗甚至邪教的陷阱，并自觉维护整个社会的稳定。这种用户教育仅仅凭借基层公共数字文化工作人员根据上级部门的活动方案书是很难完成的，需要在社会各个人群征集志愿者，让来自各行各业的专业人士分享他们的知识，让农家书屋、文化礼堂等基层公共文化站点成为数字化技能培训以及数字化设备互动、推广的阵地。

公共文化云在全国各地的落地让实现公共数字文化的资源和服务的一体化成为可能。但资源内容和网站平台框架结构的千篇一律劝退了不少用户。相关部门和机构需要切实把握用户的需求、分析用户的信息行为，以差异化的资源给用户提供个性化的、精准的体验感受。尤其是针对当地中老年人用户较多的现状进行专项治理，设立并不断优化老年人专栏，多方协同从内容加工、资源组织、页面布局、用户引导和沟通反馈等方面入手为老年村民提供良好的公共数字文化服务使用体验。

建设面向老年人的公共数字文化资源并不只是采集、组织和发布地方戏曲、相声评书、健康医疗资源，而是一个综合治理的过程。在资源选择上，应选出真正具有农村与地方特色的公共数字文化资源推荐给当地老年人。文化管理部门可以发布征集书，发动文化志愿者和社会人士，将一些城乡居民喜闻乐见的文化活动录制上传到公共文化云，并给予积极贡献者适当的物质和精神奖励。对于急需的公共数字文化资源，可以引入众筹和众包机制，组织各种民俗文化数字资源的集中建设。老年人专栏的另一个优点是可以在首页推介各种专门服务信息，如向老年人用户提供预防网络传销、数字诈骗等防诈骗音视频和文字资料提高老年人的信息素养，打击各种违法犯罪行为，保护老年人的身心健康和个人财产安全。

让更多城乡居民获得良好的公共数字文化服务体验，还需要加强供给治理。公共数字文化资源开发和平台建设的技术人员需要根据老年人和其他特殊人群的数字信息利用行为特征对资源和平台进行优化，检查资源内容的字号、音量和清晰度，避免老年人和特殊人群看不清、听不清；在设立老年人专栏之外，给平台增加文字朗读、放大镜等无障碍功能；给视频节目添加字幕说明；给文字内容关联图像和音视频；给外部链接加上安全警示。当前不少地方公共文化云是通过向社会力量购买的方式进行运营的，这种模式较好地解决了公共数字文化人才匮乏的难题，但政府部门的资金支持通常只能维持公共数字文化设施的基本运行，要提供更加精准和专业的公共数字文化资源服务，需要社会力量的积极参与，并完善社会力量参与的治理机制。当前，大多数承接和参与公共数字文化服务项目的社会力量自身条件一般，无力承接和深层次参与公共数字文化资源和平台的建设项目。当地可以尝试探索联合投标的模式，让实力相对较强的文化企业牵头其他社会力量共同承接公共文化云的维护更新、特色公共数字文化资源建设等项目任务，在有关部门的监管下开展公共数字文化资源建设、平台维护和用户咨询与服务等活动，满足城乡居民的公共数字文化需求。

第四节　对西北部城市的调查

一　千年古都文化鄠邑

西安作为中国西北部最大的中心城市，下辖新城、碑林、莲湖、灞桥、未央、雁塔、阎良、临潼、长安、高陵、鄠邑11个区、2个县（蓝田县、周至县）、7个国家及省级重点开发区，先后获评"国家卫生城市""国家园林城市""中国形象最佳城市""中国国际形象最佳城市""中国最具幸福感城市""全国文明城市"，是中国西北部的代表性城市。

鄠邑区，原称户县，位于西安西南部市郊，2017年撤县建区成为西安市第11个区。鄠邑南依秦岭，北临渭水，是西安国际化大都市3个副中心城市之一，总面积1282平方千米，总人口60万人，辖6镇8个街道，是全国闻名的中国现代民间绘画之乡、中华诗词之乡、中国鼓舞之乡、中国楹联文化县、全国文明县城、国家卫生县城、全国围棋之乡、全国档案管理示范县。

鄠邑有悠久的历史，夏代夏之属国有扈氏国建置于此，鄠邑区地名即由此而来。汉初置鄠县，属右扶风，至此确定了县的建制，历经两千多年相沿未改。根据第七次全国人口普查结果，截至2020年11月1日零时，鄠邑常住人口为459417人，与2010年第六次全国人口普查相比增加41564人，增长9.95%。全区常住人口中，居住在城镇的人口为177121人，城镇人口占常住人口38.55%；居住在乡村的人口为251353人，占常住人口54.71%；人户分离人口为117447人，其中流动人口为45830人。

千年历史给鄠邑留下了丰厚的文化遗产，宋代历史上第一位状元杨砺、诗坛"前七子"之一王九思均出生于鄠邑。各种民俗艺术更是鄠邑的特色，当地称之为"戏窝子"，秦腔、眉户、碗碗腔、汉调二簧、道情等历代流传下来的民俗艺术已成为珍贵的非物质文化遗产。鄠邑历来就有剪纸、绘画、绣花、编织等传统艺术。自20世纪50年代以来，鄠邑又以农民画闻名于世，至今可见大量介绍鄠邑区农民画的通讯、调查报告、散记、电影、电视节目。

二 数字阅读惠及社会

截至2021年年末，鄠邑区共有文化馆、文化站12个，博物馆2个。2013年6月正式启用的鄠邑区公共文化中心集成了鄠邑区图书馆、鄠邑区文化馆以及区文化和旅游体育局，是西安市首个建成并启用的区/县级综合文化中心，具有标杆意义。在区文化和旅游体育局的统一领导下，鄠邑区图书馆负责文献收藏、阅读服务、普法宣传、信息公开等工作，鄠邑区文化馆主要承担群众文化业务管理、组织、辅导、非遗保护、基层文化建设及艺术培训等工作，各项工作井然有序。

公共数字文化已成为鄠邑公共文化服务的重要内容。作为文化资源共享县支中心，鄠邑区图书馆配有读者使用镇级服务点16个，村级服务点518个，实现了县、镇、村三级文化信息资源共享全覆盖。计算机72台，其中电子阅览室计算机64台，并设置了专门的多媒体学习席位。借助陕西省公共图书馆服务联盟的集团力量，实现联合编目、联合参考咨询，并提供专题定向信息等服务。

2018年，鄠邑区图书馆整合超星、"云图有声"、知网等优质资源，建成"西安市鄠邑区数字图书馆"，公共数字资源建设得到了质的提升。公众只需关注公众号，即可在线免费阅读各种公共数字文化资源。鄠邑区图书馆借助数字平台大力推广全民阅读。结合"五进""三下乡"、全民读书月等活动，对分馆、服务点、镇文化站、基层图书室、贫困村、社区、窗口单位、医院、交通运输、学校等单位赠送数字资源，推广数字图书馆，普及掌上阅读。努力实现数字阅读全区覆盖，数字图书馆点击量233万次以上。鄠邑区图书馆以全国文化信息资源共享工程为依托，创办了鄠邑区"故事大王"活动和"我的一本课外书"演讲比赛等品牌活动，很好地推动了全民阅读的开展。

鄠邑区真正建设公共数字文化始于2020年年底。2020年12月，在西安市有关部门的支持下，鄠邑区图书馆启动了公共数字文化服务项目建设，全面提升鄠邑公共文化数字化水平。建设了数字服务应用、文化大数据展示平台、RFID自助借还、芝麻信用办证等工程，将鄠邑的公共数字文化服务带到了一个新的高度。伴随着公共数字文化服务项目的实施，鄠邑由区图书馆，区图书馆分馆，特殊单位、贫困村、特殊人群服务点，以及"爱尚悦读吧"组成的公共文化服务体系进一步完善，数字图书馆实现了24小时免费开放。

三 高效协同一体治理

鄠邑区公共文化服务体系建设的协同治理主要体现在三个方面：一是率先实现了公共文化设施的一体化治理；二是充分调动区域内各类资源；三是重视社会的推广赞助。

（一）公共文化设施一体治理

鄠邑区公共文化中心就是秉承着协同发展、集约发展的理念，将图书馆、文化馆和文体局融为一体的产物。这一协同模式实现了各种公共文化设施的一体治理，取到了良好成效，并成为公共文化服务协同治理的典型案例。其他地区的公共文化设施建设也参考了鄠邑区模式，如西安市长安文化中心就在学习鄠邑区公共文化中心的基础上，进一步将体育场馆融入其中，实现了更为广泛的公共文化设施一体治理。

（二）区域资源协同调配

鄠邑区公共数字文化建设的一大特色是强调区域资源的协同调配。在当地多个窗口服务单位，图书馆与机关单位合作设立了"爱尚悦读吧",让办事的城乡居民能在等待之余阅读到图书馆的期刊杂志。以进军营、进学校、进机关、进社区、进特殊单位"五进"为抓手,鄠邑区建设了武警中队、戒毒所、消防队、养老社区、格家庄、市民之家、谷雨春茶创空间以及10个贫困村等26个服务点。

为了更好地满足特殊群体的公共数字文化服务需求,鄠邑区图书馆利用和调动区周边各类资源,与区残联合作,引进多功能电子助视器、阳光听书郎等设施,采购普通盲文书刊和有声读物,提供视障阅读服务。

为提高公共文化服务水平,鄠邑区图书馆与周边的陕西国防工业职业技术学院建立长期合作关系,从高校招募志愿者参与各类公共文化服务活动,在一定程度上缓解了人员和资金不足的问题。

为了深入开展全民阅读活动,打造阅读品牌,引领全民阅读,鄠邑区图书馆与区内多个城乡中小学学校合作创办"故事大王"活动和"我的一本课外书"活动,吸引全民参与。为了更好地助力城乡融合,各类活动的资格筛选名额分配更倾向于基层偏远乡村学校,并与各种社会机构合作以提高活动质量。据统计,2019年9月28日,陕西省第七届阅读文化节鄠邑区启动仪式当天进行第五届"故事大王"活动决赛和颁奖,现场直播网络观众达6.13万人。

(三)社会推广扩大赞助

鄠邑区作为西安市3个城市副中心之一,区内人口达60万人,但其图书馆每年的基本运行经费仅20万元(另有阅读推广专项经费10万元),仅维持现有传统服务就已捉襟见肘。

由于公共文化建设经费有限,而公共数字文化需求广泛,当地政府非常重视社会的推广赞助。鄠邑区图书馆与各赞助商合作,通过日常做线下扫码推广、线上图片推广、H5推广,展会做易拉宝推广等多种形式,走进当地党政机关、学校、企业推广公共数字文化,在提高公共文化服务影响力的同时实现公共文化事业发展与赞助商的双赢,有效提高了公共文化的品牌质量。

四 对鄠邑实践的思考

鄠邑有千年文化传承，有重视文化教育的优良传统。近年来，鄠邑的经济有了快速发展，已连续两年在西安11区2县中保持GDP增长速度第一的排名。坚实的历史文化基础外加高速增长的经济为鄠邑发展公共数字文化提供了有力的保障。

当地政府也对公共数字文化事业充满期望。在鄠邑区"十四五"规划中，建设现代公共文化服务体系、大力弘扬地域传统文化以及加大文化遗产保护力度是被重点提及的三个方面。"十四五"规划提出："十四五"期间实施网上文化家园建设，推动优质文化资源向农村、基层倾斜，加快完善城乡一体化学习网等平台体系；设立"互联网+"文化平台，积极抢夺中国乡土文化世界"话语权"；大力实施中华文明探源工程等五大文物保护工程，传承保护农民画、"眉户曲子"等特色非物质文化遗产。

深厚的历史文化积淀是鄠邑加强协同治理，发展城乡一体的公共数字文化服务的底气，但要实现"十四五"规划的宏大设计，当地政府还应加强数字化基础设施条件建设，不断创新特色资源协同开发和利用模式，让千年文化古都焕发出数字时代的新活力。

2020年以来，经过几年的公共数字文化服务建设，鄠邑的公共数字文化服务水平有了全面提升，建成了大数据展示平台、24小时数字图书馆，但与东部地区相比还有较大差距，在一些方面落后于西部地区的一些城市。政府引导、相关部门统筹、社会力量参与推广新技术应用、加强新服务创新、做好新媒体宣推将为当地公共数字文化建设提供充足的动力。

当前，鄠邑的公共数字文化服务以数字阅读推广为主，这种服务模式是将图书馆传统的图书借阅模式移植到手机阅读端。以手机阅读为代表的数字阅读已成为很多城乡居民的首选，但公共数字文化要占领这一阵地还有很多工作要做，需要各地发动多方力量进行更多探索。从当地已有的数字阅读推广成果来看，城乡居民对公共数字文化资源的使用更多是一阵风，公共数字文化平台在推广活动结束后没有吸引足够的忠诚用户。这就要求当地加强新技术应用，使公共数字文化资源更有趣味性，更具吸引力。当地有一批具备较强数字技术应用的文化企业，具体实施过程中，可以灵活采取政府购买服务、PPP合作、企业捐赠、有偿进驻等模式吸引文化企业进场，采用AR、VR、智能语音识别等现代信息技术使公共数字文化资源活起来，建设智慧阅读空间，打造沉浸式数字阅读环境。

面对海量的公共数字文化资源和稍纵即逝的公共数字文化服务活动，很多城乡居民都会因为检索能力不足而放弃公共数字文化资源利用，因为没有及时关注而错过精彩的在线演出和互动活动。在传统的公共文化服务模式下，这一问题可以说是无解的，但现代信息技术和新的治理模式带来的各种新服务让解决这一问题成为可能。对公共图书馆、文化馆等公共数字文化服务机构而言，开展智能推送服务已具备条件，可以在地方政府帮助下与信息服务公司合作开展用户的大数据分析，绘制用户画像，与电信部门合作借助移动互联网、5G开展智能资源和服务推送，引入志愿者队伍帮助公共数字文化工作人员在必要时对智能推送范围和内容进行人工筛选，并建立与城乡居民的有效沟通渠道。

当前，新媒体平台已形成了"两微一端一音"占据主流的格局，依托微博、微信公众号、手机客户端和抖音等受众面广的新媒体平台开展宣传推广成为各行各业的网络营销重点。公共数字文化的使命就在于把积极向上的公共数字文化资源和服务带给城乡居民，提升城乡居民的能力和素养，做好新媒体宣传推广势在必行。应不断优化公共数字文化服务平台的微信公众号，运用HTML5等技术不断完善服务于国内，有机集成数字资源访问、图书查询、活动报名、参观预约、热点推送、帮助信息查询等功能。这就要求公共数字文化服务机构、社会组织、通信供应商、信息技术企业以及社会个人建立更加紧密而有效的协作机制，完善激励机制和利益分配机制。

建设特色数字资源是公共数字文化事业发挥文化传承、社会教育职能的题中应有之义，对鄠邑而言，更是弘扬地域传统文化、保护文化遗产的必然选择。但是仅靠政府的财政支持远不能实现当地丰富传统文化资源数字化目标，人员极其有限的公共数字文化建设队伍和技术支持队伍更是无法支持这一工作的完成。当地需要创新社会参与机制，鼓励有实力的文化企业和社会组织真正投入人才、技术和资金到秦腔、眉户、碗碗腔、汉调二簧、道情等民俗艺术以及剪纸、绘画、绣花、编织等传统艺术的深度数字化、智能化挖掘开发中。这一协作机制成功运行的关键之一是将地方特色文化资源转化为文化生产力的机制，唯有转化为文化生产力，这些民俗艺术、传统艺术的挖掘开发工作才具备可持续性，避免很多地方特色文化资源数字化加工和开发利用项目结题即终止的结局。这就要求在坚持公共数字文化资源公益性服务的原则基础上，探索深度开发资源的商业化运作模式，设计切实可行的利益分配机制，使文化企业和社会组织长期保有建设公共数字文化资源的热情和动力。

第五节　本章小结

本章从我国东部、中东部和西部地区的新市民聚居区、农村和城市选取了几个具有代表性的区县、乡镇、社区，调查公共数字文化协同治理在基层取得的成效。通过对具体公共数字文化服务点的调查，从点及面、从局部见整体，对我国城乡融合背景下的公共数字文化协同治理现状进行研究。研究可见，我国公共数字文化协同治理已初见成效，基于层级传导的协同治理结构，各地都积极行动，采用各种手段推进公共数字文化事业发展，但与城乡融合的时代要求、与城乡居民的文化需求仍有一定差距。

一 初见成效的基层协同治理

从调查结果可知，各级各地都按照《文化部、财政部关于进一步加强公共数字文化建设的指导意见》《"电子阅览室建设计划"实施方案》《中华人民共和国公共文化服务保障法》《文化部"十三五"时期公共数字文化建设规划》等国家对公共数字文化建设的部署认真开展了公共数字文化建设，并达到了相关标准的要求。

在电子阅览室建设方面，各个基层公共数字文化服务站点普遍达到公共文化服务"十三五"规划中的要求，配备了可以在线访问公共数字文化资源的足够数量的计算机，保证了公共数字文化服务运行基本经费的准时到位，安排了专门工作人员负责相关设备的管理和服务，规模较大的公共数字文化服务站点还建设了儿童阅览室和残疾人等特殊群体阅览室，一些基层站点还实现了免费 Wi-Fi 无线网络的全覆盖，并提供平板电脑、一体化屏幕等智能终端供城乡居民下载、访问公共数字文化资源。

二 各有特色的基层治理手段

在实践中，各地八仙过海，各显神通，根据地方财政、政策、产业发展情况采取多种手段开展公共数字文化的基层治理。

在文化氛围打造方面，无论是杭州市钱塘区着力营造的"移民文化"，还是义乌市氛围浓厚的"万国文化"，抑或其他地区的地方特色文化，都与当地城乡融合的历史背景和现实条件密不可分。良好的文化氛围将为公共数字文化的治理提供有力的环境保障。

在基础设施和资源建设方面，财政条件良好的杭州市钱塘区筹集经费启动了村（社区）公共文化场地 Wi-Fi 设施建设，以"互联网+"模式，加快现代公共文化服务数字化、智慧化建设；财政条件一般的安徽省全椒县则积极争取外部资源，率先申请成为国家公共文化服务云建设的试点县，让国家公共文化云平台在全国率先落户农家书屋。

在主体协同方面，西安鄠邑区开展了协同发展、集约发展的探索实践，在公共文化中心集成了图书馆、文化馆等文化服务功能，并将文体局也放在其中，在服务中融入管理相关功能。

在社会力量参与方面，各地根据当地经济条件和科技、教育和文化发展水平，以社会购买、公益创投、合作共建、第三方运营、志愿服务等多种方式打造多元参与的公共数字文化。义乌市相关部门通过购买公益放映服务、建设连锁式"农村影院"，为城乡居民提供数字电影免费观影服务。安徽省全椒县着力打造一支图书馆志愿服务队伍开展公共文化服务。杭州市钱塘区一方面建立完善的第三方运营和公益创投项目申报和管理机制；另一方面强调发挥志愿者活动的作用，按服务人口的千分之二配备文化志愿者。

三　层级传导的协同治理结构

中国之治，是坚持党的全面领导，坚持以人民为中心，以增进人民福祉为出发点和落脚点的治理体系。公共数字文化的协同治理是全过程、全方面贯彻党的领导的全周期治理、系统治理和综合治理，表现为一种国家、地方和基层层级传导，各级党组织统一领导、政府部门全面统筹、各类组织积极协同、社会力量广泛参与的协同治理结构。

这一治理结构已被证明是符合中国国情并在发展公共数字文化过程中行之有效。调查可见，基层的乡镇、街道、社区的相关党政部门在上级组织的统一领导下，围绕普及公共数字文化服务、满足城乡居民文化需求，为公共数字文化服务打下了良好基础，开展了一系列公共数字文化服务活动，并不断完善党建引领的社会参与制度，培育扶持基层公益性、服务性、互助性社会组织,取得了良好成效。

当然,应该正视的是公共数字文化协同治理结构仍然在探索之中,一些突出问题需要在发展中进一步解决。从国家到省,从省到市县,从市县到乡镇,层级传导保障了基本服务,进一步的治理则要减少传递过程中的损耗,并激发基层的活力。当前基层公共数字文化建设以对照上级的任务清单完成工作为主,建设力度大小依赖上级规划和指示,上级部门参照一定的标准对工作质量的评价是评判工作的唯一标准。这种情况下,基层在建设公共数字文化过程中主观能动性一般,工作缺乏自主的思考能力,各种治理手段主要来自上级的治理要求,缺少自下而上的基层创新。《中共中央 国务院关于加强基层治理体系和治理能力现代化建设的意见》已提出"组织党员、干部下沉参与基层治理、有效服务群众"。对公共数字文化协同治理结构的这一调整将会大幅激活基层公共数字文化建设,促进公共数字文化建设与城乡居民的文化需求进一步结合,以数字时代的文化建设推动城乡融合的进程。

四 有待匹配的城乡融合要求

经过20余年的建设,我国的公共数字文化建设已取得显著成效,服务覆盖全国,资源库群初具规模,法规体系不断完善,在现代公共文化服务体系中发挥越来越重要的作用。但诸多突出矛盾和问题仍然存在,基层人员、资源与技术条件无力支撑高质量服务,与城乡居民文化需求缺乏有效对接,与城乡融合的时代要求存在较大差距。

在队伍建设方面,虽然基层服务站点都按照相关标准配备了工作人员,但基层公共数字文化服务人员一般按最少编制数安排,很多工作人员没有正式编制,在编人员也需要承担很多公共数字文化服务以外的其他工作任务,无法深入了解城乡居民的文化需求,开展针对性的宣传推广活动。同时,现有队伍的综合素质有待提高,大量基层工作人员不具备开展深层次公共数字文化建设工作的能力,缺乏培训提升的途径和意愿。

在资源建设方面，当前的公共数字文化资源建设与城乡居民文化需求之间脱节情况较为明显。电子阅览室的空置已是公共数字文化建设的惯常现象，以致一些公共数字文化服务站点由于长期无人使用，将配备的计算机挪至角落。一些地方建设公共数字文化云服务并开通免费无线网络供城乡居民使用，但用户寥寥。这些现象背后都是资源建设无法满足城乡居民需求所致。

此外，公共数字文化的推广普及迫在眉睫。作为城乡一体化和城乡融合的黏合剂，文化建设对于乡村振兴、新型城镇化建设都有重要意义，作为数字时代重要的文化载体，公共数字文化应在其中发挥积极作用。但目前公共数字文化融入城乡居民生活尚需时日。调查可见，公共数字文化的推广活动尚未真正展开，推广活动多以安装电子书、电子显示屏等形式开展，这些资源和设备有多少城乡居民使用无法考量，更缺乏针对城乡居民具体需求的推广活动。在新冠疫情影响下，很多地方的阅读推广活动改为线上进行，为公共数字文化的推广普及带来了发展契机，但在数字化发展意识切实得到提升之前，这种做法并不具备可持续性，一旦条件改善，各种文化活动仍可能回到以前看得见、摸得着、操作更容易、报表更漂亮的线下模式。

上述问题都有待在公共数字文化协同治理推进过程中逐步解决。一些地方的公共数字文化建设已在实践中探索新的模式，如杭州市钱塘区在2021年建成了钱塘书房等公共文化设施，打造了一批新型文化加油站、文旅融合体，为读者提供多样化数字阅读服务，以打通公共文化服务"最后一公里"，进一步加强当地公共数字文化服务的保障力度。

公共数字文化协同治理的发展日新月异。《"十四五"公共文化服务体系建设规划》《中共中央 国务院关于加强基层治理体系和治理能力现代化建设的意见》等重磅文件陆续出台，各地不断推出新的公共数字文化建设政策。尤其值得一提的是，浙江省委办公厅、省政府办公厅于

2021年8月印发《关于高质量建设公共文化服务现代化先行省的实施意见》（以下简称《实施意见》），为包括杭州市、义乌市在内的省内各地方、各基层的公共数字文化协同治理带来了新的强劲动力。《实施意见》旨在深入贯彻《中共中央国务院关于支持浙江高质量发展建设共同富裕示范区的意见》，打造新时代文化高地，丰富城乡居民精神文化生活，为浙江发展建设共同富裕示范区提供有力支撑。

《实施意见》提出，到2025年，基本建成以人为核心的高质量公共文化服务现代化体系。具体目标包括：深化公共文化数字化改革，建设公共文化服务大数据驾驶舱，利用云计算、大数据、人工智能、区块链等新技术，促进公共文化服务"精准供给"；提升公共文化数字服务能力，依托5G等新基础设施优势，提高公共文化机构"互联网＋"服务能力，努力形成线上线下相结合的公共文化服务格局；提升依法治理水平，推进《浙江省公共图书馆条例》立法工作；有序推进公益性文化事业单位法人治理结构改革，探索理事会运行发展模式；加强乡村文化治理，将文化建设融入乡村治理体系，推动基层综合性文化服务中心助力乡村振兴；完善全省公共文化服务一体化机制，完善财政保障机制，建立与公共文化服务现代化相适应的财政投入增长机制；实施基层文化队伍素质提升工程；完善公共文化服务现代化评价指标体系，定期发布公共文化服务现代化发展指数。

第五章　城乡融合背景下的公共
　　　　数字文化协同治理机制

　　理论界对协同治理及其机制已有广泛讨论并形成了多种研究进路。部分学者从治理能力角度出发，强调治理能力建设；部分学者从治理主体关联角度出发，认为协同治理及其机制建设应以实现政府、市场、社会各方的共赢为目标；部分学者从治理体系角度出发，认为协同治理机制应综合治理功能、治理主体、治理资源、治理工具等方面内容；还有学者从协同治理过程、结果、管理等角度出发提出不同观点。

　　具体到公共数字文化，与传统的纵向层级式文化事业管理机制不同，其协同治理机制是一种多元主体多层次治理机制，涉及跨边界、跨层级、跨领域的治理实践。在我国，这种多元主体多层级治理机制的主要特征是：除了各级党政相关部门、文化事业单位，各种文化企业、社会组织和个人都是治理主体结构不可或缺的组成；除了中央与地方、地方与基层的传统纵向层级结构，治理层级中还囊括区域、城市、社区等治理层级；在治理体系中，各主体内部的纵向协同，党政部门、文化事业单位以及其他主体之间的横向协同，有不同的地位和作用，党政部门内部不同层级之间的纵向协同则有特殊地位。

　　公共数字文化协同治理机制由架构在各个层级的机制内容共同发挥作用。韦景竹等从公共数字化布局与运行方式、业务流程与服务模式、

第五章　城乡融合背景下的公共数字文化协同治理机制

数据与设施建设维度，将公共数字文化协同治理划分为战略层次、数据层次和业务层次。① 为实现治理体系和治理能力现代化，提升政府治理效能的治理目标，党政部门带领各种层级、类型主体通过协调运用法律、政策、技术等治理工具发展公共数字文化事业，实现了公共数字文化治理的协同。

第一节　公共数字文化协同治理机制构成

基于治理理论、系统论和协同论的思想，构建公共数字文化协同治理机制的关键在于对各类治理主体的治理功能、治理资源及治理工具进行有效识别、科学组织。在治理功能方面，主要考察党政部门、文化事业单位和其他各类主体的任务分工、目标设定、责权范围、考核指标等。治理资源是各层级党政部门、各类数字文化单位、企业和个人所拥有的资源，包括人力资源、设施设备、财政资源等。治理工具是协同治理所采用的政策、法规、标准、技术等手段的组合，不同的治理主体所掌握的治理工具箱存在较大差异。

我国现行的公共数字文化服务体系是由国家、省、市、县、乡、村六级公共文化设施和服务网络所构成的。自党的十七大把"建设覆盖全社会的公共文化服务体系"作为全面小康的重要目标之一以来，经过十年的奋斗，我国已于2017年基本上实现了城乡六级公共文化服务网络的覆盖。党的十九大报告进一步强调完善公共文化服务体系，各级博物馆、公共图书馆、文化馆（站）、艺术表演团体都得到了快速发展，基层公共文化设施和服务网络建设成效尤其显著，乡镇（街道）综合文化站、村（社区）综合性文化服务中心服务网络越织越密，遍布城乡

---

① 韦景竹、王政：《公共文化数据协同治理研究：内涵、范畴与理论框架》，《图书情报知识》2022年第6期。

三 城乡融合背景下的公共数字文化协同治理

的以城市书房、文化驿站为代表的公共文化新空间如雨后春笋般涌现。

以现有公共数字文化服务体系结构为母板，依据协同治理机制的作用范围，公共数字文化协同治理机制可分为宏观的国家治理层、中观的地方治理层和微观的基层治理层三个层面的机制，不同层级的协同治理对应不同的治理功能、治理主体、治理资源和治理工具。

对于地方，我国存在多种界定方法。常见的地方有两种界定：一种是广义的界定，将中央以下各级行政区域统称地方，如地方预算是省（自治区、直辖市）、设区的市（自治州）、县（自治县、不设区的市、市辖区、旗）、乡（民族乡、镇）四级政府的预算；一种是狭义的界定，指有立法权的中央以下行政区域，即可自行制定地方性法规和地方政府规章的省、自治区、直辖市和较大的市。无论是第一种广义界定还是第二种狭义界定，都无法覆盖我国公共文化服务六级体系位于最基层的村级单位。为了与基层相区分，本书使用狭义界定方法，将地方界定为介于国家和基层之间的省、自治区、直辖市和较大的市。

在我国，基层治理通常指街道、乡、镇党的基层委员会和村、社区党组织，统一领导本地区基层各类组织和各项工作，加强基层社会治理。学者孙柏瑛将基层治理界定为："在一定的贴近公众生活的多层次的地理空间内，依托于政府组织、民营组织、社会组织和民间组织等各种组织化的网络体系，应对地方出现的公共问题，共同完成和实现公共服务和社会事务的改革与发展过程。"[①] 基层政权是设在最低一级行政区域的国家机关，即在不设区的市、直辖区、县、民族乡、镇的人民代表大会和人民政府。在区县或乡镇基层政权之下是基层群众自治组织。基层群众自治组织即城市和农村设立的城市居民委员会和农村村民委员会，在区县或乡镇人民政府的指导下实现居民群众自我教育、自我管理、自我服务。但对基层的界定尚未形成共识，有学者认为基

---

① 孙柏瑛：《当代发达国家地方治理的兴起》，《中国行政管理》2003年第4期。

第五章　城乡融合背景下的公共数字文化协同治理机制

层是指农村的乡镇和城市的区,还有学者认为基层是指县/区及以下的组织和空间单元,甚至有学者认为基层是不设区的市、市辖区、乡、民族乡、镇。

可见,各种观点的基层与广义的地方覆盖范围有一定重合,都包含了街道、乡、镇（大致对应公共文化服务六级体系中的乡一级）,但对是否覆盖市、县、村存在争议。2021年,《中共中央 国务院关于加强基层治理体系和治理能力现代化建设的意见》强调"基层治理是国家治理的基石,统筹推进乡镇（街道）和城乡社区治理";强调"加强乡镇（街道）、村（社区）党组织对基层各类组织和各项工作的统一领导";强调"市、县级党委和政府要规范乡镇（街道）、村（社区）权责事项",改进基层考核评价;强调"各省（自治区、直辖市）要明确乡镇（街道）、村（社区）的功能面积标准",保障基层治理投入。

由于是否拥有立法权,是否被授权制定地方规章对于地方政府而言影响很大,决定了所能拥有的治理资源和治理工具规模和数量。同时,一些学者还认为市域治理是解决基层发展问题最直接、最有效的治理层级,应属于基层治理的范围,甚至是基层社会治理的中心环节。

综合上述观点,本书确定了公共数字文化协同治理机制体系的整体结构,如图5-1所示。其中,国家治理对应公共文化服务体系中的国家一级;地方治理大致对应公共文化服务体系中的省、市两级;基层治理大致对应公共文化服务体系中的县、乡、村三级。

从基层到国家,治理层级越高,治理的功能目标越强调公平公正和长期可持续,治理的资源分配越注重全面覆盖,治理工具和手段也更具权威性和连续性。因此,国家层面的公共数字文化协同治理机制追求基本公共数字文化的全覆盖,并强调地方治理、区域治理之间的协调。地方层面和基层的公共数字文化协同治理机制更加强调因地制宜,发挥地方优势,彰显地方特色,治理资源的分配会有所侧重,倾向于综合运用各种治理工具,尤其是各种非强制性工具。

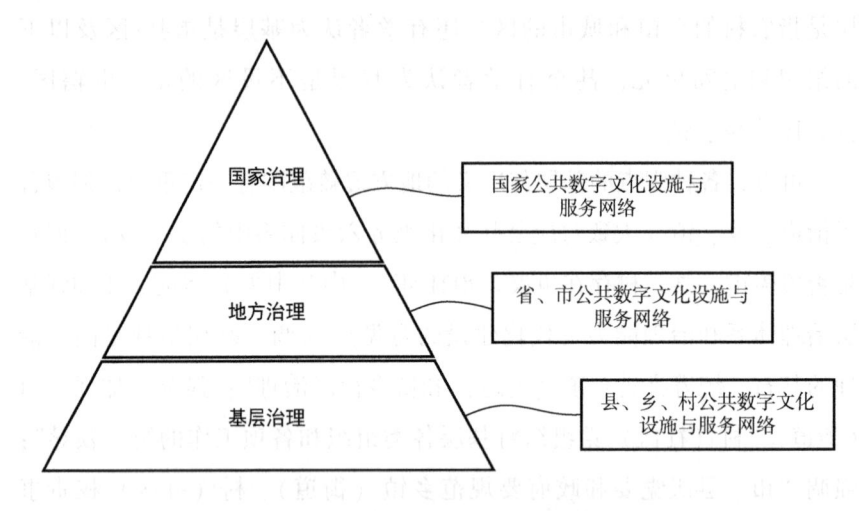

图 5-1 公共数字文化协同治理机制整体结构

第二节 国家治理层面的协同机制

党的十八届三中全会首次提出"推进国家治理体系和治理能力现代化"命题,国家层面的治理制度体系和社会事务管理能力是一个国家治理能力的集中体现。中国特色社会主义最本质的特征是中国共产党领导,中国特色社会主义制度的最大优势是中国共产党领导,我国国家治理最本质的属性是社会主义,最根本的方法论是马克思主义。"在人类思想史上,就科学性、真理性、影响力、传播面而言,没有一种思想理论能达到马克思主义的高度",马克思主义及其国家学说是我国国家治理及其机制构建的理论基石。基于马克思主义国家学说,现代国家属于一种管理公共事务的委员会,中国共产党是我国国家治理的领导力量。在治理环境进入数字空间后,治理主体从单一中心走向多元协同,数据资源成为治理的核心要素,技术治理成为一种支配性的治理手段,但以人民为中心的党的全面领导始终是国家和各级层面的协同治理机制构建基石。

第五章　城乡融合背景下的公共数字文化协同治理机制

我国国家治理层面的公共数字文化协同治理机制，即是在党全面领导下的具有中国特色的社会主义治理功能、治理主体、治理资源和治理工具的有机体系。就治理功能而言，是构建新型城镇化与智慧城市建设、乡村振兴与数字乡村建设、优秀传统文化传承、文化软实力建设等相适应的公共数字文化服务体系。就治理主体而言，是在中国共产党全面领导下，政府、市场、社会共同参与的数字时代的文化治理。就治理资源而言，是发挥社会主义制度优势，激发市场活力，集中资源建设基础性、重要性公共数字文化基础设施，并科学、有效调节公共数字文化资源，提高公共数字文化资源的共享水平，为共同富裕注入文化基因。就治理工具而言，是将各种数字化、智能化治理技术和手段与文化体制机制、法律法规安排相结合，不断丰富公共数字文化的治理工具箱，提高协同共治水平。

一　治理功能

国家治理层面的公共数字文化协同治理机制，其基本功能要求和目标导向是制定符合我国国情的公共数字文化发展战略，形成公共数字文化总体建设方案、统筹和主导国家公共数字文化服务与管理平台建设，建立并完善公共数字文化健康发展的长效机制，并促进公共数字文化与其他领域的协调和统一。

2021年6月10日，文化和旅游部印发的《"十四五"公共文化服务体系建设规划》描述了"十四五"期间公共数字文化的建设愿景，即"十四五"末公共文化数字化、网络化、智能化发展取得新突破，公共数字文化资源更加丰富，国家公共文化云等平台互联互通体系更加完善，智慧图书馆体系建设取得明显进展，公共文化数字服务更加便捷、应用场景更加丰富。以上愿景，全面而准确地阐述了国家治理层面的公共数字文化协同治理的基本目标和功能要求。

以公共数字文化数字化、网络化、智慧化为目标，集各方力量实现

城乡融合背景下的公共数字文化协同治理

从"政府端菜+群众点菜"向"政府端菜+群众点菜+群众做菜"转型,国家治理层面的公共数字文化协同治理机制应实现如下功能:

建立公共数字文化协同治理的顶层设计,协调各类主体的利益关系,促进不同地区之间的协调发展,并建立保障基本服务、鼓励先行先试、优化评价管理等方面的完善制度。平衡公共数字文化资源生产、采集、整合、组织、宣推、利用、反馈和调整各环节中相关主体的利益是关键;从资金、技术、人才等方面支持革命老区、民族地区、边疆地区、脱贫地区城乡居民的基本公共数字文化需求是各项治理活动的基本要求;建立常态化工作机制推动公共文化服务高质量一体化等方面先行先试、率先突破是协同治理的重要功能;远程监管机制、城乡居民满意度第三方评价机制是标准化、规范化、可持续的公共数字文化事业的基本要求;助力智慧城市建设、数字乡村建设,促进城乡融合和高质量发展,传承和发扬中华民族优秀传统文化,提升国家文化软实力是协同治理的最终目标。

建设国家文化大数据中心,构建公共数字文化内容资源和管理服务大数据资源库。国家文化大数据体系建设是国家文化治理的重要内容,"十四五"时期,我国将联合多主体参与、整合多源异构数据、运用数据技术,致力于推动分级分布式公共数字文化资源体系的基本建成,加快国家文化大数据区域中心、省域中心及全国文化大数据交易中心建设,形成超过1.5PB的结构合理、内容丰富、品质精良的公共数字文化资源供各地城乡居民共享使用。国家层面的公共数字文化协同治理应以继承和发扬中华优秀传统文化、推动全民文化素质的整体提升为目标,强化移动互联网和新媒体思维,充分运用各种现代数字化、影像化信息技术不断丰富数字资源总量,创新数字资源样态,并以数据治理为公共数字文化治理提供更强的研判力、决策力和流程优化能力。

公共数字文化"新基建"是公共数字文化国家治理的重要内容。在全国各地都积极建设的"城市大脑""城市数据湖"城市智慧服务体

第五章 城乡融合背景下的公共数字文化协同治理机制

系中，公共数字文化服务网络平台是重要组成部分。国家治理层面的公共数字文化"新基建"的使命在于建设国家公共文化云平台，形成公共数字文化的统一标准和规范，实现各级各地公共文化云平台的互联互通和统筹协调发展，最终实现公共数字文化网络平台和其他数据平台的数据共享、统一认证、端口对接。

以公共数字文化"新基建"为基础，拓展公共文化服务智慧应用场景，依托云计算、大数据、人工智能、区块链等新一代信息技术，加强大数据挖掘和分析能力，推动公共数字文化的智慧决策、智慧分析、智慧服务和智慧运营，是新数字环境下公共数字文化服务工作机制优化、效率效能提升的基本路径。国家治理层面应在构建公共数字文化服务用户画像和知识图谱实现差异化服务，打造新媒体矩阵提升城乡居民体验水平，与数字文化企业对接合作拓宽数字文化服务应用场景等方面率先垂范并做好引领。

加强引导，打造公共数字文化品牌。经过多期建设，公共文化云已成为公共数字文化服务的第一品牌，在城乡居民中具有一定的影响力。接下来，需要通过加强治理改善运营，使公共文化云深入人心，具有更高的城乡渗透率和社会美誉度，成为丰富城乡居民文化生活、提高城乡居民文化素质的重要平台。此外，应引导各地因地制宜，打造文学、科普、历史、非遗、音乐、舞蹈、戏剧、电影、曲艺、美术、书法、摄影等门类的专有品牌，进一步提升公共数字文化的普及水平。

此外，国家层面的公共数字文化协同治理机制还应具备应急管理功能，可有效处置突发文化事件。从传统文化场景过渡到数字文化场景会面临大量的意外，百年未有之大变局下国际国内形势复杂多变公共数字文化发展有很大的不可预见性。国家层面的公共数字文化协同治理需要建立面向突发文化事件管理的完善机制，及时感知危机风险，协同辅助决策处理并借助数智化技术全程管控风险，保障国家文化安全，为城乡居民提供兼具可信性、可靠性与安全性的公共数字文化服务。

二 治理主体

以人民为中心是公共数字文化协同治理的根本要求，始终代表最广大人民根本利益的中国共产党的领导是我国公共数字文化协同治理的最大优势，是各类治理主体团结合作的基石。同时，社会主义制度是我国的根本制度，国家治理的各方面活动都必须依照中国特色社会主义制度的要求而开展。中国特色社会主义最本质的特征是中国共产党领导，全面地、系统地、整体地落实中国共产党的领导是国家治理的最高政治原则，也是加强公共数字文化治理、实现城乡居民文化权益的根本保障。

在党的领导下，中央政府承担公共数字文化建设的宏观指导与规划工作，为公共数字文化服务效能整体提升保驾护航。《关于加快构建现代公共文化服务体系的意见》提出完善党委领导、政府管理、部门协同、权责明确、统筹推进的公共文化服务体系建设管理制度的协调目标。《中华人民共和国公共文化服务保障法》第6条则对国家层面的公共数字文化协调机制做出规定。

根据《中华人民共和国公共文化服务保障法》的要求，国务院建立公共文化服务综合协调机制，指导、协调、推动全国公共文化服务工作。负责协调各方的公共数字文化服务综合协调机制能跳出单一行业视角，促进公共文化各行业融合发展，规划、统筹、协调、规范全国范围内公共数字文化各方面事宜，负责国家层面政策的制定与实施。国务院文化主管部门承担综合协调公共数字文化具体职责，相关的财政、科技、教育等主管部门参与其中。

为了更好地发挥各类治理主体的作用首先要求引导地方各级政府部门转变观念，从管理者的角色向协同治理的引导者角色转变，从传统治理思维模式向数字治理、网络治理、智能治理的思维模式转变。积极推动政府职能转型，从过去的大包大揽转变为公共数字文化的引导者、规划者以及保障者，为公共数字文化共同治理制定相关的法律法规、政策文件、运行机制等。此外，应加强与公共文化服务机构、科研院所、高等院校、文化企业等合作，建立公共数字文化的国家智库。国家有关部委应在其中充分发挥引导和示范作用，主动加强与驻京高等院校、科研院所和文化企业的沟通和联系，组建各类智库和专家团队，探讨各类治理主体参与公共数字文化治理的模式、结构、路径和方法，为公共数字文化的中长期发展和可持续、高质量发展规划设计提供支持，研究应对公共数字文化协同治理过程中已经暴露和可能出现的各种不稳定因素，最终指导全国和各地公共数字文化事业发展。

尤其需要重视的是，公共数字文化协同治理同时发生在物理空间和数字空间，需要在不同治理空间和场景之间进行切换和融合。数字空间的公共数字文化协同治理需要打破物理空间形成的主体层级，更好地促进信息资源的流通和利用，更为强调主体的数字身份和主体结构的去中心化，并内在地更为依赖技术手段来实现协同治理目标、破解协同治理过程中的各种难题。因此，相关部门需要在国家层面制定长期可持续的发展战略、不断完善数字空间治理的技术体系，为公共数字文化多元治理提供基本保障。同时，在百年未有之大变局下，安全治理成为数字空间不可忽视的议题，需要国家层面及时完善数字治理的规则，确保国家安全不受威胁破坏。

三 治理资源

治理资源是治理过程中不可或缺的要素，在某种程度上，治理能力意味着治理资源。治理资源既包括人力、物力、财力等外在的物质资源，也包括治理环境、治理制度、治理技术等非显性的虚拟资源。在治理资源方面，中央无疑是最大的资源掌控者和支配者，可调配的财政资源规模巨大，技术设施建设能力雄厚，并积累了海量的数据资源，为我国公共数字文化经费、技术和数据资源提供了基本保障。

在人力资源方面，在党的领导和习近平新时代中国特色社会主义思想武装下，文化和旅游部等思想文化领域部门协同合作、改革创新，不断加强政治能力建设，业务能力建设，领军人物和专业人才培养，在国家层面建立一支素质能力出色、勇于担当、善于创新的公共数字文化协同治理的人才队伍，为带领和团结各领域优秀文化人才不断提升公共数字文化事业发展水平打下良好基础。

在经费保障方面，国家层面主要着眼于通过现有资金渠道，实现治理资源的统筹，在支持地方公共数字文化建设过程中重点向革命老区、民族地区、边疆地区和贫困地区倾斜。同时，引导各级各地党政部门加大对文化事业的资金支持力度，在用好中央下发资金之外，将公共数字文化事业发展纳入本级财政预算并强化经费使用管理，切实将财政资金用于公共数字文化建设中。

技术资源保障支撑着各类公共数字文化资源保障的实现。在国家层面，技术资源保障的重点是建立国家级跨部门的、横向整合的、一体化公共数字文化管理与服务平台。基于国家公共文化云平台及其背后的大数据技术、人工智能技术、区块链和云计算技术、5G网络通信技术以及国家队技术人才队伍，全国的公共数字文化建设有了坚实的技术支撑。

统计结果显示，在中央财政与技术支持下，仅全国县以上公共图书馆自建数字资源总量已达2.5万TB（2021年年底数据），面向全国公共图书馆系统实施的数字图书馆推广工程已建设可供全国城乡居民利用的公共数字文化资源超过145TB（2020年年底数据）。海量、数字化的图书馆馆藏图书、音视频资源、网络文学作品以及一系列专题文化资源数据库为公共数字文化的协同治理数据供给提供了丰富多样而有力的保障。

此外，国家层面的公共数字文化治理资源建设的重要使命之一是加强公共数字文化资源的挖掘开发，提高公共数字文化资源的利用水平。2022年，中共中央办公厅、国务院办公厅印发了《关于推进实施国家文化数字化战略的意见》，明确提出要创新呈现方式，推动中华文化瑰宝活起来，提升公共文化服务数字化水平。应在国家层面协同好来自文化和旅游部、国家图书馆、国家美术馆等部门和机构的文化专业人才与资源，来自中国科学院、社科院、驻京各大高校等单位的数字化信息化技术力量和研发团队，来自相关国企和高科技民营企业的技术和市场资源，充分应用大数据、云计算、人工智能、物联网、自然语言处理等技术，对重要古籍资料、物质和非物质文化遗产进行数字化再现、智能化标引、语义化组织、可视化展示，并形成行业性的全国标准规范，引导各地的地方公共数字文化资源治理，丰富中华民族文化基因的当代表达。

四　治理工具

协同治理过程中，同样的治理工具在不同治理层级可发挥的效能存在明显差异，处于不同层级的治理主体所拥有的治理工具也有所不同。在治理工具方面，国家层面通过顶层设计、战略规划、法治建设、数据治理规范、业务标准制定、一体化平台建设、评估体系等手段，构建公共数字文化协同治理体系框架，以强制约束和明晰规定推动地方建设协同治理体系建设。其中，总体和专项规划、政策方针、法律法规、管理和评估标准等工具在国家治理层面的公共数字文化应用最普遍。

战略总体规划和专项规划对于公共数字文化协同治理起引领作用。近年来，我国陆续出台了《"十四五"文化和旅游发展规划》《"十四五"公共文化服务体系建设规划》等一系列战略规划，贯彻落实了国家"十四五"规划和2035年远景目标对文化事业的发展要求，为各级各地政府有效衔接国家整体规划，优化调整各种公共数字文化工程项目实施的重点领域和可行任务提供了指导，推动了规划期限趋同化、规划过程公开化、规划方式专业化。

政策工具是治理主体实现治理目标所采用的一系列政策措施和手

三 城乡融合背景下的公共数字文化协同治理

段，国家层面的协同治理的成效与政策工具的合理性、适用性息息相关。公共数字文化协同治理政策工具根据工具属性分为供给型、环境型和需求型三类。其中，供给型政策工具主要为公共数字文化协同治理提供资金、人才、软硬件设备、网络平台以及相应的理论和技术支持；环境型政策工具主要为公共数字文化协同治理提供中长期战略规划、法律法规、标准规范、教育培训、融资、税收优惠等措施手段支持；需求型政策工具通过公共数字文化示范项目、示范区、示范体系的建设，为公共数字文化协同治理拓展应用场景，推动公共数字文化协同治理更加有效匹配城乡居民文化需求，实现高质量、可持续发展。国家治理层面的政策工具根据内外部环境变化及时更新调整公共数字文化事业发展重点内容，协同各级各地公共数字文化发展政策，并引导各级各地公共数字文化不断充实政策包储备，创新政策工具和组合方式。

各种强制性、推荐性国家标准、行业标准是提高公共数字文化项目实施、资源建设、服务开展质量行之有效的治理工具。公共数字文化资源建设标准为建设具有完整性、准确性、实用性、时效性、高可追溯性、高可及性并有效保护知识产权的公共数字文化大数据资源库提供了基本保障。完善的事前、事中和事后评估机制有效强化了对公共数字文化治理的评估和监管。完善的第三方评估标准为引入第三方专门机构对公共数字文化治理的过程、内容、执行效率等方面进行独立评估确立了实施规范。

在《中华人民共和国宪法》的指导下，各级各地政府应以《中华人民共和国公共文化服务保障法》和相关法律为依据，健全公共数字文化治理制度相关法，及时推动相关法律法规内容优化调整，分类、分阶段促进法律制度废改立统筹，促进相关领域法律法规的配套支撑和衔接协调。《中华人民共和国公共文化服务保障法》第 24 条，对公共文化的治理结构提出了基本要求，应据此完善公共数字文化治理结构，完善财政、组织、人事等方面的相关法律保障，衔接中央和地方不同领域、不同部门法律法规、规章条例，调动各级各地政府因地制宜加强公共数字文化法治的创造性和能动性。

随着改革的全面深入，国家层面的公共数字文化协同治理工具箱不断丰富。社会已充分认识到单一的治理工具不能有效实现公共数字文化的治理目标并促进城乡融合，多元的公共数字文化治理工具结构已初步呈现。日益丰富的公共数字文化协同治理工具箱也为我国面对百年未有之大变局下的复杂文化环境，适应城乡居民不断变化的文化需求，灵活配合使用各类治理工具，推动公共文化数字化建设，提高公共文化服务覆盖面和实效性提供了有力保障。

第三节 地方治理层面的协同机制

如前所述，地方治理根据行政权、立法权的不同在我国大致对应省、市两级政府对公共事务的治理。从国家层面到基层层面，公共数字文化协同治理的治理功能、治理资源和治理工具发生了显著变化，地方治理位居其中，起到了桥梁作用。整体来看，地方治理具有枢纽性、整合性、联动性、复杂性等特征，通过多元主体协同、全方位要素集成和全员化社会参与，形成政治、经济、社会、文化、生态等有机统一的地方综合治理场域，在国家战略和基层治理目标之间建立联结，推动城市和乡村的联动发展。

在我国，由国家、省、市、县、乡、村六级公共文化设施和服务网络组成的公共数字文化服务体系中，虽然省、市级文化单位在协调和组织辖区内公共数字文化建设活动之外也具体承担一些直接面向城乡居民开展公共数字文化服务活动的职责，但整体而言，地方公共数字文化协同治理较为接近国家治理。虽然在治理层级、空间范围等方面有其独特性，地方治理与国家治理的主要职责都不直接面向市场和社会主体提供具体服务，其治理功能目标、主体结构、治理对象、资源组成、工具运用也有一定的相似性。因此，地方层面的公共数字文化协同治理机制与国家治理层面的协同机制有一定的相通性，但地方治理在治理层级上属于中间枢纽一级，其协同机制需要与当地城乡融合的实际情况相匹配，规范和引导基层以城带乡，城乡一体，以要素、资源的有效融合实现城乡公共数字文化一体化高质量发展的最终目标。

一 治理功能

在治理功能方面，地方治理主要在中观层面发挥作用，对上承接国家公共数字文化事业发展宏观功能目标，对下指导基层公共数字文化服务机构建设，承载了战略分解的枢纽功能。为发挥治理枢纽功能，省、市两级党政部门一方面基于上级公共数字文化发展整体规划进行地方层面的公共数字文化发展规划设计，完善公共数字文化法律和政策体系，另一方面统筹协调地方公共数字文化治理资源，整体推动地方公共数字文化体系建设，提升地方公共数字文化智能化治理水平。

在城乡融合的时代背景下，地方治理成为公共数字文化治理体系的重要组成内容，发挥耦合剂的功能，是顶层设计和底层实现之间的黏合剂，是新时代新征程实现共同富裕的中国式现代化的历史使命与打破城乡二元化格局，实现城市发展、乡村振兴同步共进的现实任务之间的桥梁。地方治理需要不断优化治理结构，在层级式管理和扁平化治理之间建立平衡，成为国家公共文化顶层治理方针和基层社会治理客观实际之间的无缝连接件。这就要求地方在治理过程中化解各种条块分割的掣肘，充分协同各类公共数字文化治理主体，有效融合公共数字文化治理过程中的政治、经济、社会要素，形成协同治理的合力。

在此基础上，地方治理发挥上传下达的功能，统筹人才、资金、设备和数据资源，为国家文化战略的实现，为以城带乡，城乡一体，在基层实现地方公共数字文化服务的均等化提供机制保障。对上，地方层面的协同治理需要准确全面地贯彻落实国家文化事业发展的方针、政策，

第五章 城乡融合背景下的公共数字文化协同治理机制

将国家整体方案进行拆解、落实，制定符合地方城乡发展和公共数字文化事业发展实际的治理机制。对下，地方层面的公共数字文化协同治理机制需要协调各方主体利益，通过典型示范，以点带面推动基层公共数字文化治理能力和服务水平的提升。中国式现代化是全体人民共同富裕的现代化，共同富裕是中国特色社会主义的本质要求，城乡融合发展是实现共同富裕目标的重要举措，发展公共数字文化事业则对于实现城乡居民精神文化生活共同富裕有重要意义。从这个角度出发，公共数字文化地方治理机制建设发挥国家战略和基层治理之间的桥梁功能，为基层治理提供制度、资金和技术支持，是实现治理重心下移，解决公共数字文化服务体系建设"最后一公里"问题的关键环节。

发挥公共数字文化地方治理机制承上启下、统一协调的功能的过程中，如何有效推进城乡融合、缩小并消除城乡二元差距，让全体城乡居民都能享有公共数字文化服务，是各地需要认真思考的问题。在实施新型城镇化战略、精准扶贫战略、乡村振兴战略等重大战略后，城乡融合的进程明显加快。但城市的虹吸效应仍然明显，基层的人力、物力、财力资源会自然地流向城市并拉大城乡公共数字文化服务差距。地方治理过程中需要综合采取各种手段平衡各方主体的利益，让参与公共数字文化协同治理的主体规模最大化，让各类治理主体活力最大化，消除存在于地区之间、城乡之间、人群之间的享有公共数字文化资源和服务的差距。

从更为具体的角度看，地方层面的公共数字文化协同治理机制首先应实现价值引领功能。价值治理是治理能力建设的重要环节，是各方主体利益得以共存的基本前提。通过价值引领，地方政府将国家发展文化事业的基本理念传递到整个治理链条，各种社会力量的价值理念也被有选择地吸纳并整合到整体价值体系中。建立具有包容性、适应性的价值吸纳机制，是在各种治理主体之间形成稳定而持久的协同纽带的前提。

制定发展规划，完善政策和法律体系，是公共数字文化地方治理的

城乡融合背景下的公共数字文化协同治理

核心功能之一。地方治理的特点和优势是有一定的立法权，可以自行制定地方性法规和地方政府规章，为公共数字文化协同治理建章立制。根据《中华人民共和国公共文化服务保障法》的要求，各省、市都应由地方人民政府根据上级基本公共文化服务指导标准，制定基本公共文化服务实施标准，并根据自身经济、社会、文化发展情况做好公共文化事业发展规划，制定并组织实施公共文化服务目录。

同时，地方应建立公共数字文化协同机制，创新服务运行机制。通过建立综合协调机制，实现省、市公共数字文化服务相关主体各司其职、分工协作，文化主管部门统筹规划，综合协调机制整合、协调和优化各种有形与无形数字文化资源，图书馆、档案馆、文化馆、博物馆、美术馆以及体育场馆等部门各自负责相关领域的数字文化建设工作。

此外，就公共数字文化协同治理而言，完善多源异构公共数字文化资源整合机制，建立一体化管理与服务平台具有特殊意义。地方作为公共数字文化建设的枢纽，需要有效整合区域内多种来源、类型、结构的公共数字文化服务资源，建立一体化平台为城乡居民提供公共数字文化服务，并不断创新服务手段、提升治理能力。

二 治理主体

公共数字文化地方治理主要涉及省、市两级党委、人民政府，文化、新闻出版、教育、科技主管部门等政府机关，图书馆、文化馆、博物馆（纪念馆）、美术馆、科技馆等公共文化设施的管理单位，以及文化企业、社会机构、高等院校、社会个人等社会力量。

其中，省、市党委和人民政府是本行政区域公共文化服务的责任主体。地方政府应在国家宏观指导下主导制定区域性公共数字文化发展规划，领导公共文化机构做好区域特色公共数字文化资源建设，引领本地区公共数字文化事业的前进壮大。坚持党的领导是地方治理的首要原则，地方政府应全面准确贯彻党中央对于文化事业发展的指示要求，根

第五章 城乡融合背景下的公共数字文化协同治理机制

据党的整体部署完善组织架构、协调各级组织，将公共数字文化治理的"统"和"放"统一在党的领导之下。建设公共文化服务体系，发展公共数字文化服务满足城乡居民文化需求，缩小城乡文化服务差距，是地方政府的重要职责。

主管文化的文旅部门在党委领导下承担公共数字文化事业发展的统筹推进工作，做好现代公共文化服务体系的构建和公共数字文化资源的统筹建设，推进文化惠民工程、文化设施免费开放以及基本公共文化服务标准化工作，并引导社会力量参与公共数字文化建设活动。其他相关部门也按照各自职责，开展公共数字文化相关工作，新闻出版主管部门负责组织开展新闻出版公共文化服务体系建设，并指导协调公共文化服务产品版权保护、全民阅读组织实施等工作；电影主管部门负责指导和协调推动电影公益放映等工作；教育主管部门负责公共文化服务活动进校园等工作；科技主管部门负责科技信息的传播和普及工作。

省、市图书馆、文化馆、博物馆、美术馆、科技馆等地方文化机构是公共数字文化地方治理的主要实施力量。根据地方治理的要求，这些公共文化机构应加强理事会建设和法人制度建设。通过理事会建设，让政府部门代表、图书馆等文化单位代表、城乡居民代表在理事会中占有合理比例，保障好各方利益，不断凝聚共同利益。通过法人治理，完善公共数字文化体制机制，保障公共数字文化管理流程的顺畅。与此同时，适应数字化、信息化的时代要求，应用现代数智化技术手段，不断推出具有时代气息的公共数字文化产品，拓展公共文化服务应用场景。应重视群团组织的作用，探索群团组织参与公共数字文化的新途径、新方法，引导群团组织聚焦各类人群利用公共数字文化服务时的痛点和难点，分类型做好不同群体的专项服务，让所有城乡居民都能享有公共数字文化服务并使公共数字文化成为城乡融合的新介质。

为激发公共数字文化建设活力，加强地方公共数字文化治理协同能力，省、市相关职能部门应加快政府职能转变，不断拓展社会力量参与公共数字文化服务的渠道，形成社会力量，通过政府购买服务、联合开发资源、合作研发产品等方式参与公共数字文化一体化管理与服务平台建设、资源产品开发与设计、资源与服务项目推广、服务运行管理等活动的长效工作机制。应建立健全社会组织培育扶持机制，壮大文化社会组织规模和数量，不断扩大文化社会组织的参与广度和深度，让社会组织成为公共数字文化协同治理体系中的活跃元素。同时，建立健全城乡居民参与公共数字文化服务机制，畅通城乡居民参与公共数字文化服务的途径，使城乡居民不仅成为公共数字文化服务的享有者，还成为公共数字文化服务的贡献者。

三　治理资源

公共数字文化地方治理的治理资源主要集中在省、市地方政府，并由地方政府根据城乡发展水平、文化基础设施和相关产业成熟程度进行统筹。值得注意的是，即便在广东、浙江等经济发达省市，不同市县的基础设施和公共服务条件也存在明显差距。地方治理应本着补短板强弱项的原则，统筹配置人力、物力、财力资源，重点投向公共数字文化基础设施条件落后的县、乡、镇。

地方财政是基层公共数字文化服务的主要资金来源，省、市人民政府在每年的财政预算编制过程中需要提前考虑公共数字文化建设需求，将公共数字文化技术经费纳入政府财政预算，并根据公共数字文化服务需求的增长和变化情况建立财政投入增长机制，逐步增加对公共数字文化服务的投入。

在技术资源和人力资源方面，由于我国公共数字文化高端技术和人才储备基本集中在国家和省、市公共文化机构，地方政府应采取多种手段，重点支持公共数字文化服务基础相对薄弱的地区，加强对落后地区公共数字文化设施建设、公共数字文化资源和服务供给的技术支持，并充分利用省、市图书馆、文化馆、科技馆、美术馆、档案馆的人才优势，打造公共数字文化人才队伍，加大面向基层的人才流动服务和专业指导力度。

在服务平台建设方面，省、市人民政府应在国家公共数字文化建设标准规范的基础上，形成地方特色的公共数字文化标准和规范。在一体化管理与服务平台建设过程中，一方面应做到因地制宜，根据所服务的城乡居民特点建设用户驱动型的公共数字文化一体化管理与服务平台；另一方面应做好公共数字文化服务平台的共建、共享、共知、共治，将不同领域、不同层级、不同结构的公共数字文化平台内容一体化呈现出来。

在公共数字文化资源内容建设中，作为治理体系结构中的中枢，省、市公共数字文化建设部门应着力于创新资源建设模式，充分运用现代数字信息技术，做好地方性、特色性公共数字文化资源建设，发现和集成区域内公共数字文化资源，建设所有城乡居民都能便捷享有的、内容丰富的地方性公共数字文化资源库。

治理重心下沉是党的十九大以来党中央在部署社会治理时反复强调的，资源下沉能力也是地方治理能力的重要体现。地方政府在治理资源下沉过程中需要避免一放了之，而应认真全面贯彻国家整体部署，与基层治理实现有效协同，让基层接得住、接得稳。各地应在公共数字文化专项资金分配、人才团队建设、政府购买服务支持、设施设备配置、示范服务点申报、特色资源项目遴选等涉及治理资源下沉的治理场景充分考虑资源下沉的平衡性、应变性和可持续性，不断完善相关机制，让治理资源真正下沉到基层需要的地方，并与基层的人才、技术和设施设备产生协同，在公共文化体系中发挥积极作用。

四　治理工具

地方公共数字文化治理是在国家战略规划下，各地基于治理功能目标要求、资源禀赋和工具储备等条件推进地方公共数字文化治理水平不断提升的过程。在治理工具方面，地方治理具有混合性特征，既有强制性和约束性，亦有自愿性和自主性。制度工具、政策法规、技术工具是其中较有代表性的治理工具。

在治理现代化场景下，协同治理的关键词是制度。对治理主体多元化、治理结构扁平化、治理过程数字化、治理平台一体化、治理结果透明化的具体要求体现在推进相关管理法律制度建设、加强公共数字文化资源整合、建立资源保障机制。

地方层面的公共数字文化制度治理主要包括地方性法规、地方政府规章和服务目录。政策法规工具是地方政府具有较大操作空间的公共数字文化治理工具。在我国，省、自治区、直辖市、较大的市、经济特区所在市的人民代表大会及其常委会有立法权，可就公共数字文化事业发展制定和发布法律规范。根据《中华人民共和国立法法》，地方政府规章是省、自治区、直辖市、设区的市、自治州的人民政府和广东省东莞市和中山市、甘肃省嘉峪关市、海南省三沙市四个不设区的市人民政府可以根据法律、行政法规和本省、自治区、直辖市的地方性法规，制定规章。

相比较没有立法权的县、乡级行政单位，省、市地方政府被授权可根据地方经济、文化、社会发展特色制定符合自身条件的公共数字文化战略规划，创新治理机制，建立文化企业、大专院校、社会组织、文化志愿者和城乡居民多元治理主体共同参与、高度协同的公共数字文化服务主体格局。此外，地方政府还有责任制定和适时调整政府购买公共数字文化服务目录，并加强对购买公共数字文化服务项目的绩效评价。政府购买公共数字文化服务目录类似的清单治理工具作为一种新型的地方治理工具，有助于政府、市场、社会各类主体责权利关系边界的明晰，能为各方有效协同提供制度性保障，在各地已经得到推广。清单治理工具可以使市场和社会对公共数字文化建设什么、怎么建设有充分了解，对政府与市场、政府与社会之间的关系架构一目了然，从而使各类文化参与主体都能在一个开放有序的环境中融入公共数字文化建设。

第五章　城乡融合背景下的公共数字文化协同治理机制

随着现代信息技术在社会生活中的广泛应用，基于信息技术的治理在各种公共事务的治理中发挥的作用越来越大，成为全球范围内公共治理的发展趋势和普遍现象。公共数字文化建设作为现代信息技术发展的产物，对基于信息技术的治理应用有得天独厚的优势，物联网、云计算、5G网络等信息技术与公共数字文化治理都能有机融合。当然，基于信息技术的治理也有其弊端，容易犯"技术至上"的错误，导致片面强调技术创新，公共数字文化治理陷入碎片化困境。在治理主体层面，须加强多元主体协同，构建政府、企业、社会组织、技术专家和公众等共同参与的合作治理框架，在发挥信息技术治理优势的同时避免出现信息技术治理可能导致的各种问题。

当前，公共数字文化地方治理过程中治理工具的应用还存在一些缺失。有研究剖析地方政府公共数字文化政策内容结构指出，我国地方公共数字文化政策工具运用全面但不均衡，法规管制和策略性措施使用较频繁，人才培养、资金保障和环境类政策工具数量和强度都不足，城乡居民和社会主体的作用没有得到充分体现。作为一项公益性的社会治理活动，公共数字文化的地方治理仍需加强直接资金支持、税收优惠、财政补贴、金融支持等供给端工具的运用，并进一步优化政府购买资源和服务、区域和国际合作等需求端工具，充分发挥对基层公共数字文化治理的引领作用。

第四节　基层治理层面的协同机制

基层治理是国家治理的基石，习近平总书记深刻指出，"基层是党的执政之基、力量之源""基层是一切工作的落脚点"。[1] 习总书记在地

---

[1] 中共中央党史和文献研究院编：《习近平关于基层治理论述摘编》，中央文献出版社2023年版，第4页。

三 城乡融合背景下的公共数字文化协同治理

方工作时，就始终把基层工作作为重中之重。党的十八大以后，习近平总书记进一步强调"社会治理的重心必须落到城乡社区，社区服务和管理能力强了，社会治理的基础就实了"。

中共中央、国务院《关于加强和完善城乡社区治理的意见》指出，要补短板、强组织，不断完善社区治理体系，提升基层治理水平。《中共中央 国务院关于加强基层治理体系和治理能力现代化建设的意见》提出，建立党组织统一领导、政府依法履责、各类组织积极协同、群众广泛参与，自治、法治、德治相结合的基层治理体系，健全基层治理机制，使中国特色基层治理制度优势得到充分展现。基层治理作为国家治理的重要组成，在国家治理体系和治理能力现代化建设中发挥基础性作用。

基层治理的重要性随着新型城镇化、社会信息化、数字化的发展而不断提升。早期我国大部分人口居住在乡村，乡村之间的流动较少，熟人社会的生活简单且稳定，社会学家称为"皇权不下县"，治理的需求和内容也较为简单。随着社会的进步和城市化进入新阶段，城乡融合已成为常态，人口、资金和技术开始在城乡双向流动，信息技术的普及更是让城乡融合在物理空间和数字空间同时展开。城乡融合的演进导致基层的行政管理体制机制越来越碎片化，无法适应公共事务管理的需求，加强基层治理成为国家治理体系和治理能力现代化技术的当务之急。

党的十九届三中全会提出"构建简约高效的基层管理体制"。《中共中央 国务院关于加强基层治理体系和治理能力现代化建设的意见》进一步明确了基层治理的方向、原则和方法。作为微观层面的治理，基层治理的治理功能、资源和工具与国家治理和地方治理存在明显差异，在公共数字文化协同治理中这种差异更加明显。基层治理在横纵两条线上都有其鲜明特色。在纵向上，村一级的基层组织并不属于严格意义上的政府主体，但各项公共数字文化服务都要根据上级政府和文化业务主

第五章 城乡融合背景下的公共数字文化协同治理机制

管部门的要求开展,并接受上级政府和文化业务主管部门的监督和评估管理。在横向上,不同地区的基层公共数字文化服务主体之间并没有天然的联系,无法形成协同关系,需要通过市、县上级政府和文化业务主管部门的牵线搭桥才能建立联系、相互合作。就基层公共数字文化协同治理而言,不仅要综合运用各种治理工具,有效对接城乡居民文化需求,还需要长远眼光和顶层设计,引导社会力量和城乡居民提升文化自主意识、更多参与公共数字文化建设活动,真正打通公共数字文化服务的"最后一公里"。

一 治理功能

在公共数字文化治理功能方面,基层直接面对城乡居民,承担微观治理功能,是国家战略落实的主体,是政策转换的枢纽,是汇聚民情、回应民意、感知风险和预测研判各项治理功能的实施单元,是决定公共数字文化服务是否能够切实落地的前沿阵地。

在我国社会主要矛盾已经转化为人民日益增长的美好生活需要和不平衡不充分的发展之间的矛盾的时代背景下,基层公共数字文化服务受到认识水平不高、建设经费短缺、技术条件有限、工作力量不足等因素影响,城乡仍不显著、治理仍是短板。作为国家公共文化服务体系的"最后一公里",基层公共数字文化建设需要紧跟时代要求加强治理,准确把握城乡居民的文化生活需求,不断创新公共数字文化服务方式和手段,丰富公共数字文化资源,完善公共数字文化服务网络,满足城乡居民多层次、差异化、个性化的新需求、新期待。

首先,基层治理应实现政策转换功能。我国政策体系属于典型的层级传递政策体系,来自地方党政部门乃至国家的公共数字文化政策在制定与执行之间存在较长的层级距离,基层政府和组织的治理环境与治理能力差异又进一步加剧了两者契合的难度。因此,解决上级政策统一性与差异性的矛盾成为基层治理须面对的首要问题。省、市上级政府需要

三 城乡融合背景下的公共数字文化协同治理

做好加强基层公共数字文化治理的规划，统筹好新型城镇化和乡村振兴，统筹好智慧城市和数字乡村建设，加强落后地区的基层公共数字文化基础设施建设和软硬件配套，并加强基层治理技术规范、服务标准体系建设，指导基层采用数字化、智能化技术提升公共数字文化治理能力。基层政府和组织需要在与上级公共数字文化建设政策目标与原则不抵触的前提下，利用好管理的自主权，发挥地方优势，激发各方主体参与的积极性，创新性地进行公共数字文化建设。

其次，基层公共数字文化治理需要有效串联不同层级的公共数字文化资源和服务。经过20余年的建设，我国已建立起较为完备的国家、省、市、县、乡、村公共数字文化服务体系，每个层级都承担着不同的角色，有不同的建设重点和目标。针对基层公共数字文化服务内容建设困难、数字化工作基础薄弱、专业工作人员不足等问题，国家层面已由全国公共文化发展中心发布了公共文化云基层智能服务端并提供了一站式快速免费建站工具，大大降低了基层公共数字文化的服务门槛，国家和省、市集中力量建立了较为完备的公共数字文化资源体系。这一系列举措为基层公共数字文化治理开展提供了有力支持，各基层组织应建立完善公共数字文化协同治理机制，用好公共数字文化资源，集中人员、技术和资源做好公共数字文化的宣传推广和服务工作。

再次，基层公共数字文化基层治理还具有整合公共数字文化资源，保存和开发利用地方特色文化资源的功能。除用好国家、省、市建设的公共数字文化服务资源之外，还应注重对当地历史文化资源的数字化保存和开发利用，服务城乡居民个性化资源需求。基于"互联网+基层治理"的理念，基层治理不仅要在自身层面整合好各类治理资源，还应积极参与国家公共数字文化基层治理数据库建设，丰富公共数字文化资源体系。

最后，基层公共数字文化治理需要实现依托社会、集聚人才的功能。公共数字文化建设作为一项数字化、信息化活动，需要大量的数字化专门人才，但基层恰恰欠缺的就是这类人才。虽然根据国家公共文化服务体系建设的要求，城乡各个基层公共数字文化服务点都配备了相应的工作人员，但这些工作人员大多欠缺基本的数字工作技能，甚至在一些基层组织将公共文化服务岗作为安置人员的目标去向。在城市社区这种情况相对有所缓解，公共数字文化服务岗位往往设置一定的门槛。在一些农村地区，常年留村的人口不多，且以老年人和儿童居多，要从中找出一个具有一定信息素养和文化水平的居民来从事专职公共数字文化服务工作更是难上加难。因此，需要换一种思路集聚公共数字文化人才，让有限的数字文化专业人才专注于数字化管理，在城乡居民中挖掘出一批有一技之长的人分别负责场所设施维护、地方特色文化资源建设、公共数字文化宣传推广等工作。

对基层治理而言，社会团体、社会服务机构、基金会等社会力量所能发挥的作用是巨大的，加强治理需要更多倚重社会力量、依托社会力量。我国已制定民法典、公益事业捐赠法、慈善法等一系列法律法规、地方规范和行业标准用以规范社会力量发展，并持续推进法人治理结构的完善。下一阶段，应着力通过政府购买服务、线上线下培训、专项文化资金等措施解决社会力量参与公共数字文化服务过程中存在的经费困难、人员不稳定、绩效不理想、发展动力不足等问题，使各种社会力量在基层公共数字文化协同治理体系中发挥更加积极的作用。

二 治理主体

基层治理主体是公共数字文化治理政策、措施落地落实的主要保障力量。基层治理是一种协同治理，是不同治理主体之间合作、协商达成的治理。公共数字文化基层治理主体框架构建追求的是政党、政府、社会、市场、民间组织、公民个体等主体各司其职、协同合作、共生共治，以形成党委领导、政府负责、民主协商、社会协同、公众参与、法

城乡融合背景下的公共数字文化协同治理

治保障、科技支撑的现代化基层治理格局。但是，当前的公共数字文化治理仍存在较多的主体结构问题。

一方面，治理主体的单一化是在不少基层组织常见的问题。无论是农村还是城市社区，城乡居民自治组织和其他非政府组织的建立和成长都严重依赖地方政府，缺乏独立参与公共数字文化和其他公共事务治理的意愿和能力，城乡居民个体通常只在意切身相关的利益，对集体缺乏认同，对公共事务缺乏参与意识。基层政府作为当下基层治理的主心骨，常以经济效益为目标，以上级文件为指挥棒进行公共事务管理，无法完全承担基层公共数字文化的治理职责。

另一方面，随着人口老龄化和新型城镇化的加速，城市中不少社区成了老年人为主的社区，很多农村更是只有少数老人和儿童居住，"空心化"现象严重，一些地方基层自治组织的选举都因选票不足而无法按期完成。各项公共数字文化活动的开展都有赖于治理主体的全力支持和积极参与。在主体弱化、老化现象严重的地区，公共数字文化服务机构组织松散、人员匮乏，服务开展资源紧缺、宣推乏力，活动观众寥寥、成效一般。治理主体的弱化、老化不仅导致基层公共数字文化建设难以获取上级的政策、资金等资源扶持，也使得服务的运行监管和成效测评无法正常开展。加速治理主体培育，完善治理主体格局，已成为基层治理的当务之急。

完善基层公共数字文化治理主体格局的目标在于进一步完善党委领导、政府负责、社会协同、公众参与、法治保障的公共数字文化治理体制，减少基层公共数字文化建设的行政干预，形成党委、政府、企事业单位、文化社会组织、专家、城乡居民之间平等合作的治理结构。

在党委、政府、企事业单位、文化社会组织、专家、城乡居民等多个治理主体通过平等参与、友好协商、相互沟通、凝聚共识形成的公共数字文化治理共同体中，党是核心主体。全面准确坚持党的领导是公共数字文化协同治理机制建设的关键所在，党是平衡和协调各个治理主体的核心角色，起着定基调、把方向、控节奏的重要作用。

在党的统一领导下，基层政府是公共数字文化的保障主体。在各级政府深化基层机构改革，建设服务型、效能型政府的过程中，需要根据基层实际做好统筹设计，将统一领导和灵活治理有机结合起来，形成简约高效的基层公共数字文化治理机制，提高基层政府的服务能力和治理能力。从我国政府层级设置出发，分布在基层的政府治理主体并不是严格意义上的政府部门。乡镇一级的公共数字文化管理部门更多的是上级政府的派出机构，承担着基层公共数字文化治理的主要职责，但是缺乏足够的履职能力，需要上级政府部门和主管部门的指导和协调。可见，基层公共数字文化治理主体的协同机制建设是一项系统性工程，需要各级政府的高度重视。

在乡、镇、街道之下，社区是与城乡居民距离最近的治理主体。在数字化、信息化时代，基于社区的社会治理已经成为各方面、各层次的社区居民广泛参与的治理活动，城乡居民的各方面生活与社区的联系越来越密切。社区治理共同体呈现出明显的扁平化特征，社区工作者在开展各项工作时与城乡居民充分沟通并争取其支持和参与已成为常态。

对于公共数字文化建设而言，提升基层工作者的协调能力、管理能力和数字化能力是当务之急。公共数字文化建设是数字化时代的文化建设活动，与大数据、云计算、人工智能、5G网络等现代信息技术都密切相关，基层工作者又往往身兼多重角色。这就要求基层工作者既懂技术又懂管理，具备公共数字文化资源建设和服务开展的基本能力，同时还能协调好上级部门、资源供应商、服务提供商、志愿者队伍以及城乡居民之间的关系。相关部门应做好基层文化工作者的培养规划，不断完善基层培训机制，提高基层文化工作者的信息素养和数字化治理能力。我国正在各地推广的"村官"入村、干部驻村等治理机制已经在基层公共数字文化治理框架中引入鲜活力量，还应大力加强基层治理队伍建设，建立机制从岗位薪酬、行政编制、医疗保险等方面对大学毕业生、回村务工人员从事基层公共数字文化服务工作进行支持和引导。

各种社会力量是基层公共数字文化治理的重要主体。不断完善社会组织、文化志愿者、社会慈善人士和城乡居民参与基层治理的激励机制，设立基层文化发展基金，建立基层公共数字文化服务社会购买机制，是基层公共数字文化治理的内在要求。文化专业社会组织在承担政府购买文化服务活动中有明显的优势，可以专业、优质、高效地完成各项文化服务活动，但专注于数字文化服务的社会组织还不多见，除外部环境治理之外，相关社会组织也应做好内部治理，开展技能培训，提升服务能力。在《中华人民共和国职业分类大典》中已有社会组织专业人员、劝募员、社团会员管理员等社会组织专门职业，在一些地区已经开始试行劝募员、社团会员管理员的从业人员职业化，但公共数字文化社会工作者的专业化建设仍处于起步阶段。

城乡居民的积极参与是基层治理的活力所在。各种数字化、智能化技术为城乡居民在基层公共数字文化治理中发挥积极性、主动性和能动性提供了有力支持。互联网、移动网络已将广大城乡居民连接起来形成了复杂的网络空间，习近平总书记指出，"网络空间是亿万民众共同的精神家园"。[①] 要以公共数字文化来建设更好的精神家园，就需要多元主体协同、共担治理责任，让城乡居民在精神家园成为自己的主人。

各地进行了一系列基层治理的改革探索，例如，一些地方在探索为特色小镇公共文化服务提供人才支撑时采取了"培元固本""筑巢引凤""校企合作"等方法来为特色小镇的公共文化服务事业"量身定制"人才，以解决公共文化服务人才短缺的难题。又如，上海市在调查研究基础上制定了基层治理"1+6"文件，加强党对基层工作的领导，

---

① 习近平：《在网络安全和信息化工作座谈会上的讲话》，人民网，2016年4月26日，http://politics.people.com.cn/n1/2016/0426/c1024-28303544.html，2024年1月14日。

统筹基层社会发展，组织基层公共服务。其中，"1"即全面坚持党的领导，"6"指的是驻区单位、社会组织、社会工作者、社区骨干、志愿者、"两代表一委员"等基层治理主体。

三　治理资源

在某种程度上，资源问题是基层治理的元问题。基层治理当前仍然面临诸多困境，主要困境之一就在于其所能利用的治理资源内容、数量、质量与所承担的公共数字文化治理任务并不匹配。就公共数字文化建设而言，距离"最后一公里"目标越近，基层公共数字文化建设的任务就越烦琐、越沉重，对治理资源的需求越频繁，公共数字文化基层治理资源的缺口问题越突出。

党的十九大以来，随着我国国家治理体系和治理能力现代化建设进入新的发展时期，治理中心开始下沉。各地认真贯彻中央决策精神，把大量直接面向基层的社会管理事项下放给基层，基层拥有的治理资源不断增加。但是，各地公共数字文化基础设施条件不同、城乡居民结构不同、地方财政状况和技术条件差别很大，可用基层治理资源不充分将长期存在。同时，事权的下放并不意味着资源的到位，基层能不能接住、能不能接好治理资源仍然是客观存在的问题。

基层治理的能力建设与资源下沉密切相关。基层政府及其派出机构作为国家管理体系的神经末梢，具体承担着公共数字文化治理的繁重任务，既有的体制机制却无法为各项治理活动提供足够的支持，导致基层公共数字文化建设和管理者一方面存在不同程度的"等、靠、要"治理资源现象，另一方面对已经到达基层的治理资源随意调配，不落到实处。如果不能改变下沉治理资源不落地、不及时、不匹配的问题，公共数字文化治理资源就无法被成功运用而产生效力。这就要求各地通过持续完善资金、技术、人才资源管理机制，加快基层治理资源开发和整合，提高基层公共数字文化治理能力。

公共文化服务治理是城乡社区综合治理的有机组成，加强公共数字文化治理资源协同应与优化以党群服务中心为基本阵地的城乡社区综合服务设施布局工作相协调，完善基层服务条件，盘活已有资源。根据《关于推进实施国家文化数字化战略的意见》提出的"大力发展线上线下一体化、在线在场相结合的数字化文化新体验"总体要求，基层公共数字文化服务应充分利用现有空间、设施、设备和人才资源条件，积极利用虚拟现实、增强现实、数字孪生、全息影像、物联网、5G等信息技术推进传统空间智慧服务改造、物质文化资源数字化展示，走一条线上线下相结合的发展道路，提升传统文化服务的时代感，实现数字化文化资源和实体文化资源的共同发展。

与国家层面的协同治理有所不同，在基层公共数字文化治理资源结构中，社会资源占据了较大比重。国家层面的资金、技术、数据资源可以在政府主导下统一配置，较为顺畅地用于城乡公共数字文化建设的整体布局。对基层而言，如何盘活社会资源，是提升公共数字文化服务效能的重点工作之一。《中华人民共和国公共文化服务保障法》《"十三五"时期公共数字文化建设规划》《乡村振兴战略规划（2018—2022年)》都鼓励社会力量参与公共数字文化治理与服务。社会资源进入公共数字文化领域主要有通过政府向社会力量购买公共数字文化服务的被动形式，以及直接投资、捐赠设施、参与法人治理结构改革、担任理事会理事等主动形式。但现阶段公共数字文化治理资源仍有重政府、轻社会倾向，这对基层公共数字文化治理资源结构的优化显然是不利的。基层政府需要完善社会参与机制，强化与当地社会组织、高等学校、文化企业的联系，拓宽社会力量进入公共数字文化资源供给渠道，加大对社会公共数字文化资源的利用力度，为城乡居民的文化需求提供更加丰富、精准和及时的公共数字文化服务，让社会主义先进文化进社区、进农村、进家庭，促进满足人民文化需求和增强人民精神力量相统一，推进社会主义文化强国建设。唯有结合协同治理实际，不断更新城乡基层公共数字文化治理资源，推进治理资源的结构更新和功能更新，才能不断丰富治理资源，促进公共数字文化治理的深入发展。

此外，实施国家文化数字化战略，传承中华优秀传统文化，繁荣发展文化事业，健全现代公共文化服务体系，都离不开地方特色文化资源这一关键的治理资源。五千年悠久历史和文明在中国大地上留下了戏剧、音乐、绘画、书法等丰富的文化资源，各地都有自己的特色文化资源，且越是基层的越接地气。揭示、开发、利用好蕴含在基层的地方特色文化资源，使这些资源成为公共数字文化治理资源的有机组成，在满足城乡居民日益增长的精神文化需求的同时，巩固全党全国各族人民团结奋斗的共同思想基础，提升国家文化软实力和中华文化影响力，同样是公共数字文化资源治理的重要内容。

四 治理工具

基层治理直接面向民众，旨在因地制宜、完成上级部署，是国家治理体系的神经末梢。这一神经末梢需要完成直接面向城乡居民的主要服务任务，却往往缺乏技术、人才和资金资源，无法有效履行各种微观琐碎、错综复杂的治理职责。因而，除行政、法律手段外，公共数字文化基层治理的治理手段和方法也呈现多样性，需要"软""硬"兼施，综合采用经济手段、社会监督、居民自我管理等方法，将公共数字文化的"最后一公里"走通、走顺。中共中央办公厅、国务院办公厅联合发布《关于加强和改进乡村治理的指导意见》强调要发挥基层的社会治理、民生保障职能，探索新时代公共文化服务高质量发展的路径，打造公共文化服务创新发展的高地。

（一）行政和法规工具的运用

在公共数字文化基层治理工具箱中，行政工具的作用仍然突出。用好行政工具、创新基层公共文化行政管理机制，是提升基层公共数字文化治理水平的前提条件之一。基层政府的主要任务是建立群众监督机制，充分采纳民意，发挥城乡基层群众性自治组织的作用，制定更为细化的可操作性政策，引导城乡居民参与公共数字文化服务建设，维护城乡居民的文化权益。在基层公共数字文化治理中，政策工具的设计和选择应根据具体基层政策环境条件和目标要求不断创新，要从现有的政策"工具箱"中进行合理选择，重点关注和创新优先使用自主性工具和非强制性工具，降低非必要的强制性工具使用频率，并协同规划，灵活组合，以多种政策工具混合运用最大限度地发挥政策效能，完成政策目标。

基层公共数字文化治理的法律法规建设工作由国家、省级和设区市的人大和政府负责，基层政府及派出机构依据这些法律法规具体开展公共数字文化的治理工作。但在实际工作中，有关文化领域基层组织机构建设、资源开发利用、服务宣传推广、社会组织发展等领域法律规范的数量仍然较少，建章立制难的问题始终存在。已有的基层治理政策法规普遍存在执行难问题，需要进一步明确和细化相关主体在公共数字文化治理中的责权利，避免不同部门、组织对工作相互推诿，社会组织进入遭遇人为门槛，公共数字文化设施设备建设和维护脱节等问题的出现。

（二）加强基于信息技术的治理

在加强基层公共数字文化治理，探索新时代公共数字文化服务高质量发展路径的过程中，更新治理工具、加强基于信息技术的治理是数字化、智能化时代对公共数字文化建设的基本诉求。随着大数据、区块链、云存储、云计算、物联网、人工智能以及5G技术的广泛应用，基于信息技术的治理已成为基层治理的重要工具。

基于信息技术的治理为基层治理创新提供了新的方法论。信息技术带来的全民"博主""播主""UP主"浪潮，为普通人提供了广阔的展示舞台，也给公共数字文化资源建设带来了新的动力。当然，基于信息技术治理成为新的治理方法论也给基层治理带来了新的要求和新的困难，需要加强对经验教训的总结，完善协同治理机制，提升基层治理水平。

信息技术拉近了政府、市场、社会和个人的距离，各种主体打破了主体间的壁垒，在共同关切的领域形成了若干协同合作圈子，共同的价值诉求使各方主体之间的协同更具可操作性。信息技术环境下，各方主体都可以在抖音、快手、微信等信息平台平等发布内容并相互关注、点赞，各种传统文化传播过程中的条条、块块不复存在，主体间的关系因信息技术变得更加密切。

当然，基于信息技术的基层治理也存在一系列隐患，需要在基层治理过程中引起关注并注意消除。信息技术的应用门槛虽然降低，但建设成本和维护成本并不一定低。目前，很多城镇社区基层公共数字文化服务依托的电子读报机、瀑布式图书展示屏、自动借还机等信息设施对于西部省份的基层公共数字文化服务点而言属于奢侈品，继而导致新的地区不平衡、城乡不平衡。同时，一些地方的基层组织本位思想仍然很重，对基于信息技术的治理认识不足，信息技术在公共数字文化基层治理中并不能真正发挥促进作用，而是流于一种形式主义。一些学者的相关研究已经发现基于信息技术的治理工具如果应用不当，会对基层治理体系造成破坏，导致基层治理能力不升反降。上述问题都需要在公共数字文化治理实践中总结发现并找到正确应用基于信息技术的治理工具的模式，提升公共数字文化基层治理的成效。

（三）构建一体化治理平台

信息技术的普及为公共数字文化基层治理带来了强大的活力，成为治理工具箱中的重要组成部分。但是，由于基础信息设施条件的落后，广大农村地区、西部地区公共数字文化服务的现代化治理工具的覆盖范围、利用频率和使用效果都不如东部大城市相关部门，应加快向基层配置资金、人才、硬件、软件和网络设施的步伐，做好基层公共数字文化一体化治理平台的搭建和改进工作，为基层公共数字文化基层治理提供基本的信息技术条件。以一体化治理平台为基础，促进各地尤其是西部地区农村基层政府、地方文化企业、社会组织和个人共同参与公共数字文化的项目建设、资源收集整理、服务开展、评估监管，以现代信息技术工具提升公共数字文化的基层治理水平。

在一体化治理平台工具的运用方面，上海"东方社区信息苑"的政社共建机制具有一定的代表性。为保障基层公共文化一体化治理平台的有效协同建设和高质量稳定运行，上海市成立了公共文化服务工作协调小组对公共文化服务相关工作进行协调，并建立多方参与、政社合作的平台建设与运行机制。上海市社区文化服务中心负责平台的运行管理和日常监督；来自社会的上海东方数字社区发展有限公司负责人员安排、资源发布等日常运行；其他社会力量以"东方社区信息苑"治理平台为中介参与公共数字文化资源开发和特色服务提供。

（四）完善治理成效监测机制

公共数字文化服务体系是一个典型的多元复合体系，基层社会又是各种利益和矛盾交汇所在，公共数字文化基层治理必须以更开阔的视野、更全面的规划和更综合的体系，协调好政策工具、技术工具、情感工具等各种治理工具，实现多元工具的协同，达成基层公共数字文化治理效能的最优化。这就要求形成一套科学完备的公共数字文化基层治理成效监控机制，并充分运用这一治理工具不断完善基层公共数字文化协同治理机制。其中，一套兼具科学性、系统性、前瞻性、扩展性的治理成效评价指标体系是在国家治理体系和治理能力现代化建设条件下监测治理运行情况的有效手段，可以以定量、定性相结合的方式及时发现和准确定位基层公共数字文化治理中存在的问题，为进一步决策提供依据。同时，需要有配套的激励与惩罚机制调动治理主体的积极性和主动性，将成效监测落到实处，实现公共数字文化治理主体的优胜劣汰、有进有出，确保治理效能的提升。

第五章 城乡融合背景下的公共数字文化协同治理机制

第五节 本章小结

我国的国家治理体系和治理能力现代化，是在中国土壤上滋生的中国之治。中国之治最为鲜明的特色在于坚持中国特色社会主义制度、坚持中国共产党的领导。文化维系着中华民族共同的核心价值体系，公共数字文化建设事关民族的血脉和人民的精神家园，其治理更需要正确的导向。因而，在我国国家、地方、基层三级联动的公共数字文化协同治理机制中，在坚持党和国家的统一领导、形成对共同功能目标的追求基础上，充分发挥各种主体的积极作用，采取各种灵活的治理手段来实现治理资源的合理调配。

《"十四五"公共文化服务体系建设规划》提出到"十四五"末，公共文化数字化、网络化、智能化发展取得新突破。公共数字文化资源更加丰富，国家公共文化云等平台互联互通体系更加完善，智慧图书馆体系建设取得明显进展，公共文化数字服务更加便捷、应用场景更加丰富。以公共数字文化数字化、网络化、智慧化为目标，国家治理层面的公共数字文化协同治理旨在完善顶层设计、加强数据资源建设、优化服务网络并拓展公共文化服务智慧应用场景。

省、市两级的公共数字文化的治理功能目标、主体结构、资源组成、工具运用与国家治理较为接近，主要起到上传下达的作用，并做好地方数字文化资源建设、组织好基层公共数字文化服务并管理好基层公共数字文化服务队伍，同时具体承担一些面对城乡居民的公共数字文化服务职责。

公共数字文化的基层治理，即不设区的市、市辖区、乡、民族乡、镇及更低层级的公共数字文化治理活动。基层治理与国家治理不同，直接面向城乡居民的文化需求，所拥有的治理资源相对有限，更多采用柔性的治理手段来实现公共数字文化建设目标，并与城乡居民建立情感纽带联系，与城乡居民形成良性互动，但受制于种种条件，基层公共数字文化治理仍道阻且长。

综合来看，我国的公共数字文化协同治理有多元主体、多层次治理机制。基于现有社会文化、政策法规、外部经济、信息技术、组织制度等环境，在公共数字文化事业发展整体战略目标下实现治理目标逐层具化，治理功能逐层细化，治理主体逐层多元化，治理资源逐层地方化，治理工具逐层柔化和机动的治理机制。

第六章 公共数字文化协同治理评价

公共数字文化建设作为文化强国、网络强国、数字中国三大国家战略的汇集点,在公共文化服务体系中占据越来越重要的位置。近年来,随着国家治理体系和治理能力现代化建设的不断推进,我国公共数字文化的治理水平日益提升,但综合评价标准的缺失导致无法对其多方协同、社会参与水平形成全面认知,影响整体服务水平和治理能力的提升。从调研可见,公共数字文化建设在现代公共文化服务体系建设实践中尚未充分发挥其应有的作用,特别是在消除数字鸿沟、促进城乡融合方面。

因而,无论从理论层面还是实践层面出发,开展公共数字文化服务协同治理评价研究都具有重大意义。本章旨在建立公共数字文化协同治理的评价模型并构建评价指标体系,为相关研究和评价实践提供参考。

第一节 代表性公共数字文化评价体系与模式

一 国家公共数字文化建设考核体系

对公共数字文化建设进行科学评价是公共文化服务体系建设过程中长期一以贯之的基本要求。早在2008年,文化部下发的《关于开展

2008年全国文化信息资源共享工程督导工作的通知》（及《2008年全国文化信息资源共享工程县级支中心考核标准》和《2008年全国文化信息资源共享工程村级基层服务点考核标准》两个附件）就从组织管理、运行经费、设备设施、服务情况等方面给出了县级、村级公共数字文化服务的考核标准，并对各个指标赋予了相应权重，为后续公共数字文化建设考核提供了极具参考价值的模板。

2015年6月，文化部下发《文化部公共数字文化工程管理办法》，要求综合上级评价、组织内部自评、第三方评价和社会监督，形成文化共享工程、数字图书馆推广工程、公共电子阅览室建设计划等公共数字文化工程的科学评价机制。

2016—2017年，文化部以统计汇总结合实地考核的方式开展了全国公共数字文化工程的考核工作（《文化部办公厅关于组织开展2016年度公共数字文化工程考核工作的通知》，此次考核涉及的考核内容见表6-1。

表6-1　　　　　　　　公共数字文化工程考核指标

一级指标	二级指标	三级指标
贯彻落实《文化部公共数字文化工程管理办法》情况	是否制定和发布本地区公共数字文化工程建设实施方案和相关管理政策文件	
	是否发布本地区公共数字文化资源建设、平台建设和服务推广等方面的政策文件	
	是否建立工作协调机制和专家咨询制度，统筹指导本地区公共数字文化建设	
	是否按时审核汇总本地区公共数字文化建设工作任务，向文化部提出建设任务和经费申请	

续表

一级指标	二级指标	三级指标
贯彻落实《文化部公共数字文化工程管理办法》情况	是否对本地区公共数字文化工程实施情况进行监督检查,建立相应的奖惩机制	
完成中央转移支付地方公共数字文化建设项目任务情况	平台建设	中西部偏远地区公共电子阅览室补充设备
		中西部贫困地区公共数字文化服务提档升级
		数字文化馆建设试点
		公共文化服务云平台建设
		数字图书馆推广工程软硬件平台搭建
	资源建设	地方特色文化、红色文化专题资源建设
		少数民族语言专题资源建设
		"进村入户"专项资源建设
		文化共享工程资源配送服务
		数字图书馆推广工程资源联合建设
	服务推广	基层公共数字文化服务推广试点
		文化共享工程和公共电子阅览室人员培训与服务推广
		数字图书馆推广工程资源服务利用
		数字图书馆推广活动组织与宣传
		数字图书馆推广工程人才培训

续表

一级指标	二级指标	三级指标
地方特色公共数字文化建设项目情况，以及公共数字文化建设方面取得的工作成效	服务人次	
	社会反响	
	承办的全国性活动	
	相关奖项	
	服务效能	
	创新服务模式	
群众满意度情况	第三方进行群众满意度测评	

2017年7月，文化部公布《"十三五"时期公共数字文化建设规划》，提出建立以效能和群众需求为导向强化公共数字文化建设绩效考核评价并逐步形成群众满意度指标，要求：成立专门的绩效管理行政机构，规范评价过程，统一评价方法，明确评价主体及其责权，完善第三方评价机制保障评价过程的公正公平公开；以服务效能提升为核心，基于经济、有效、高效、公平原则，以城乡居民满意为导向构建绩效评价指标体系；构建统一的公共文化服务（含公共数字文化服务）数据管理平台，系统收集公共数字文化建设相关数据，做好数据统计分析和挖掘利用，为公共数字文化发展决策提供参考。

2017—2018年，新组建的文化和旅游部开展了第六次公共图书馆评估定级工作。通过对全国县级以上公共图书馆的发展情况进行评估，为下一阶段进一步完善公共文化服务体系提供支持。此次评估定级，基于新公共服务理论建立了服务能力、服务效能和服务结构"三位一体"的理论模型。其中，服务能力对应政府提供的预算投入、服务设施等保障条件；服务结构对应公共图书馆的业务活动及其效率，表现在服务、协同、管理等方面；服务效能的主要评判依据是外部满意度即用户评价。该评估指标体系主要内容见表6-2，在具体评估过程中又将全国公共图书馆分为东部、西部和中部三类进行分类评估。

表6-2　　　　　　　第六次全国公共图书馆评估定级标准

必备条件	评定项目
服务效能	年文献外接量(万册次)
	年阅读推广活动次数
	读者满意率(%)
业务建设	本区域服务体系规划与共建共享(分)
	业务统计分析(分)
保障条件	年财政拨款总额(万元)
	普通文献馆藏量(万册件)
	建筑面积(万平方千米)

2020年9月，文化和旅游部印发《关于开展第五次全国文化馆评估定级工作的通知》，决定开展第五次全国文化馆评估定级工作。此次评估基于上一年度的基本数据，对全国各文化馆的馆舍面积、数字化服务能力等评估定级必备条件，以及业务开展、服务效能、服务保障、创新举措、表彰奖励等具体指标进行了分级分类的评估。其中，评估对象被分为省级文化馆、副省级文化馆和县级文化馆三类；评估等级标准从高到低依次分为一级馆、二级馆和三级馆三类；评估项目包括馆舍面积、人均财政投入和业务门类配备（音乐、舞蹈、戏剧、曲艺、美术、摄影、书法、文学、理论研究、网络或数字化服务、非物质文化遗产等）。

2019年年底，为推进博物馆治理体系和治理能力现代化，国家文物局针对全国博物馆开展了评估，并基于综合管理与基础设施、藏品管理与科学研究、影响力与社会服务等指标进行定级。此次评估基于《博物馆定级评估办法》《博物馆定级评估标准》《评分细则计分表》等相关标准和实施办法,共设有3个一级评估指标、13个二级指标、78个三级指标以及15个加分项,具体标准节选见表6-3。

表6-3 博物馆评分细则计分表节选(2019年12月版)

序号	评定项目	检查评定方法与说明	大项分值	分项分值
1	综合管理与基础设施	满分200分	200	
1.1	法人治理结构			14
1.1.1	决策机构	理事会(董事会)或其他形式决策机构		
1.1.2	监督机构	监事会\监事或其他形式监督机构		
1.2	博物馆章程与发展规划			20
1.2.1	博物馆章程			
1.2.2	发展规划			
1.2.3	年度工作计划与中长期规划有效衔接,思路清楚、任务明确、可操作性强			
1.2.4	博物馆年度报告			
1.3	建筑与环境			16
1.3.1	建筑功能区块布局			
1.3.2	环境卫生			
1.3.3	建筑节能降耗			
1.4	人力资源			30
1.4.1	人员资质与比例	从事专业技术岗位的业务人员		
1.4.2	人才梯次结构			
1.4.3	人员培训			

续表

序号	评定项目	检查评定方法与说明	大项分值	分项分值
1.4.4	有科学的员工考核、奖励制度并有效实施			
1.5	财务管理			30
1.5.1	财务管理制度完善	财务管理办法(含财务内部控制)等制度性文件		
1.5.2	财务管理制度有效实施			
1.5.3	经费来源与保证			
1.5.4	社会资助			
1.6	安全保障			80
1.6.1	风险与防护	风险等级达标、安防设备配置		
1.6.2	安全保卫			
1.6.3	消防安全			
1.6.4	公共安全			
1.7	信息化建设			10
1.7.1	信息化基础设施	网络接入、网络安全、终端和配套设备等		
1.7.2	业务系统建设	适用于智慧保护、智慧管理、智慧服务的业务系统		
2	藏品管理与科学研究	满分300分	300	
2.1	藏品管理			150
2.1.1	藏品情况	藏品数量、体系、特点、历史文化科学艺术价值等		
2.1.2	藏品数据库	系统功能、使用情况、藏品信息采集比例、珍贵文物信息采集比例等		

续表

序号	评定项目	检查评定方法与说明	大项分值	分项分值
2.1.3	藏品数据库公开	高清照片、翔实文字信息等在线查阅、搜索服务		
2.1.4	藏品征集			
2.1.5	藏品接收与入账	藏品接收、鉴定、入藏、登账、编目、建档办法等制度及实施情况		
2.1.6	藏品存放	分类保存、分库保存、放置及保管装备装具配置情况等方面内容		
2.1.7	藏品提用	藏品提用制度及实施情况		
2.1.8	库房面积			
2.1.9	库房管理	库房管理制度及实施情况		
2.1.10	库房设施	藏品保存环境情况		
2.1.11	藏品保护与修复			
2.2	学术研究与科技			150
2.2.1	学术组织	学术委员会		
2.2.2	学术活动	国际国内学术会议		
2.2.3	学术刊物			
2.2.4	学术论文	署名为第一笔者		
2.2.5	学术期刊收藏	附近三年中外文学术期刊收藏情况		
2.2.6	单位内部设置有独立的科技部门	科研部门设置情况及职能		
2.2.7	科技人员学历结构			
2.2.8	科技人员知识结构			
2.2.9	科研经费	科研经费的金额、来源及使用情况		

第六章　公共数字文化协同治理评价

续表

序号	评定项目	检查评定方法与说明	大项分值	分项分值
2.2.10	科研仪器设备			
2.2.11	科研实验室			
2.2.12	科研基地			
2.2.13	科研课题			
2.2.14	专利与奖励			
2.2.15	学术交流和人才培养	借助社会力量完成相关工作,利用"外脑"取得科研成果的情况		
3	陈列展览与社会服务	满分500分	500	
3.1	影响力			75
3.1.1	博物馆品牌标志			
3.1.2	博物馆宣传			
3.1.3	博物馆公众影响力	观众调查报告或观众构成情况		
3.1.4	博物馆声誉	游客意见评分		
3.1.5	旅游影响力	旅游推广计划及实施情况		
3.1.6	进出境展览			
3.1.7	一般加分项:素材"进校园"	"校本课程""乡土教材"等当地中小学通行教材、考试试卷		
3.1.8	一般加分项:交流协作	中小博物馆、非国有博物馆对口帮扶;参与博物馆联盟、馆际交流平台;与相关博物馆交流与合作;融入相关联展、巡展、互换展览和人员互派等协同发展机制		
3.2	展示和教育			250
3.2.1	展厅空间			
3.2.2	基本陈列			

续表

序号	评定项目	检查评定方法与说明	大项分值	分项分值
3.2.3	临时展览			
3.2.4	陈列展览履行验收评估程序	陈列展览项目管理、绩效评估情况		
3.2.5	陈列展览资料保存完整	陈列展览建档情况		
3.2.6	陈列展览获奖或推介情况	陈列展览获奖或推介情况		
3.2.7	社会教育			
3.2.8	讲解导览服务	讲解服务制度及实施情况		
3.3	公众服务		175	
3.3.1	群众组织			
3.3.2	志愿者	志愿者招募及使用情况		
3.3.3	开放	开放管理制度及实施情况		
3.3.4	交通	博物馆交通情况		
3.3.5	参观游览服务	票务、导览材料、参观流线、寄存、购物、餐饮、特殊人群服务、休息、卫生设施等情况		
3.3.6	网站、信息资料、融媒体服务			
3.3.7	文化创意产品研发和经营	开发文化创意产品的种类、数量、经营模式、知识产权保护、年销售额等		
3.3.8	便利社会的服务项目	提供藏品代为保管、鉴定、养护、修复或咨询等公众服务的制度及实施情况		
3.3.9	观众调查			
3.3.10	观众量统计			
3.4	一般加分项:开放时间拓展	在确保藏品安全和运行稳定的前提下,拓展博物馆开放时间	4	

二 地方公共数字文化项目评估体系

资料调研显示，我国多数地方对公共数字文化建设的评估是基于国家相关评估标准而展开的，专门制定公共数字文化建设项目评估指标体系的地方政府并不多见。根据现有资料，广东东莞、重庆涪陵、海南琼海以及江苏省等一些地区出台了对全国文化信息资源共享工程等公共数字文化服务项目的基层考核标准，为地方所做的不可多见的尝试。

2010年，重庆市涪陵区基于《文化部、财政部关于进一步加强全国文化信息资源共享工程建设的意见》相关精神，结合实际，制定了《全区文化信息资源共享工程基层服务点考核标准》，并纳入每年年底的目标考核。涪陵的全国文化信息资源共享工程考核主要包括六个方面指标：领导重视、工作规范有序（35分），考核基层政府对共享工程的支持力度和推进速度；阵地工作（30分），考核基层文化信息资源服务点的建设情况；活动组织（10分），考核基层共享工程宣传推广情况；指导和辅导（15分），考核不同管理层级的共享工程服务点的协同水平；设备他用和维护（10分），考核数字文化设施的保有和维护情况；提高指标（最高20分），作为考核的加分项，考核基层服务点的服务创新能力。

2014年，广东省东莞市人民政府办公室为进一步明确相关主体的公共文化服务职责，规范公共文化服务过程，提高公共文化服务效能，保障城乡居民基本文化权益，建设"全国公共文化服务名城"，依据《东莞市建设全国公共文化服务名城实施意见（2011—2020年）》等文件要求，印发了《东莞市公共文化服务体系绩效评估办法》。该办法对东莞市各级各类公共文化服务机构以及重大文化活动和文化项目进行分类评估。

2015年，文化部根据国家公共文化服务体系建设协调组制定的

《基本公共文化服务标准化建设工作方案》的安排，在全国开展公共文化服务标准化试点工作。江苏省各地积极申报，推选出两个省级公共文化服务标准化试点地区（无锡市、连云港市），一个省级基层综合性文化服务中心建设试点地区（泰州市），以及一个省级公共文化机构法人治理结构试点单位（盐城市盐都区文化馆）。为探索基本公共文化服务标准化建设的地方模式、路径和方法，更好地保障广大城乡居民的基本文化权益，江苏省有关部门研究制定了《江苏省公共文化服务体系示范区（县级标准）》。该地方标准将江苏省各县分为苏南、苏中/苏北两类进行分类评价，主要包括对公共文化设施网络建设的评价、对公共文化服务供给的评价、对公共文化服务组织支撑的评价、对资金人才技术保障措施落实的评价、对公共文化服务评估的评价等。

　　其一，对公共文化设施网络建设的评价是指各级图书馆、文化馆、博物馆等公共文化设施的达标情况；其二，对公共文化服务供给的评价包括城乡融合情况，农民工、青少年、老年人、残障人士等特殊人群的文化权益保障情况，社会力量参与水平，免费开放情况，文化设施开放时长，送戏、送电影下乡情况，总分馆制建设情况，全国文化信息资源共享工程建设情况；其三，对公共文化服务组织支撑的评价主要涉及公共文化服务体系建设规划与政策、领导机制、社会参与机制、城乡协同机制等，公共文化服务设施用地和建设标准，公共文化资源一体化水平，公益性文化事业单位管理体制和运行机制改革等方面；其四，对资金人才技术保障措施落实的评价包括是否纳入政府重要议事日程、中长期发展规划、财政预算以及地方考核指标体系，建设经费的增幅以及与全省平均水平的差距，基层公共文化服务站点的人员编制规模，公共文化服务从业人员培训时长，借助现代网络和通信技术实现公共文化信息资源共建共享情况；其五，对公共文化服务评估的评价主要涉及公共文化服务绩效评估制度的建立和实施情况，文化工作目标责任管理制度实行情况。此外，公共文化服务体系建设体制机制和服务方式手段创新，新闻、广电、体育、工会、共青团、妇联等相关部门的工作内容达标情况，也一并纳入评估标准。

2016年，海南省琼海市为进一步构建现代公共文化服务体系，就"十三五"基本公共文化服务标准化、均等化工作制定《琼海市"十三五"基本公共文化服务标准化、均等化实施方案》。方案秉持保障基本、明确标准、市乡统筹、以市带乡、部门协同、共建共享原则，要求由市文体局牵头，相关部门协调配合，有重点、有秩序地推进市本级、社区、乡镇所在地、行政村的公共文化设施建设，逐步实现公共文化一体化，做到基本公共文化资源配置有标可依、服务质量有章可循、服务绩效有据可考。

三　国外公共文化服务活动评价模式

在西方国家的学术体系中，不存在与"公共数字文化"完全对应的概念，但在政府部门、文化机构绩效评价过程中第三方评估的运用、评价指标体系的建设等方面的实践，都可供我国评估公共数字文化借鉴和参考。

目前，以社会大众满意度为核心指标的多元评价模式在很多国家的公共事务绩效评估中得以推行。法国采用混合模式对公共文化服务的绩效进行评价，这种混合模式由社会主体和第三方机构同时进行评估，使得法国对政策的评估实现了从单一的政府机关内部评估机制到政府、公众以及其他社会主体多方参与评估机制的飞跃。英国的公共服务绩效评价强调以公民为导向，第三方机构共同参与，即以公民对公共文化服务及产品的满意程度作为尺度，加之内阁的行为透视团队（behavioural insights team）的评价共同起作用来评估和管理绩效。美国的公共文化服务绩效评价呈现出更加多元化的特征，其参与主体可以分为三种：第一种是上级机构，这类机构包括美国图书馆协会、博物馆协会、国家艺术基金会、博物馆与图书馆服务署等；第二种是文化机构以及项目实施主体，包括图书馆、博物馆、档案馆等机构；第三种是第三方评估机构，包括大学以及专业的评估机构，例如《美国博物馆绩效评估计划》的推行及实施就由 RMC 研究公司担负主要责任。

在针对公共文化服务的绩效评估中，西方发达国家对基础数据的统一性监督与管理、评价指标体系的整体性设计乃至整个过程的规范化建设都尤为重视，一些经验值得借鉴。在基础数据的监管方面，不少国家的评估数据由审计部门进行统一汇总与发布，如英国审计部门的主要职责是统计文化领域内的各项数据，并以季度或年度为单位公开对外发布，从而保证公共文化绩效评估公正地进行。在评价指标体系的设计方面，不少国家专门为公共文化服务机构颁发了详细的技术标准文件，如英国的文化部、传媒部以及体育部三大部门于 2001 年联合出台了《全面高效的现代化公共图书馆——标准与评估》，该文件明确地提出了十九个针对公共文化服务绩效评估的框架体系；美国的博物馆协会于 2008 年颁发了《美国博物馆国家标准和最佳实践》；澳大利亚的图书馆和信息协会于 2011 年出台了《超越优质服务：澳大利亚公共图书馆的标准与指南》，这些文件的发布极力地推动了评估体系的标准化建设。在评估过程的规范化方面，为了促进政府部门对绩效进行统一性、系统性评价，许多国家都会设立专门的评估小组，如美国的绩效评估研究组、英国的绩效评估机构等。另外，除了对公共文化服务的整体绩效进行评估，西方发达国家针对文化机构的数字资源利用情况以及服务效益，更是积极地进行了多项基础理论研究与实践科研工作，并取得了丰硕的成果，如 EQUINOX Project（图书馆绩效评估和质量管理系统）、COUNTER Project（网络电子资源在线使用统计）、DigiQUAL 等系统软件辅助统计以及数字信息资源的实际使用状况，并建立了一个较为完善的数据统计规范与系统的指标体系。

四　学界构建的公共数字文化评价指标体系

对公共数字文化评价的专题研究目前已初具规模。可见，较早的研

第六章 公共数字文化协同治理评价

究成果是王学琴 2014 年开展的我国公共文化服务绩效评估指标体系研究。① 之后，胡唐明等运用平衡计分卡的方法，从内部运维过程中人、财、物以及用户、成长、知识产权等角度对我国文化共享工程等三大公共数字文化建设项目进行评价；② 周锦熠基于层次分析法对国家数字文化网的建设现状进行评价并提出资源建设、页面设计以及用户互动等方面的建议；③ 戴艳清、戴柏清采用实验研究法和追踪访谈法，从感官体验、内容体验、功能体验、服务体验、价值体验、情感体验六个评价维度出发对国家数字文化网用户体验进行评价；④ 周锦熠基于 Kano 理论模型从网站资源、页面设计、个性服务、网站交互四个服务维度和二十个服务要素开展了国家数字文化网服务评价研究；⑤ 陈柯欣提出资源保障能力、服务供给能力、平台技术能力和制度支撑能力四个一级指标和十八个二级指标的能力评价指标体系；⑥ 陈则谦等通过专家调查和层次分析法形成评价指标测评了公共文化云服务平台、内容、功能结构、效能效果和服务管理等方面的表现；⑦ 李霜基于高质量发展视角制定了公共数字文化云四级评价指标体系；⑧ 杜礼玲从服务人员、资金、设备、资源、活动和成效六方面分析建立了公共图书馆数字文化服务绩效投入

---

① 王学琴：《我国公共文化服务绩效评估指标体系研究》，硕士学位论文，南京大学，2014 年。

② 胡唐明等：《公共数字文化评价指标体系构建研究》，《图书馆论坛》2014 年第 12 期。

③ 周锦熠：《基于层次分析法的公共数字文化网站评价研究——以"国家数字文化网"为例》，《图书馆研究与工作》2017 年第 12 期。

④ 戴艳清、戴柏清：《中国公共数字文化服务平台用户体验评价：以国家数字文化网为例》，《图书情报知识》2019 年第 5 期。

⑤ 周锦熠：《基于 Kano 理论模型的国家数字文化网服务评价研究》，硕士学位论文，湘潭大学，2019 年。

⑥ 陈柯欣：《图书馆公共数字文化服务能力评价研究》，硕士学位论文，吉林大学，2020 年。

⑦ 陈则谦、余晓彤、郑娜静等：《公共文化云服务的评价指标构建及应用》，《图书情报知识》2020 年第 6 期。

⑧ 李霜：《高质量发展视角下公共数字文化云评价指标研究——以上海文化嘉定云为例》，硕士学位论文，华东师范大学，2020 年。

产出评价指标体系；[1] 廖云璐基于层次分析法从公共数字文化供给、保障、成效和评价角度构建了由两级指标构成的公共数字文化工程服务质量评价模型。[2]

国外数字文化评价代表性研究有：Mark Nizette 基于平衡计分卡模型开展的文化节庆活动的评价；[3] Francesco Chiaravalloti 从会计边际角度开展的文化部门绩效评估；[4] Miroslaw Gorny 等从非学术用户角度出发进行的数字图书馆评价；[5] Feliciati Pierluigi 提出的图书馆、档案馆数字化可用性质量评价模型和工具。[6] 国外与公共数字文化绩效评估的文献主要分布在政府和文化机构两类理论研究中。

第二节　公共数字文化协同治理评价要素

《文化部"十三五"时期公共数字文化建设规划》明确提出要完善评价指标体系，围绕城乡居民文化需求，建立以效能为导向的公共数字文化服务评价机制。这一目标不仅是对公共数字文化评价体系的总体要求，也明晰了公共数字文化协同治理评价的主体、内容、路径等诸要素。《"十四五"公共文化服务体系建设规划》继而提出建立健全基本

---

[1] 杜礼玲：《公共图书馆数字文化服务绩效评价研究》，硕士学位论文，湘潭大学，2020 年。

[2] 廖云璐：《公共数字文化工程服务质量评价与对策研究》，硕士学位论文，南昌大学，2019 年。

[3] Mark Nizette, "Measuring the Performance of Cultural Festivals: A Socio–cultural Balanced Scorecard Model", International Journal of Environmental, Vol. 2, No. 2, July 2006.

[4] Francesco Chiaravalloti, "Performance Evaluation in the Arts: A Multidisciplinary Review and a New Pragmatic Research Agenda", Journal of Arts Management, Policy and Leadership, Vol. 10, No. 2, February 2017, pp. 123–145.

[5] Miroslaw Gorny, et al., "Evaluating Polish digital libraries from the perspective of non–academic users", The Electronic Library, Vol. 33, No. 4, July 2015, pp. 577–594.

[6] Feliciati Pierluigi, "Usability of Library and Archives' Digital Environments as a Quality Requirement. Context, Models, and Evaluation Tools", JLIS. it, Vol. 7, No. 1, January 2016, pp. 113–130.

公共文化服务绩效动态评价体系，建立以公众参与为基础、群众需求为导向的公共文化服务机构绩效考核和反馈机制，并利用大数据和数据挖掘技术补充完善公共文化服务统计监测。

一 协同治理主体

现代意义的公共数字文化服务是政府、各种事业单位、社会组织以及个人共同向社会提供的服务活动集合，其中，各级各地公共图书馆、博物馆、档案馆、文化馆等事业单位作为承担文化公益服务的主要职能单位，是公共数字文化服务多元化主体结构的主力。

高校图书馆、博物馆等有丰富数字文化资源的机构组织也在公共数字文化服务体系中起着不可忽视的作用；文化领域内的各种数据公司、演艺公司、信息服务企业等经营性单位在基本公共数字文化服务之外为社会提供了各种深度的、精细的公共数字文化服务；一些专注文化资源数字化开发、利用的行业协会、基金会、民办非企业单位等社会力量和个人开展的公共数字文化服务活动，为文化事业增添了活力。在主体结构上，公民、法人和其他社会组织可以通过多种途径与政府合作，全方位参与公共数字文化服务的机制、目标、动力、能力治理，实现社会力量的深度参与。各参与主体间良性互动的协作关系为多元主体相互信任、有效协同、广泛合作的治理格局的形成打下了良好基础。

二 协同治理内容

公共数字文化协同治理包括在线文化资源、在线专题资源、在线讲座资源、文献提供在线服务以及文化资讯等内容。基于2015年1月由中办印发的《国家基本公共文化服务指导标准（2015—2020年）》对各级政府应向人民群众提供的基本公共文化服务项目和硬件设施条件、人员配备的规定，可以认为公共数字文化服务包括读书看报、收听广播、观看电视、观赏电影和地方戏等资源服务项目，以及文化资讯、软硬件和网络环境、培训讲座等内容。

数字化、网络化环境下的公共数字文化与传统文化形态相比有了明显变化，但是基本职能并未发生改变，文化资讯、文化资源、专题资源、讲座活动、信息互动空间、文献提供仍然是基本的服务项目，不过数字文化各方面要求更高，服务开展难度更大。如何加强各服务主体间的统筹协调，不断丰富数字文化资源，实现各类数字文化资源的一体化服务，并借助各种传统和新媒体宣传手段普及公共数字文化，仍需政府相关部门的重视和各方的共同努力。

三 协同治理路径

近年来，国家颁布实施的《中华人民共和国公共文化服务保障法》《中华人民共和国公共图书馆法》对公共数字文化协同治理的路径有相关规定。学界就改革公共文化机构，建立健全法人治理结构，引导社会力量参与数字文化建设等问题进行了广泛讨论。

我国公共数字文化的基本结构是在党中央领导下，以文旅部为主，相关部委如工业和信息化部、财政部、科技部等参与进行顶层设计；各地文旅厅、局负责区域内的公共数字文化服务协调与规划；图书馆、文化馆、美术馆等各体系的信息服务机构对各自服务对象开展服务。这一体系结构在我国公共数字文化服务的稳定发展过程中发挥了重要作用，但部门间的协同、社会力量的参与程度都不足，人、财、物难以合理分配。加强公共数字文化服务的统一规划，完善有效协调相关部门的工作机制，进一步下好政府转型和社会参与两步棋，是形成政府主导有力、社会充分参与的公共数字文化建设格局的必由之路。

第三节 基于系统工程方法论的评价模型

公共数字文化协同治理评价，应以提升公共数字文化协同水平、治理能力和服务效能为根本目标，平衡经济、效率、效果和公平，兼顾

"文化治理"和"治理文化",以文化事业治理水平的提升弥合城乡公共数字文化服务差距,以治理现代化的文化促进城乡融合。

一 评价模型构建原则

对公共数字文化协同治理的评价旨在立足新发展阶段,完善公共数字文化事业体制机制、提升公共数字文化治理效能,为公共数字文化建设进一步消除城乡差距和区域差距、更好地满足人民群众文化需求,进而提高国家文化软实力、建设社会主义文化强国提供支撑。因而,公共数字文化协同治理评价模型构建应秉持导向性、科学性、实用性、灵活性、发展性原则,服务于公共数字文化事业的改革创新。

导向性原则,指的是公共数字文化协同治理评价应坚持正确方向。基于新型城镇化建设和乡村振兴战略对公共数字文化事业的要求,坚持党对文化工作的全面领导,牢牢把握社会主义先进文化前进方向,以社会主义核心价值观为引领,坚持把满足城乡居民公共数字文化需求放在首位、实现社会效益和经济效益相统一,是公共数字文化协同治理首先应坚持的原则。

科学性原则,指的是公共数字文化协同治理评价应充分认识我国城乡之间、地区之间经济、社会、文化发展的差异,科学认识公共数字文化协同治理所处历史阶段,能围绕建设、管理和服务等关键环节做好文化资源建设、政策法规保障、资金设备配套等方面的评估,准确反映治理现状。

实用性原则,指的是要求所设计的公共数字文化协同治理评价指标体系结构清晰、评价项目具有针对性,评价具体指标与公共数字文化协同治理的实际情况基本相符,可以真实反映不同地区、不同领域、不同层次的公共数字文化事业发展水平和协同水平。

灵活性原则,指的是指标体系在整体保持稳定的同时,应具有较好的适应能力,突出创新的核心地位,激发和真实反映各级、各地公共数字文化服务机构和组织的创新活动，使得设计的评估内容能够适应在不同地区、不同人群的调查需求，引导公共数字文化建设坚持创新驱动，全面推进模式创新、业态创新、产品创新。

发展性原则，指的是公共数字文化协同治理评价应紧扣新发展阶段的时代脉搏、坚持新发展理念、打开新发展格局，紧盯公共数字文化协同治理发展过程中的问题，及早发现协同治理的发展方向和评价的未来趋势，促使公共数字文化事业深化改革开放，努力实现发展创新。

二 评价模型构建依据

公共数字文化协同治理评价是在理论分析、案例分析基础上完成评价模型的构建，经专家咨询、相关性分析、信度和效度检验、指标赋权最终确定评价体系并实施评价的过程。在这一过程中，协同治理评价模型的构建质量是决定评价工作成败的关键。

公共数字文化协同治理诸要素的逻辑组合通常包括线性结构和层次结构两种表现形式。线性结构的典型案例是政府部门下达的数字文化建设任务清单，任务清单可以清晰描述业务流程各环节之间的逻辑关系及问题症结所在，但缺乏对问题的立体展现。近年来，层次结构在公共文化评价中运用较多，学界借鉴层次分析法、平衡计分卡等理论提出了多种评价指标体系，在抽取要素共性的同时较好地反映了个性特征，但复杂的层级也会导致可理解性不足。因而，有必要寻找一种能更好地阐释协同治理复杂关系的结构，系统工程方法论或将提供一种可行的思路。

鉴于公共数字文化协同治理是一个复杂而庞大的集合系统，本书基于系统工程方法论的观点来实现评价模型的构建。系统工程是组织管理系统规划、设计、实现和应用的科学方法。霍尔提出的硬系统方法论被认为是一种有效的复杂系统规划、组织和管理的思想方法，为解决复杂系统的规划、组织、管理提供了一种统一的思想方法，已经得到广泛应用。硬系统方法论将系统工程活动过程分为七个阶段和七个步骤，这些阶段和步骤再加上必需的各种专业知识和技能形成了由时间维、逻辑维和知识维所组成的三维空间结构。

三 评价模型基本结构

借鉴三维结构坐标法，在文献调研和各地实践的基础上，将公共数字文化协同治理的各要素在多元参与、资源整合、服务提升三个维度上展开，构建公共数字文化协同治理评价模型，如图6-1所示。

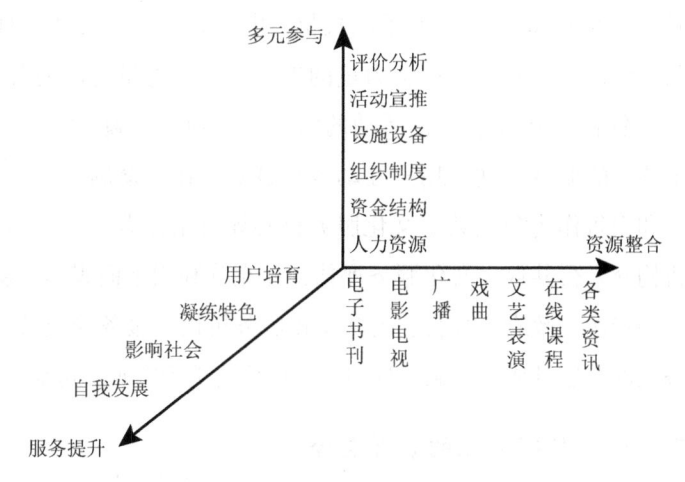

图6-1 公共数字文化协同治理评价体系模型

在模型参数的选择上，本书借鉴了目前较为成熟的一些指标体系，如《国家基本公共文化服务指导标准（2015—2020年）》《浙江省基本公共文化服务标准（2015—2020年）》《萧山区2017年镇街、平台（场）公共文化服务工作目标责任制考核评分细则》，以及一些学者提出的理论模型，力求构建的模型能全面反映公共数字文化协同治理的现状，找出城乡之间、区域之间的治理能力和发展水平差距。

（一）公共数字文化的多元参与

在多元参与过程中，涉及来自各类主体的人、财、物各类要素的协调一致，对公共数字文化服务各要素及相关主体协同水平的评价体现了协同治理的基本状况。

就人力资源而言，协同治理体现在公益岗位设置、志愿者队伍建设、社会组织参与、业余团队组织、社会化业务培训等方面。就资金结构而言，除了来自中央和地方的常规公共文化事业费外，政府购买公共数字文化服务财政支持力度、社会捐赠规模可以在一定程度上衡量社会参与的深度。法人治理制度、项目管理制度等决定了公共数字文化服务组织建设的水平。各种软硬件和网络设施设备，如广电发射台、广电站、广播室、免费 Wi-Fi、电子阅报机、电子显示屏、文化一体机等，其建设与运维都需要有更多社会力量的参与。社会力量与政府部门协同水平越高，各种公共数字文化活动的组织、策划、实施、宣传和推广，包括线上线下的服务配送、用户互动效果越好。在群众满意度逐步取代统计报表和报告作为公共数字文化服务核心评价指标背景下，引入第三方代理机构介入公共数字文化服务评估，并充分利用平面媒体、新媒体、专家学者的资源，政府、社会、公共文化服务机构、服务受众共同参与，对于服务人次、服务成本、服务反馈等的评价将更为客观和可靠。

（二）公共数字文化的资源整合

协同治理蕴含着对资源内容的治理，而非单纯的对服务组织、服务机构、服务人员的治理。公共数字文化资源整合评价可以从资源内容角度客观揭示整体服务的协同治理水平。资源整合强调加强现代信息技术的应用、着力建设公共数字文化一体化服务平台，将各类公共数字文化资源进行有效整合和揭示。除了基本公共文化服务要求的电子书刊、收听广播、收看电视、欣赏电影、观看地方戏等基本资源外，各地在实践中也积极探索，将更多资源整合到公共数字文化服务体系中，然而突如其来的疫情又加速了这一进程。

在前期数字图书馆推广工程和文化资源共享工程的基础上，各地图书馆的电子图书、电子报刊已初步整合并形成了一定规模，再加上在综合文化服务中心、农家书屋全面普及的电子阅览室，人们在数字时代的读书看报需求得到了基本满足。但是，电子阅读毕竟不同于传统阅读，电子图书、数字期刊的所有权往往在数据库商手中，电子阅报屏、电子书阅读器等设备的安装和更新需要各种技术和资金支持，因而，对协同治理提出了新的要求。其他资源的建设和整合更加依赖政府和社会力量的合作。传统文化馆、博物馆、美术馆的数字资源有限，因而，大量数字资源如文艺表演、戏剧、曲艺来自政府向社会购买或民间自发的文化活动，电影、电视、广播节目的公益播放则需要在更多权益方之间进行协调。国家公共文化云的建设提供了各种线上/线下讲座、展览、文艺演出以及文化资讯有效聚合的平台，为各地整合公共数字文化资讯打下了坚实基础。在疫情影响下，大量机构和组织的培训、讲座、会议和课程都移步线上并对社会免费开放，进一步丰富了公共数字文化资源结构。此外，多样化的数字文化资源来源改善了资源总量、内容、类型、层次、更新的面貌，但也带来了知识产权风险等问题。此处的资源整合是一种全面整合的活动，不仅是各种类型、载体、平台的公共数字信息资源的整合，也是人力资源、物资资源、资金资源和社会资源的整合，同时还是资源去伪存真、异构同化、媒体融合的活动。

(三) 公共数字文化的服务提升

服务提升是人们文化需求有效反映和充分满足的过程，公共数字文化的服务提升需要在政府、社会和个人共同努力下形成不断扩大的用户群和特色鲜明的资源，并与其他事业融合发展，在社会影响力不断提升的同时保持可持续发展态势，对协同治理的评价也应覆盖这些方面。

提升服务必然应优先培育用户。通过政府组织、社会承办、用户参与，开展形式多样的用户教育和培训，建立用户激励机制，不断提高用户黏度，让更多用户成为忠实用户，是公共数字文化稳定发展的基础。通过政府采购、社会捐赠、合作共建等方式建设丰富而全面的古籍、学科、地方资源，是公共数字文化特色品牌打造的必要前提。公共数字文化在社会力量参与各项活动中获得了充足的活力，并在与其他事业的融合发展中不断提升社会知晓率、社会参与度、社会传播力。此外，要实现自我发展，公共数字文化服务需要在自有资金、企业资金、社会捐赠、增值服务收费等基础上不断提高运行绩效并实现创收，通过内部的良性循环实现自我造血、自我发展。

通过相互配合、相互促进、多元参与、资源整合和服务提升，最终整合为一个完整的体系，并表现出一种协同效应。以上结构中，多元参与维类似时间维，反映了各类主体在公共数字文化服务的人力资源、资金结构、组织制度、设施设备、活动宣推以及评价分析等环节所发挥的作用；资源整合维类似知识维，反映了社会力量在满足书刊、电影、广播、地方戏等基本文化需求过程中的地位；服务提升维则类似逻辑维，反映了协同治理对于公共数字文化服务能力提升的价值。当然，任何评价体系模型都无法达到完美。这三个维度的划分不是一成不变的，而是需要随着实践的发展而调整。同时，三维结构坐标法虽然能较好地反映评价体系全貌，但却无法实现全面覆盖所有要素及其关联。

第四节　公共数字文化协同治理评价指标体系

在前述基于三维结构坐标法构建的公共数字文化协同治理模型基础上，笔者进一步调研国内外文献并征询业内专家意见，开展城乡融合背景下公共数字文化协同治理评价指标体系的构建，服务公共数字文化建设实践。

一　指标体系构建

为更好地反映城乡融合背景下公共数字文化协同治理取得的成效和存在的不足，经过业内专家指导，在原有的多元参与、资源整合、服务提升三个维度基础上，笔者在构建评价指标体系中增加了专门的城乡融合维度，最终形成了由四个维度组成的公共数字文化协同治理评价指标体系。

在四个维度之下，城乡融合背景下公共数字文化协同治理评价指标体系共包含15个一级指标、41个二级指标和119个三级指标，见表6-4。

表6-4　　　　　公共数字文化协同治理评价指标体系

目标层	维度层	一级指标	二级指标
城乡融合背景下公共数字文化协同治理能力提升	多元参与	服务队伍	政府投入
			社会投入
		资金结构	政府投入
			社会投入
		组织建设	主体规模
			组织制度
			机制保障
		设施建设	空间资源
			网络设施
			社会共建
	资源整合	数字文化资源整合	电子资源整合
			服务资源整合
		标准规范	数字资源建设标准
			资源整合技术标准
			整合服务标准
		一体化服务平台	底层技术
			内部环境
			外部环境
			前端技术

三 城乡融合背景下的公共数字文化协同治理

续表

目标层	维度层	一级指标	二级指标
城乡融合背景下公共数字文化协同治理能力提升	服务提升	活动规模	活动数量
			用户参与度
		用户培育	用户培训创新
			用户激励机制
		特色品牌	特色品牌数量
			特色品牌影响力
		融合发展	社会知名度
			社会参与度
			社会传播力
		互联网+	互联网+监督
			互联网+政务服务
		自我发展	绩效提升
			增值服务创收
	城乡融合	融合基础	城镇化水平
			人均GDP
			城乡居民生活水平
			经费保障
			社会保障水平
			城乡差距
		融合成效	综合满意度
			社会效益
			经济效益

第六章 公共数字文化协同治理评价

由表6-4可知在四个基本维度中，多元参与维包括服务队伍、资金结构、组织建设、设施建设4个一级指标；在一级指标下又设置服务队伍政府投入、服务队伍社会投入、资金结构政府投入、资金结构社会投入等10个二级指标；三级指标共43个，包括法人治理制度、总分馆制度、责任分担机制、有序参与机制、评价激励机制、价值均衡机制、利益诉求机制、矛盾调处机制等。由表6-5可知，地方文化体育与传媒支出、国家财政投入、博物馆（纪念馆）从业人员数量、公共图书馆从业人员数量等是用于评价政府投入规模的定量指标；公益岗位数量、志愿者队伍、社会组织和业余团队进驻等是用于评价社会力量投入规模的定量指标；Wi-Fi覆盖、法人治理制度、总分馆制度、责任分担机制、有序参与机制等指标从定性层面对公共数字文化的多元参与进行评价。

表6-5 多元参与维指标

一级指标	二级指标	三级指标
服务队伍	政府投入	文化站从业人员数量
		博物馆（纪念馆）从业人员数量
		公共图书馆从业人员数量
		省级非物质文化遗产传承人数量
	社会投入	公益岗位数量
		志愿者队伍
		社会组织和业余团队进驻
资金结构	政府投入	地方文化体育与传媒支出
		国家财政投入
	社会投入	政府购买公共数字文化服务规模
		社会捐赠规模

续表

一级指标	二级指标	三级指标
组织建设	主体规模	相关管理单位数量
		剧场、影剧院数量
	组织制度	公共图书馆数量
		博物馆数量
		体育场馆数量
		相关文化企业数量
		相关民间组织数量
	机制保障	法人治理制度
		总分馆制度
		责任分担机制
		有序参与机制
		评价激励机制
		价值均衡机制
		利益诉求机制
		矛盾调处机制
设施建设	空间资源	每万人图书馆实际使用建筑面积
		每万人非遗博物馆展示及演出面积
		每万人文化站文化活动用房面积
		每万人文化馆实际使用房屋建筑面积

续表

一级指标	二级指标	三级指标
设施建设	网络设施	公共数字文化服务空间 Wi-Fi 覆盖率
		公共数字文化设施网络接入率
		5G 覆盖率
		每百户城镇居民家庭移动电话
		每百户城镇居民家庭移动电话接入互联网
		每百户城镇居民家庭互联网宽带接入
		每百户城镇居民家庭计算机
		每百户城镇居民家庭计算机接入互联网
		每万人公共图书馆电子阅览室终端数量
	社会共建	社会共建 Wi-Fi、5G 等网络设施
		社会共建电子阅览室终端
		社会共建电子阅报机、电子显示屏、文化一体机等终端设备
		社会参与其他设施建设与运维

从实践上看，多元参与的评价指标还可以区分为门槛型和提高型两类。一些指标属于门槛型指标，如公共图书馆从业人员数量、电子阅览室终端数量各地基本上是根据上级主管部门相关要求进行配备，主要起到准入的作用。对公共数字文化多元参与的评价更多是看重那些提高型的指标表现，如社会共建电子阅览室终端，共建电子阅报机、电子显示屏、文化一体机等终端设备，共建 Wi-Fi、5G 等网络设施。

由表 6-6 可知，指标体系中，资源整合维包括数字文化资源整合、标准规范、一体化服务平台 3 个一级指标，其下又有电子资源整合、服务资源整合等 9 个二级指标，以及数字资源搜集标准、数字资源组织标准、数字资源利用标准等 28 个三级指标。对资源整合的评价更多需要从定性角度展开，除了文化云资源总量、人均电子图书等少量可定量评价的指标外，资源来源多样性、资源类型多元化、服务来源多样性、服务类型多元化、平台开放性等指标均需通过问卷、访谈等方式进行定性或半定量评价。资源建设、整合和服务过程中的相关标准规范如数字资源利用标准、统一访问安全标准、统一编码技术标准、安全管理标准、知识产权管理标准则视为门槛型指标，在公共数字文化协同治理评价中起到准入作用。

表 6-6　　　　　　　　　　资源整合维指标

一级指标	二级指标	三级指标
数字文化资源整合	电子资源整合	文化云资源总量
		文化云资源来源多样性
		文化云资源类型多元化
		公共图书馆人均藏书量
		人均电子图书
	服务资源整合	公共数字文化服务项目数量
		公共数字文化服务类型多样性
		公共数字文化服务来源多元化
标准规范	数字资源建设标准	数字资源搜集标准
		数字资源组织标准
		数字资源利用标准

续表

一级指标	二级指标	三级指标
标准规范	资源整合技术标准	数据集成技术标准
		统一访问安全标准
		统一编码技术标准
		系统平台接口标准
	整合服务标准	安全管理标准
		知识产权管理标准
		机构合作协议标准
		用户管理规范
一体化服务平台	底层技术	平台稳定性
		数据传输速度
	内部环境	技术规范
		版权规范
		用户规范
	外部环境	平台开放性
	前端技术	互动性
		响应性

服务提升维的一级指标包括活动规模、用户培育、特色品牌、融合发展、互联网+、自我发展6个。其中，互联网+、自我发展、活动规模和用户培育主要基于报表数据统计而得，采用定量方式进行评价。特色品牌和融合发展的评价基于案例、问卷调查和专家打分实现。在社会知名度、社会参与度、社会传播力、互联网+监督、互联网+服务、绩效提升、增值服务创收等13个二级指标之下，又设有用户教育和培训

协同创新案例、用户培训协同创新质量、激励用户参与的制度、用户激励机制执行情况等22个三级指标，见表6-7。

表6-7　　　　　　　　　　　服务提升维指标

一级指标	二级指标	三级指标
活动规模	活动数量	文化馆举办展览个数
		文化馆举办演出场次
		图书馆组织各类讲座次数
		图书馆举办展览
		图书馆举办培训班
	用户参与度	公共图书馆平均每场讲座参加人次
		文化站平均每场文艺活动参加人次
		非遗保护中心平均每场展览参观人次
		博物馆（纪念馆）参观人次
用户培育	用户培训创新	用户教育和培训协同创新案例
		用户培训协同创新质量
	用户激励机制	激励用户参与的制度
		用户激励机制执行情况
特色品牌	特色品牌数量	政府采购、社会捐赠、合作共建等方式建设丰富而全面的古籍、学科、地方资源
	特色品牌影响力	品牌获奖，地区、国家媒体报道，以及国际传播
融合发展	社会知名度	企业、社会组织和个人对知名度的评价
	社会参与度	企业、社会组织和个人对参与度的评价
	社会传播力	企业、社会组织和个人对传播力的评价

续表

一级指标	二级指标	三级指标
互联网+	互联网+监督	"三务"网上公开次数
	互联网+服务	在线事务办理完结率
自我发展	绩效提升	公共服务绩效得分较上年增长
	增值服务创收	增值服务创收

城乡融合维度分为融合基础和融合成效2个一级指标，城镇化水平、城乡居民生活水平、社会保障水平、城乡差距、综合满意度、社会效益、经济效益等9个二级指标，以及常住人口城镇化率、户籍人口城镇化率、人均文化体育与传媒支出、城乡收入比、城乡文化消费比、城镇居民满意度、农村居民满意度、城镇居民数字能力提升率、农村居民数字能力提升率、对城镇居民收入提升的帮助、对农村居民收入提升的帮助等26个三级指标。其中，融合基础主要基于城镇居民人均可支配收入、农村居民人均可支配收入、城镇居民消费支出、教育文化娱乐支出、一般公共服务支出、人均文化体育与传媒支出、城乡收入比、城乡消费水平比、城乡文化消费比等统计数据及其分析汇总实现定量分析；融合成效评估从综合满意度、社会效益、经济效益3个角度展开，对城乡融合的公共数字文化协同治理的成效进行评价，见表6-8。

表6-8　　　　　　　　　　城乡融合维指标

一级指标	二级指标	三级指标
融合基础	城镇化水平	常住人口
		城镇常住人口
		常住人口城镇化率
		年末户籍人口

续表

一级指标	二级指标	三级指标
融合基础	城镇化水平	城镇户籍人口
		户籍人口城镇化率
	人均GDP	人均地区生产总值
	城乡居民生活水平	城镇居民人均可支配收入
		农村居民人均可支配收入
		城镇居民消费支出
		教育文化娱乐支出
		人均存款余额
	经费保障	地方一般公共预算收入
		其中：一般公共服务支出
		人均文化体育与传媒支出
	社会保障水平	城乡居民基本养老保险参保率
		城乡居民基本医疗保险参保率
	城乡差距	城乡收入比
		城乡消费水平比
		城乡文化消费比
融合成效	综合满意度	城镇居民满意度
		农村居民满意度
	社会效益	城镇居民数字能力提升率
		农村居民数字能力提升率
	经济效益	对城镇居民收入提升的帮助
		对农村居民收入提升的帮助

为提高评价结果的可靠性和科学性，本书在指标体系设计过程中参考了大量的相关文献，综合了前人的研究成果。选择文化站从业人员数量、博物馆（纪念馆）从业人员数量、公共图书馆从业人员数量、省级非物质文化遗产传承人员数量等指标的依据来自胡税根等对公共文化资源整合绩效评估的研究。选择公益岗位数量、志愿者队伍、社会组织和业余团队进驻等指标的依据来自戴艳清等对公共数字文化效能的研究成果。根据聂法良对协同治理体系协同度的研究，指标体系中加入了相关管理单位数量、相关文化企业数量、相关民间组织数量等指标。基于马晓蕾等对数字乡村评价的研究，5G覆盖率等指标被纳入本书中。石庆功等对公共数字文化资源整合标准体系的研究提出采用数字资源搜集标准、数字资源组织标准、数字资源利用标准、统一访问安全标准等指标，为本书资源整合标准规范指标体系的设置提供了参考。部分效能指标参考了韦楠华在评价公共数字文化服务绩效时从保障条件、资源建设、公众服务和服务效能4方面选取的54项指标。在城乡融合部分，本书选用的户籍人口城镇化率、人均地区生产总值、城镇居民人均可支配收入等指标参考了李艳等对浙江省城乡融合发展水平测度的研究以及许登月等对城镇环境污染协同治理效果综合评价的研究。

二　指标体系验证

以浙江省JH地区部分县市为例，用前文中构建的公共数字文化协同治理评价指标体系对这些县市的公共数字文化协同治理情况进行分析。数据获取方式主要包括查阅公开数据和寻求文旅管理部门协助两种方式。在查阅县市政府网站、县市统计年鉴、县市统计公报、省市文化事业统计年鉴获得各县市的城乡融合基本数据和文化事业发展数据，并通过省、市文旅管理部门、图书馆等渠道获得了更多公共数字文化治理相关数据后，仍有一些指标暂时无法获得，因此仅对部分指标进行分析。

（一）相关性分析

各县市公共图书馆从业人员、地方文化体育与传媒支出、剧场、影剧院数、公共图书馆数、博物馆数等公共数字文化多元参与指标表现见表6-9。指标体系中的部分指标由于缺乏既有数据，需要大规模的问卷和调研，在此先不对它们进行分析。

表6-9　浙江省JH地区部分县市公共数字文化多元参与指标

指标项	单位	县市						
^	^	A	B	C	D	E	F	G
公共图书馆从业人员	人	25	50	20	24	20	25	14
地方文化体育与传媒支出	万元	9206	33033	24543	16461	10107	8619	8085
剧场、影剧院数	个	4	26	10	7	5	6	2
公共图书馆数	个	1	1	1	1	1	1	1
博物馆数	个	1	1	1	6	2	4	2
体育场馆数	个	3	3	1	1	0	3	0

本研究对上述指标在SPSS中进行双变量相关性分析，相关系数类型选择皮尔逊简单相关系数。由于事先不确定变量之间的相关取向，相关系数的显著性检验设为双尾检验。双尾检验可以检验两个变量之间的相关取向，即两个变量是正相关还是负相关。分析结果见表6-10。一些变量如公共图书馆数量缺乏区分度无法进行分析。可见，公共图书馆从业人员，地方文化体育与传媒支出，剧场、影剧院数等变量之间存在较强的相关性。

表6-10 浙江省JH地区部分县市公共数字文化多元参与指标相关性

指标		变量					
		公共图书馆从业人员	地方文化体育与传媒支出	剧场、影剧院数	公共图书馆数	博物馆数	体育场馆数
公共图书馆从业人员	皮尔逊相关性	1.00	0.75	0.92**	0.b	0.19	0.67
	显著性(双尾)	—	0.05	0.00	0.00	0.68	0.10
	平方和与叉积	795.00	500013.00	520.00	0.00	-25.29	64.29
	协方差	132.00	83335.00	86.00	0.00	-4.21	10.71
	个案数	7	7	7	7	7	7
地方文化体育与传媒支出	皮尔逊相关性	0.75	1.00	0.92**	0.b	-0.28	0.26
	显著性(双尾)	0.05	—	0.00	0.00	0.54	0.58
	平方和与叉积	500013.00	560789742.00	431438.00	0.00	-30866.00	20636.00
	协方差	83335.50	93464957.00	71906.00	0.00	-5144.00	3439.00
	个案数	7	7	7	7	7	7
剧场、影剧院数	皮尔逊相关性	0.93**	0.92**	1.00	0.b	-0.28	0.45
	显著性(双尾)	0.00	0.00	—	0.00	0.55	0.31
	平方和与叉积	520.00	431438.00	391.00	0.00	-25.71	30.71
	协方差	86.71	71906.33	65.29	0.00	-4.29	5.12
	个案数	7	7	7	7	7	7
公共图书馆数	皮尔逊相关性	0.b	0.b	0.b	0.b	0.b	0.b
	显著性(双尾)	0.00	0.00	0.00	—	0.00	0.00
	平方和与叉积	0.00	0.00	0.00	0.00	0.00	0.00
	协方差	0.00	0.00	0.00	0.00	0.00	0.00
	个案数	7	7	7	7	7	7

续表

指标		变量				
		公共图书馆从业人员	地方文化体育与传媒支出	剧场、影剧院数	公共图书馆数	博物馆数	体育场馆数
博物馆数	皮尔逊相关性	-0.19	-0.28	-0.28	0.b	1.00	-0.11
	显著性(双尾)	0.68	0.54	0.55	0.00	—	0.82
	平方和与叉积	-25.29	-30866.00	-25.71	0.00	21.71	-1.71
	协方差	-4.21	-5144.00	-4.29	0.00	3.62	-0.29
	个案数	7	7	7	7	7	7
体育场馆数	皮尔逊相关性	0.67	0.26	0.45	0.b	-0.11	1.00
	显著性(双尾)	0.10	0.58	0.31	0.00	0.82	—
	平方和与叉积	64.29	20636.00	30.71	0.00	-1.71	11.71
	协方差	10.71	3439.00	5.12	0.00	-0.29	1.95
	个案数	7	7	7	7	7	7

注：1. **，在0.01级别（双尾），相关性显著。

2. b，由于至少有一个变量为常量，因此无法进行计算。

（二）由于至少有一个变量为常量，因此无法进行计算

各县市每百户城镇居民家庭移动电话、互联网宽带接入用户数、每百户城镇居民家庭计算机、每万人公共图书馆电子阅览室终端数、公共图书馆人均藏书量、人均电子图书等公共数字文化资源整合指标表现见表6-11。

表6-11　浙江省JH地区部分县市公共数字文化资源整合指标

指标项	单位	县市					
		A	B	C	D	E	F	G
每百户城镇居民家庭移动电话	部	240.20	201.40	230.00	272.10	218.50	175.70	216.50

续表

指标项	单位	\multicolumn{7}{c}{县市}
		A	B	C	D	E	F	G
其中:接入互联网	部	190.60	180.70	220.00	217.70	213.80	105.30	150.20
互联网宽带接入用户数	万户	21.13	94.22	41.88	38.02	16.20	18.45	5.41
每百户城镇居民家庭计算机	台	83.20	75.60	85.00	98.50	67.30	69.20	86.10
其中:接入互联网	台	76.40	70.60	80.00	91.90	65.80	67.40	86.10
每万人公共图书馆电子阅览室终端数	台	0.66	0.28	0.42	0.48	0.76	1.41	1.58
公共图书馆人均藏书量	册	0.77	0.69	0.51	0.60	0.88	1.20	1.93
人均电子图书	册	0.15	0.09	0.04	1.09	0.19	0.25	0.05

笔者对资源整合指标在 SPSS 中进行双变量相关性分析,分析结果见表 6-12。可见,城镇居民家庭计算机接入互联网的比例较高,但资源整合部分变量之间并不完全呈正相关,产生这种不相关的原因可能在于部分指标选取得不尽合理,也可能在于数据不充分,需要在获得更为全面的指标数据后进行再次验证和调整。

表 6-12 浙江省 JH 地区部分县市公共数字文化资源整合指标相关性

\multicolumn{2}{c	}{指标}	每百户城镇居民家庭移动电话	其中:接入互联网	互联网宽带接入用户数	每百户城镇居民家庭计算机	其中:接入互联网	每万人公共图书馆电子阅览室终端数	公共图书馆人均藏书量	人均电子图书
每百户城镇居民家庭移动电话	皮尔逊相关性	1.00	0.76*	-0.05	0.82*	0.75	-0.47	-0.40	0.64
	显著性(双尾)	—	0.04	0.92	0.02	0.05	0.28	0.37	0.12

城乡融合背景下的公共数字文化协同治理

续表

指标		每百户城镇居民家庭移动电话	其中：接入互联网	互联网宽带接入用户数	每百户城镇居民家庭计算机	其中：接入互联网	每万人公共图书馆电子阅览室终端数	公共图书馆人均藏书量	人均电子图书
每百户城镇居民家庭移动电话	平方和与叉积	5515.00	5890.00	-270.00	1626.00	1325.00	-43.30	-35.69	43.18
	协方差	919.00	981.00	-45.11	271.00	220.00	-7.22	-5.95	7.20
	个案数	7	7	7	7	7	7	7	7
其中：接入互联网	皮尔逊相关性	0.77*	1.00	0.24	0.40	0.30	-0.78*	-0.67	0.27
	显著性（双尾）	0.04	—	0.61	0.37	0.52	0.04	0.10	0.55
	平方和与叉积	5890.00	10696.00	1791.00	1111.00	7401.00	-99.25	-82.95	25.74
	协方差	981.00	1782.00	298.00	185.00	1234.00	-16.54	-13.83	4.29
	个案数	7	7	7	7	7	7	7	7
互联网宽带接入用户数	皮尔逊相关性	-0.05	0.24	1.00	0.02	-0.12	-0.73	-0.56	0.00
	显著性（双尾）	0.92	0.61	—	0.97	0.80	0.06	0.19	1.00
	平方和与叉积	-270.00	1791.00	5245.00	29.10	-205.00	-64.87	-48.90	0.20
	协方差	-45.11	298.00	874.00	4.85	-34.33	-10.81	-8.15	0.03
	个案数	7	7	7	7	7	7	7	7
每百户城镇居民家庭计算机	皮尔逊相关性	0.82*	0.40	0.02	1.00	0.97**	-0.22	-0.12	0.59
	显著性（双尾）	0.02	0.37	0.97	—	0.00	0.63	0.80	0.16

第六章　公共数字文化协同治理评价

续表

指标		每百户城镇居民家庭移动电话	其中：接入互联网	互联网宽带接入用户数	每百户城镇居民家庭计算机	其中：接入互联网	每万人公共图书馆电子阅览室终端数	公共图书馆人均藏书量	人均电子图书
每百户城镇居民家庭计算机	平方和与叉积	1626.00	1111.00	29.00	708.00	618.00	-7.30	-3.89	14.34
	协方差	271.00	185.00	4.85	118.00	103.00	-1.22	-0.65	2.39
	个案数	7	7	7	7	7	7	7	7
其中：接入互联网	皮尔逊相关性	0.75	0.30	-0.12	0.972**	1.00	-0.03	0.09	0.54
	显著性（双尾）	0.05	0.52	0.80	0.00	0	0.95	0.85	0.21
	平方和与叉积	1325.00	740.00	-205.00	618.00	572.00	-0.81	2.53	11.84
	协方差	220.00	123.00	-34.33	103.15	95.44	-0.14	0.42	1.97
	个案数	7	7	7	7	7	7	7	7
每万人公共图书馆电子阅览室终端数	皮尔逊相关性	-0.47	-0.78*	-0.73	-0.22	-0.03	1.00	0.92**	-0.22
	显著性（双尾）	0.28	0.04	0.06	0.63	0.95	—	0.00	0.64
	平方和与叉积	-43.30	-99.25	-64.87	-7.30	-0.81	1.52	1.36	-0.25
	协方差	-7.22	-16.54	-10.81	-1.22	-0.14	0.25	0.23	-0.04
	个案数	7	7	7	7	7	7	7	7
公共图书馆人均藏书量	皮尔逊相关性	-0.40	-0.67	-0.56	-0.12	0.09	0.92**	1.00	-0.31
	显著性（双尾）	0.37	0.10	0.19	0.80	0.85	0.00	—	0.51

续表

指标		每百户城镇居民家庭移动电话	其中：接入互联网	互联网宽带接入用户数	每百户城镇居民家庭计算机	其中：接入互联网	每万人公共图书馆电子阅览室终端数	公共图书馆人均藏书量	人均电子图书
公共图书馆人均藏书量	平方和与叉积	-35.69	-82.95	-48.90	-3.89	2.53	1.36	1.44	-0.33
	协方差	-5.95	-13.83	-8.15	-0.65	0.42	0.23	0.24	-0.06
	个案数	7	7	7	7	7	7	7	7
人均电子图书	皮尔逊相关性	0.64	0.27	0.00	0.59	0.54	-0.22	-0.31	1.00
	显著性（双尾）	0.12	0.55	1.00	0.16	0.21	0.64	0.51	—
	平方和与叉积	43.18	25.74	0.20	14.34	11.84	-0.25	—0.33	0.83
	协方差	7.20	4.29	0.03	2.39	1.97	-0.04	-0.06	0.14
	个案数	7	7	7	7	7	7	7	7

注：1. **，在0.01级别（双尾），相关性显著。

2. *，在0.05级别（双尾），相关性显著。

服务提升指标是城乡融合背景下公共数字文化协同治理评价指标体系中较难获取的指标。公共图书馆、博物馆、文化馆、美术馆等机构提供的公共数字文化服务形式不同、内容各异，这些机构又因分属不同的管理体系而缺乏统一的评价标准。因此，本书从地方文旅管理部门获取了各县市图书馆组织各类讲座次数、图书馆举办展览、图书馆举办培训班等指标数据用于分析研究。由于样本数量较少，对该类指标不进行相关性分析，见表6-13。

表6-13　浙江省JH地区部分县市公共数字文化服务提升指标

指标项	单位	县市 A	B	C	D	E	F	G
图书馆组织各类讲座次数	次	4	32	169	160	34	46	12
图书馆举办展览	个	6	21	54	36	35	18	24
图书馆举办培训班	个	28	4	7	87	12	17	2

城乡融合问题是本书关注的重点，因此在评价指标体系中单独列出。浙江省JH地区部分县市公共数字文化协同治理城乡融合指标表现见表6-14。其中城镇常住人口、常住人口城镇化率、年末户籍人口等数据主要来自各县市2022年初在政务公开网站上公布的上一年度本县市国民经济和社会发展数据统计。

表6-14　浙江省JH地区部分县市公共数字文化协同治理城乡融合指标

二级指标	三级指标	单位	A	B	C	D	E	F	G
城镇化水平	常住人口	万人	57.57	186.24	108.97	96.58	46.32	46.15	17.74
	其中:城镇常住人口	万人	31.82	148.14	73.87	63.86	28.79	20.93	9.32
	常住人口城镇化率	%	55.35	79.67	67.90	66.23	62.25	45.42	52.60
	年末户籍人口	万人	65.48	85.34	85.15	62.11	34.52	40.08	21.13
	其中:城镇户籍人口	万人	27.93	50.43	39.57	29.22	14.95	17.30	6.22
	户籍人口城镇化率	%	42.66	59.09	46.47	47.05	43.32	43.16	29.42

续表

指标项		单位	县市						
二级指标	三级指标		A	B	C	D	E	F	G
收入水平	人均地区生产总值	元	69611	81146	59217	66867	59074	50870	67906
	农村居民人均可支配收入	元	23021	42158	33686	32820	21076	24948	20950
	城镇居民消费支出	元	24971	42594	40394	38516	29943	28984	29322
	教育文化娱乐支出	元	2866	2557	4586	2182	2703	3550	3112
	人均存款余额	元	65141	105895	83494	91787	74018	70845	73725
经费保障	地方一般公共预算收入	元	5143	5692	6667	6282	5926	4340	6240
	其中:一般公共服务支出	元	1146	924	762	861	1039	1070	2826
	人均文化体育与传媒支出	元	160	177	225	170	218	187	456
社会保障水平	城乡居民基本养老保险参保率	%	43.44	7.46	19.84	19.21	22.29	28.07	33.83
	城乡居民基本医疗保险参保率	%	76.34	23.96	56.58	46.46	56.44	66.00	92.57

对各县市城镇化水平各变量的分析结果见表6-15。由相关性分析可见，各县市的城镇化各变量之间的相关性较好，城镇化协调性较好。

表6–15　浙江省JH地区部分县市城镇化指标相关性

指标		常住人口	其中:城镇常住人口	常住人口城镇化率	年末户籍人口	其中:城镇户籍人口	户籍人口城镇化率
常住人口	皮尔逊相关性	1.00	0.99**	0.89**	0.86*	0.95**	0.92**
	显著性(双尾)	—	0.00	0.01	0.01	0.00	0.00
	平方和与叉积	19060.00	15988.00	3405.00	7283.00	4897.00	2714.00
	协方差	3176.00	2664.00	567.00	1213.00	816.00	452.00
	个案数	7	7	7	7	7	7
其中:城镇常住人口	皮尔逊相关性	0.99**	1.00	0.91**	0.81*	0.93**	0.89**
	显著性(双尾)	0.00	—	0.01	0.03	0.00	0.01
	平方和与叉积	15988.00	13571.00	2931.00	5817.00	4009.00	2226.00
	协方差	2664.00	2261.00	488.00	969.00	668.00	371.00
	个案数	7	7	7	7	7	7
常住人口城镇化率	皮尔逊相关性	0.89**	0.91**	1.00	0.73	0.82*	0.77*
	显著性(双尾)	0.01	0.01	—	0.06	0.03	0.04
	平方和与叉积	3405.00	2931.00	769.00	1240.00	842.00	455.00
	协方差	567.00	488.00	128.00	206.00	140.00	75.00
	个案数	7	7	7	7	7	7
年末户籍人口	皮尔逊相关性	0.86*	0.81*	0.73	1.00	0.97**	0.81*
	显著性(双尾)	0.01	0.03	0.06	—	0.00	0.03
	平方和与叉积	7283.00	5817.00	1240.00	3768.00	2214.00	1056.00
	协方差	1213.00	969.00	206.00	628.00	369.00	176.00
	个案数	7	7	7	7	7	7
其中城镇户籍人口	皮尔逊相关性	0.95**	0.92**	0.81*	0.97**	1.00	0.89**
	显著性(双尾)	0.00	0.00	0.03	0.00	—	0.01

续表

指标		常住人口	其中:城镇常住人口	常住人口城镇化率	年末户籍人口	其中:城镇户籍人口	户籍人口城镇化率
其中城镇户籍人口	平方和与叉积	4897.00	4009.00	842.00	2214.00	1382.00	710.00
	协方差	816.00	668.00	140.00	369.00	230.00	118.00
	个案数	7	7	7	7	7	7
户籍人口城镇化率	皮尔逊相关性	0.92**	0.89**	0.76*	0.805*	0.89**	1.00
	显著性(双尾)	0.00	0.01	0.04	0.03	0.01	—
	平方和与叉积	27145.00	22267.00	455.00	1056.00	710.00	457.00
	协方差	452.00	371.00	75.00	176.00	118.00	76.00
	个案数	7	7	7	7	7	7

注：1. **，在0.01级别（双尾），相关性显著。

2. *，在0.05级别（双尾），相关性显著。

（三）聚类分析

本书对7个县市进行了系统聚类分析。案例聚类过程和聚类结果分别见表6-16和表6-17。其中，A-G 7个县市的案例号依次为1至7。聚类方法选择了组间联接法，区间测量选择了平方欧式距离法。聚类结果显示2号案例，即B县市在7个县市中协同治理表现突出，公共数字文化发展处于领先地位。由谱系图（见图6-2）可见案例3和案例4，即C县市和D县市的公共数字文化协同治理水平与B县市较为接近。

表6-16　　　　　　　　案例聚类过程

阶段	组合聚类		系数	首次出现聚类的阶段		下一个阶段
	聚类1	聚类2		聚类1	聚类2	
1	1	5	23.73	0	0	2
2	1	6	27.70	1	0	4

续表

阶段	组合聚类 聚类1	组合聚类 聚类2	系数	首次出现聚类的阶段 聚类1	首次出现聚类的阶段 聚类2	下一个阶段
3	3	4	41.92	0	0	5
4	1	7	44.23	2	0	5
5	1	3	64.22	4	3	6
6	1	2	96.08	5	0	0

表6-17   案例聚类结果

聚类成员	
个案号	2个聚类
1：Case 1	1
2：Case 2	2
3：Case 3	1
4：Case 4	1
5：Case 5	1
6：Case 6	1
7：Case 7	1

接下来，本书对多元参与、资源整合、服务提升和城乡融合四个维度分别利用判别分析的方法验证聚类的准确性，判别分析时采用了威尔克Lambda步进法，用博克斯M描述对各组共变异数相等的零假设进行检验。

浙江省JH地区部分县市公共数字文化多元协同指标判别分析过程和结果分别见表6-18和表6-19。可见，多元参与维度下的验证结果与聚类结果完全一致，该维度指标对于公共数字文化协同治理的评价有较好的适用性。

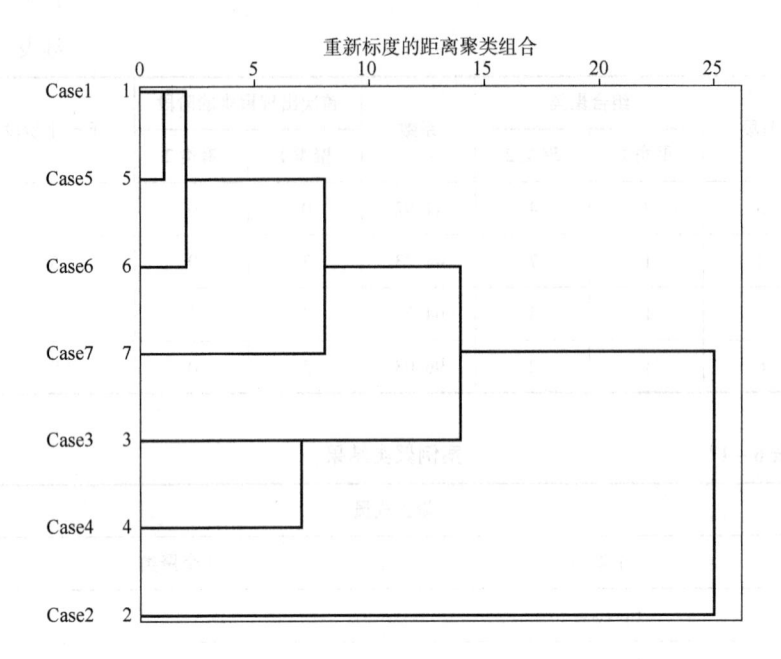

图 6-2 案例谱系图

表 6-18 浙江省 JH 地区部分县市公共数字文化多元参与指标判别分析

个案号	实际组	最高组				第二最高组			判别得分
		预测组	P(D>d|G=g) 概率	自由度	P(G=g|D=d)	相对质心计算的平方马氏距离	组	P(G=g|D=d)	相对质心计算的平方马氏距离	函数1
1	1	1	0.86	1	1	0.03	2	0	227.55	2.31
2	2	2	1.00	1	1	0.00	1	0	222.07	-12.77
3	1	1	0.71	1	1	0.14	2	0	211.07	1.76
4	1	1	0.80	1	1	0.07	2	0	229.80	2.39
5	1	1	0.17	1	1	1.92	2	0	182.65	0.74
6	1	1	0.74	1	1	0.11	2	0	212.35	1.80
7	1	1	0.10	1	1	2.73	2	0	274.02	3.78

表6-19 浙江省JH地区部分县市公共数字文化多元参与指标分类结果

类别		预测组成员信息		总计
		1	2	
计数	1	6	0	6
	2	0	1	1
%	1	100	0.0	100
	2	0.0	100	100

与多元参与维度指标一样，基于威尔克Lambda步进法的资源整合维度指标判别分析也完美验证了聚类结果，该维度指标也具有较好的适用性，见表6-20和表6-21。

表6-20 浙江省JH地区部分县市公共数字文化资源整合指标判别分析

个案号	实际组	预测组	最高组				第二最高组			判别得分
			$P(D>d \mid G=g)$		$P(G=g \mid D=d)$	相对质心计算的平方马氏距离	组	$P(G=g \mid D=d)$	相对质心计算的平方马氏距离	函数1
			概率	自由度						
1	1	1	0.17	1	1.00	1.89	2	0.00	123.84	-2.77
2	2	2	1.00	1	1.00	0.00	1	0.00	95.13	8.36
3	1	1	0.76	1	1.00	0.10	2	0.00	89.13	-1.08
4	1	1	0.32	1	1.00	0.98	2	0.00	76.77	-0.40
5	1	1	0.89	1	1.00	0.02	2	0.00	92.38	-1.25
6	1	1	0.33	1	1.00	0.93	2	0.00	77.22	-0.43
7	1	1	0.30	1	1.00	1.08	2	0.00	116.43	-2.43

表6-21 浙江省JH地区部分县市公共数字文化资源整合指标分类结果

类别		预测组成员信息		总计
		1	2	
计数	1	6	0	6
	2	0	1	1
%	1	100	0.0	100
	2	0.0	100	100

服务提升维度的判别分析结果与聚类结果相比发生了偏差,见表6-22。根据现有指标的验证,最为突出的是1号案例(A县市),而非2号案例(B县市)。发生偏差的最主要原因是指标数据太少,仅获得了3项指标的数据,这从另一个方面说明公共数字文化的发展还不够充分,没有与地方经济发展水平完全同步。

表6-22 浙江省JH地区部分县市公共数字文化服务提升指标判别分析

个案号	实际组	预测组	最高组				第二最高组			判别得分
			P(D>d|G=g)		P(G=g|D=d)	相对质心计算的平方马氏距离	组	P(G=g|D=d)	相对质心计算的平方马氏距离	函数1
			概率	自由度						
1	1	2**	0.90	1	0.58	0.02	1	0.42	0.67	-0.68
2	2	2	1.00	1	0.61	0.00	1	0.39	0.90	-0.81
3	1	1	0.83	1	0.56	0.05	2	0.44	0.54	-0.08
4	1	1	0.09	1	0.89	2.83	2	0.12	6.92	1.82
5	1	1	0.51	1	0.75	0.45	2	0.25	2.61	0.80
6	1	2**	0.98	1	0.61	0.00	1	0.39	0.86	-0.79
7	1	1	0.70	1	0.52	0.15	2	0.48	0.31	-0.26

城乡融合维度的判别分析和分类结果分别见表6-23和表6-24。验证结果显示已准确地对7个个案进行了分类，该维度的分类判别结果与整体聚类结果一致。

表6-23 浙江省JH地区部分县市公共数字文化城乡融合指标判别分析

个案号	实际组	最高组				第二最高组			判别得分
		预测组	P(D>d|G=g) 概率	自由度	P(G=g|D=d)	相对质心计算的平方马氏距离	组	P(G=g|D=d)	相对质心计算的平方马氏距离	函数1

个案号	实际组	预测组	概率	自由度	P(G=g|D=d)	相对质心平方马氏距离	组	P(G=g|D=d)	相对质心平方马氏距离	函数1
1	1	1	0.32	1	1.000	0.99	2	0.000	252.92	3.13
2	2	2	1.00	1	1.000	0.00	1	0.000	222.21	-12.78
3	1	1	0.46	1	1.000	0.54	2	0.000	200.79	1.39
4	1	1	0.46	1	1.000	0.54	2	0.000	200.88	1.40
5	1	1	0.18	1	1.000	1.77	2	0.000	263.58	3.46
6	1	1	0.84	1	1.000	0.04	2	0.000	228.32	2.33
7	1	1	0.29	1	1.000	1.12	2	0.000	191.78	1.07

表6-24 浙江省JH地区部分县市公共数字文化城乡融合指标分类结果

类别		预测组成员信息		总计
		1	2	
计数	1	6	0	6
	2	0	1	1
%	1	100	0.0	100
	2	0.0	100	100

综上分析可见，B县市的公共数字文化协同治理在7个县市中处于领先地位，这一结果与上级部门的评价结果和城乡居民的体验是一致

的。四个评价维度中，多元参与、资源整合和城乡融合维度的验证结果与整体聚类结果高度一致，服务提升维度指标由于数据过少验证结果有所偏差，但整体上该评价指标体系具有良好的适用性。

第五节 公共数字文化协同治理评价的实施

基于上述评价指标体系，可对各类公共数字文化项目进行实际评价，在评价实施过程中还需要对评价机构、评价对象、评价过程和结果应用有所明确。

一 评价实施机构

长期以来，我国各项事业的评价工作都由政府部门具体实施，很多时候会出现政府在身兼教练员、运动员的同时担任裁判员现象。2014年国务院印发《关于进一步加强政府督促检查工作的意见》，要求对政府各项工作加强督促检查，健全相关工作机制，并积极探索引进第三方评价机构，在政府工作督查过程中发挥专业机构的作用。2018年财政部颁布《关于推进政府购买服务第三方绩效评价工作的指导意见》，要求扎实、有序、稳步推进政府购买各种服务过程中的第三方绩效评价工作，不断提高规范化、制度化管理水平，逐步扩大绩效评价项目覆盖面。随着相关政策的贯彻落实，以第三方专业评估机构来具体实施各项公共事务、项目工程的评价工作已成为常态。

公共数字文化建设作为一项重要的政府惠民工程，在建设过程中大量采取了政府购买服务的方式来满足人民群众日益增长的文化需求，在评价环节也越来越重视发挥第三方评价机构的作用。例如，浙江省为科学地评估公共文化服务，制定了《浙江省公共文化服务第三方评价规范》(《DB33/T 2155—2018 公共文化服务第三方评价规范》)，要求公共文化服务评价活动应委托具有相关评价资质的第三方机构进行。对于政府采购范围内的公共文化服务评价机构选择活动，根据相关法律要求以公开招标、邀标、竞争性谈判、单一来源、询价采购等法律规定的形式进行政府采购。对于政府采购目录之外的公共文化服务评价机构选择活动，则依据公开、公平、择优原则进行选定。

以"第三方"自身的组织成分作为分类依据，各地创新出的"第三方评估"模式主要有：高校专家评估、专业公司即第三方评估机构评估、社会代表评估和民众参与评估四种模式。其中，社会代表评估可视为专业公司评估的变种，其特点在于第三方评估过程中可能会经常性吸收人大代表、民主党派等社会代表的参与，使评估结果更具可靠性和权威性。

需要注意的是，为了加强公共数字文化评价工作的领导，很多地方在具体实施评价之前都会成立由地方主要领导牵头的领导小组以及分管领导牵头的工作小组，强化公共服务评价的组织保障。主要领导的重视能推动公共数字文化服务的发展和相关建设目标的落实。但党政领导直接参与到评估工作中会带来一些潜在风险。在一些地方，由于党政领导的过度干预，对公共数字文化的第三方专业评估停留在纸面上，大量的评估工作实际上仍然由政府部门或上级公共图书馆、文化馆、美术馆等服务提供机构负责完成，导致评估流于形式，无法真正实现以评促建，倒逼工作的推动和落实。

二　评价实施对象

公共数字文化协同治理评价的实施对象，可按居住地区分为城镇居民和农村居民两类；也可按在传递网络的位置分为生产主体、提供主体、利用主体和管理主体。

通过面向城镇居民和农村居民开展的公共数字文化服务满意度调查和协同治理水平测评，可以更好地掌握人民群众对公共数字文化的需求动向以及满意程度，从而有针对性地调整工作重心，集中力量服务于人民群众。通过对比分析城镇居民和农村居民反馈得到的评估结果，可以发现当前公共文化服务过程中的城乡融合水平，有助于有的放矢地缩小城乡差距、实现共同发展。

通过对图书馆、文化馆、美术馆、档案馆等公共数字文化资源的生产者和提供者，有兴趣参与公共数字文化服务活动的社会组织，利用公共数字文化资源的各种人群，以及参与到公共数字文化评价和管理活动的相关部门、机构开展公共数字文化协同治理的评估，采集各环节的反馈意见，则是建立全生命周期、全链条的公共数字文化协同治理机制的基本要求。其中，可通过外来务工人员及子女、困难群众、残疾人、孤寡老人等特殊群体开展的评价工作可以考察公共数字文化服务的普及性和易用性，对图书馆、文化馆、美术馆、档案馆等文化机构的调查有助于有关人员了解不同体系、不同层级的公共数字文化主体之间的协同程度。

三 评价实施过程

根据相关制度标准的要求，公共数字文化协同治理的评估较多采用党政部门组建领导小组、工作小组全面领导，第三方专业评估机构具体实施的方式。这种第三方评价的实施过程如下：

首先，选派调查员。应严格挑选责任心强的调查员，并进行岗前培训，考察合格后方可参加正式调查。

其次，选择评价方法。评价方法并没有严格的高下，常见的评价方法包括问卷调查、召开座谈会、网络调查、微博微信互动、设置意见箱等，应根据评价对象的特点来选择评价方法。

再次，评估任务的执行。应保证评估对象的随机性、抽样性和代表性，并保证评估调查问卷回收率达到一定标准以上。

最后，数据处理和调查分析。应对获得的调查问卷进行筛选，剔除不可用问卷，并分析不同群体的城乡居民对公共数字文化治理情况如服务内容、服务设施、服务时长、服务效果的满意程度。

四 评价结果应用

通过评价,可以调查人民群众对公共数字文化服务的改进建议,分析公共数字文化协同治理存在的问题,寻找缩小城乡公共数字文化服务体系差距的路径,从而提出针对性的改进建议。

(一) 项目运行评估

公共数字文化协同治理评价结果最基本的应用是对公共数字文化项目运行的成本、过程和效益的评估。项目运行成本核算对公共数字文化项目专账中列支的人工费、管理费、设备费、交通费等费用逐项甄别,剔除不合理支出,确定项目真实成本,为精准安排预算提供更加客观合理的依据。项目运行过程的评价则针对公共数字文化活动的依规性、跨系统跨部门协同的流畅度进行评估。公共数字文化项目的效益考核包括"实"的访问人数、下载次数、阅读人次、单次利用成本等具体指标,以及"虚"的城乡居民满意度、文化需求满足率等。

(二) 反馈与整改优化

在公共数字文化协同治理评价完成后,负责评价的管理部门、第三方评价机构以《绩效评价结果反馈意见函》等形式,将评价结论、存在问题和意见建议反馈给相关部门、组织和机构。

相关部门、组织和机构对照评价结果,对发现的问题做出整改,对影响公共数字文化管理和服务流程的业务节点进行优化,并根据需要将整改方案、实施具体落实情况以及当前的困难向管理部门汇报。

(三) 奖励与警示

对相关部门和机构、对相关工作的负责人和工作人员进行奖惩,是公共数字文化协同治理评价结果的重要应用领域。

如果将评价结果分为优、良、不合格三个评级,则可视实际需要及财力情况对优秀项目予以保障，对评定为良好的项目视实际需要减少下一周期的经费安排或维持不变，对评定为不合格的项目暂缓安排或减少下一预算周期的资金预算。

（四）共享与公开

公共数字文化协同治理评价应建立评价结果的共享机制。评价结果应及时送至被评价的部门和组织帮助其调整公共数字文化工作。同时，负责评价的部门或机构应及时将项目的评价结论提供给相关利益主体，各相关利益主体也应共享基于评价结果的整改计划，加强各主体之间的联系，提升协同治理水平。

为督促有关部门和组织主动改进公共数字文化工作，不断提升社会参与度，在公共数字文化协同治理评估完成后，还需要对评估结果予以通报和公开，根据信息安全保障需要在合理范围内通报评估结果，除涉密内容外，将可公开的内容通过有关媒体向社会公开披露，使人民群众了解有关项目的实际绩效水平，接受人民群众监督。

第六节　本章小结

自21世纪初国家启动文化资源共享工程等公共数字文化项目以来，对公共数字文化评价的探索从未间断，希望能真正建立一套科学而系统的评价体系。在国家治理能力现代化的背景下，中央和各地政府对建立公共数字文化服务科学评价机制有迫切需求。国内外学者已从各个视角开展了公共数字文化服务评价研究。国内学者利用层次分析法、模糊综合法、平衡计分卡等理论建立了公共数字文化工程、数字文化服务网站以及文化机构的评价模型，并将第三方评价引入公共数字文化服务评价中，为公共数字文化服务健康发展提供了有力支持。

在评价主体方面，长期以来，文化事业缺失评价环节，开展的评价

第六章　公共数字文化协同治理评价

活动也以政府主导下的纵向评估为主，但一种多元化的公共数字文化评估主体结构正在形成。单纯"自上而下"的评估体系中，政府既是公共数字文化的建设主体，也是唯一的评估主体，这种既当运动员又当裁判员的体系不可避免地会给公共数字文化事业带来伤害，相关部门也早已发现问题并着手开展基于第三方评估的公共数字文化绩效评估。但第三方评估的实践之路并非畅通无阻，笔者建议可进一步完善法律法规体系，明确第三方评估机构的地位以摆脱评价活动对政府的依赖，健全多主体评价运行机制保证评价活动的多元化，扩大评价过程中的信息采集范围并丰富信息采集手段，从而提供真实反映城乡居民公共数字文化资源与服务利用现状的评价报告，为后续的协同治理提供参考。

在评价对象方面，到目前为止，独立而全面的公共数字文化评价仍然少见，更多的是针对具体公共数字文化工程的评价或在更为宽泛的公共文化领域中开展的评价。已经出台的公共数字文化评价指标偏重于对数字资源规模、计算机设备数量、电子阅览室场地面积等"硬件"条件的考核而忽视资源推广、服务开展等"软件"指标的考察。可在公共数字文化工程融合发展的基础上，对已有的全国文化信息资源共享工程、数字图书馆推广工程、公共电子阅览室建设工程的评价指标体系进行分析总结，并参考智慧城市建设、政务信息数字化等领域的评价体系，建立公共数字文化的专门评价体系，并推动各地方、各行业形成区域性、专业性的公共数字文化评价指标体系。

在评价标准方面，现有的公共数字文化评价指标体系政府主导气息浓郁，各级各地的评价标准整齐划一，协同性、城乡融合水平等新时期的重要项目没有涵盖在既有的评价指标体系中，只能给出简单的定性结论。本书构建了基于系统工程方法论的公共数字文化协同治理评价模型，并基于该模型构建了公共数字文化协同治理评价指标体系，经初步验证具有较好的适用性，可在相关部门支持下进一步完善后用于相关评价活动中。通过评价，更为真实全面地反映公共数字文化在兼顾城乡需求、弥合城乡差距、促进城乡融合中所发挥的作用。

　　此外，对评价结果的应用仍是公共数字文化协同治理评价工作的短板，不少评价活动以简单的评优推先为终点，没有真正起到提高治理能力、改善服务条件、满足城乡居民需求的作用。可健全评价结果反馈机制，使公共数字文化协同治理的评价结果应用于财政经费分配、人员结构调整、数字资源调配、服务项目设置、安全风险防控等具体领域，以切实提高公共数字文化协同治理水平、改善公共数字文化服务质量。

第七章　推进协同治理的战略思考

第一节　协同治理面临的挑战

城乡融合背景下，公共数字文化的协同治理面临一系列发展问题的挑战，也浮现出诸多新的机遇。机遇和挑战来源于两方面：其一，公共数字文化自身发展的阶段性特征，在前期建设已取得一定成果的基础上如何在新的发展阶段更好地推进公共文化数字化，满足城乡居民日益增长的文化需求；其二，为城乡融合的时代背景赋予公共数字文化新的使命，公共数字文化协同治理要在新型城镇化建设、数字乡村建设进程中发挥积极作用，推进文化自信自强，巩固团结奋斗共同思想基础，铸就社会主义文化新辉煌。

一　公共数字文化自身发展的困境

进入 21 世纪以来，我国在数字图书馆、公共电子阅览室和文化信息资源共享等方面不断加大投入，基本建成覆盖全国的公共数字文化服务网络，有力地支撑现代公共文化服务体系，公共数字文化建设已初见成效。但是，应该正视的是，公共数字文化建设与满足人民群众日益增长的文化需求之间仍有较大距离，发展中面临各种突出矛盾和问题。这些矛盾和问题突出表现在缺乏全面统筹和规划、合作参与机制不健全、现代服务网络与环境建设不到位、供需内容治理滞后等方面。

（一）缺乏全面统筹和规划

21世纪以来，国家和地方层面启动了多项公共数字文化工程，但不同公共数字文化工程缺乏有效统筹，没有完全实现互联互通和相互支撑，一直是公共数字文化的顽疾。尤其是全国文化信息资源共享工程、数字图书馆推广工程、公共电子阅览室建设计划三大重点公共数字文化工程，一直以来看似各有分工、相互配合，实际运行过程中却更多表现为相互掣肘、流于形式，直至2019年，国家推进三大公共数字文化工程融合，这一情况才有所改观。

根据2019年4月文化部下发实施的《公共数字文化工程融合创新发展实施方案》，原先的三大公共数字文化建设项目（全国文化信息资源共享工程、数字图书馆推广工程、公共电子阅览室建设计划）被打造为一个统一的品牌，统称为公共数字文化工程。自此，三大工程项目的深度融合和转型升级有了顶层规划设计，公共数字文化的服务创新和效能提升得以更加顺畅地推进。但是，三大公共数字文化工程的融合创新发展还有很长的道路要走，更何况重点工程的融合只是公共数字文化整体布局的一部分内容，更多更具体的公共数字文化建设内容还有待规范和引导，全面规划、科学统筹仍是公共数字文化发展的重要任务。

（二）合作参与机制不健全

与满足人民群众日益增长和多元化的公共数字文化需求的时代要求相比，公共数字文化建设的合作机制仍然有待健全，尤其是社会参与机制的不完善，始终制约着现代公共文化服务体系的建设进程。在已经开始建设的公共数字文化合作组织中，大量的数字图书馆联盟由于缺乏稳定的政府财政支持而处于停摆状态，也有不少数字图书馆联盟由于牵头单位的人事变动等原因无法正常开展工作，更有部分数字图书馆联盟始终停留在纸面上。

与其他领域相比，公共数字文化缺乏健全的执行机制和评估机制。对比有政府行政力量强力干预的电子政务服务整合，以及有IT巨头背书和丰厚经济效益驱动的生活信息服务整合，公共数字文化的协同合作既缺乏地方政府的强力支持，也无法为社会资本提供可观的投入回报，导致跨地区、跨部门、跨系统合作多停留在表层，社会力量参与多限于政府向社会力量购买服务等少数场景。在公共文化服务的第三方购买、公益创投项目中，极少有以发展公共数字文化服务为目的的项目。

(三) 现代服务网络与环境建设不到位

当前，各地尚未形成重经济也重文化的社会氛围，公共数字文化的基础网络和外部环境都有待改善。其中，表现最突出的是：与当前人们最为常用的移动服务相适应的公共数字文化服务网络尚不完善；各种移动文化服务应用缺乏相应的环境与系统支持；支持公共数字文化服务组织可持续发展的运行环境尚不具备；依赖网络传播的各类数字文化资源也缺乏健康的法治环境。

以法制建设为例，2017年正式颁布实施《中华人民共和国公共文化服务保障法》构建了我国公共文化服务的基本制度，为公共文化服务建设活动提供了法律保障。《中华人民共和国公共文化服务保障法》对公共文化的相关概念进行了界定，对公共文化服务的基本形式做出了规定。在公共数字文化方面，《中华人民共和国公共文化服务保障法》提出国家进行统筹规划，形成标准一致、相互联通的服务网络。《中华人民共和国公共文化服务保障法》的出台以国家立法的形式为公共数字文化的建设和服务提供了法律依据和保障，为公共数字文化的蓬勃发展提供了有利环境。但受制于公共文化服务建设整体水平，《中华人民共和国公共文化服务保障法》所针对的保障对象主要是其他公共文化内容并非公共数字文化，对当前公共数字文化建设过程中的数字文化资源知识产权等问题未给出详细的法律说明，尚不足以全面保障公共数字文化的全面繁荣。

（四）供需内容治理滞后

与城乡居民数字文化需求缺乏有效对接，供需结构不合理，服务效能不高，始终困扰着公共数字文化事业。一方面，公共数字文化资源存在严重的过剩，大量资源被闲置，电子阅览室设备长期无人使用只能积灰，数字文化资源内容使用率、访问量始终处于低位。另一方面，缺乏对用户需求的深度发掘，用户获得的多是年代久远、内容乏味、表现形式落伍、与兴趣爱好不匹配的资源。各种因素的叠加导致公共数字文化资源内容呈现出一种不合理的供需结构。

政府对文化项目和官员政绩的考核评价指标与社会公众现实需求、社会文化发展水平的脱节也是导致公共数字文化资源供给整体效用大打折扣的原因之一。例如在广大的农村地区，数字农家书屋等基层公共数字文化服务场所和资源建设由于资金、人力和技术的制约而推进缓慢，很多反映地方风土人情、农村实用技术、逸闻趣事的乡土通俗读物或音像视频未能收录公共数字文化资源系统中，而这些数字资源恰恰是广大农民喜闻乐见的。

除去供给主体方面给城乡公共数字文化服务均等化带来的困难，需求主体上存在的问题也不容忽视。一般而论，需求主体文化素质上的差异导致需求主体的消费能力差距。这种情况下，推行城乡公共数字文化均等化服务，必然存在巨大困难。我国城乡居民受教育程度差距较大，尤其是农村留守人员和进城务工人员自身文化素质相对较低，给城乡公共文化服务均等化带来问题，阻碍了公共数字文化服务的普及。

二 城乡融合带来的挑战

城乡融合给公共数字文化带来的挑战是多方面的。由于城乡融合，公共数字文化的基本服务开展受到较大制约，各类服务稳定性难以有效保证，实现服务纵深发展的道路困难重重。

(一) 文化融合困难

文化融合涉及认知、态度、价值观念的变化。不同人群背后是多样化的生活习惯、教育经历、宗教信仰和经济条件，如果不同人群的融合做得不好，多样性就可能转化为冲突，而社会融合中实现最为困难的是文化融合。外来人口社会融合的因素可划分为经济、社会公共服务制度、文化三个层面。其中，外来人口在经济因素方面对社会融合的影响不大；而社会公共服务制度方面却对社会融合影响较大，需要为他们提供无差别的公共服务，解决制度方面的障碍；文化方面对社会融合的影响又甚于经济、社会公共服务制度，在城乡移民社会融入的诸要素中，文化融入最困难。

随着新型城镇化的快速推进，大量的农村人口进入大中城市、小城镇定居，数量更加庞大的人群则在地区、城市和城乡之间不断流动。人员的高流动性导致人们缺乏必要的联系和交流，生活在"陌生人社会"的人群规模巨大，新市民群体缺乏公共文化生活，很难获得来自本地人的帮助，也很难实现社会融入。文化融入进程中存在疏离感。疏离感，是指个人或群体在一个新的环境中与周围的人和事物疏远，无法建立正常的关系网络，甚至被客体支配和控制，从而产生的被社会孤立、不受控制、高度压迫、人群疏离等消极情感。文化融合困难导致人群之间缺乏必要的交接，尤其是外来人口极易产生疏离感。同时，地方政府往往重经济轻文化，文化融合地位和作用未得到重视，更加剧了文化融合的难度，公共数字文化各项基本服务的全面普及难以实现。

(二) 公共空间衰落

与进一步推进公共数字文化建设目标背道而驰的是，公共空间正走向式微，公共舆论不断去公共化，已成为公共服务无法回避的时代挑战。

数字文化将公共文化带入了一种新的场域，即虚拟公共空间。在虚拟公共空间，空间成员单向的信息搜索和获取行为发展为交互式基于虚拟身份的文化学习、文化交流、文化需求反馈、文化创作等虚拟文化活动。但是虚拟公共空间从本质上并未脱离公共空间，其内在建构与演化仍遵循公共空间的基本规律，因而，公共空间衰落同样对公共数字文化协同治理构成了挑战。

协同治理机制能否见效，治理主体协同的意愿和能力、协同治理机制的协调与完善能力以及协同治理目标一致的能力是关键，公共空间在这三个方面能力的培养上发挥重要作用。随着农业现代化、工业化、新型城镇化和社会信息化进程的推进，传统的公共文化空间的生存危机越来越严重，尤其是农村地区，戏台、祠堂等公共空间已基本消失，一些近年来重建的新式公共文化空间如文化礼堂仍然不受人们追捧，无法承担公共数字文化服务的各项功能。在农村空心化日趋严重的今天，大量年轻人进城务工，留守的老人则普遍缺乏数字文化基本素养，这些公共文化空间的接受情况可想而知。

（三）服务缺乏稳定性

城乡融合带来的人口流动不是简单地向大城市聚集的过程，而是一个多向流动、多元变迁的时代进程。这一时代背景导致公共数字文化服务的对象缺乏稳定性，无法形成有效的资源配置和服务规划。

新型城镇化会不可避免地导致城市扩张。城市扩张不仅是城市土地规模扩大的过程，更是人口不断涌入城市的过程。其中，高校毕业生、外来进城务工人员占据较大比例，旧城改造、土地征用就地产生的新市民也为数不少。高校毕业生由于自身的文化素养和信息能力，外加有一定的城市生活经验和师友关系网，融入城市的情况稍好。就地城镇化的城郊农民以及外来进城务工人员则面临较为严重的公共数字文化服务的接纳问题。由于信息能力相对较弱，周边缺乏主动接纳的社会群体，这些人群在脱离农村后又游离于城市之外，成为公共数字文化稳定发展的"瓶颈"。

城乡融合是一个人口正向和逆向双向迁移的过程。人口的迁移流动必然给流入地和流出地经济社会发展带来影响，给新型城镇化进程带来影响。在新型城镇化的人口集聚效应之外，人口逆向迁移流动也是城乡融合的内容之一，沿海地区非常住人口的双向流动、高校毕业生"非转农"返乡就业、中西部地区"引凤回巢"留住劳动力等都是人口逆向迁移流动的常见形式。从东部沿海大城市向内陆小城市甚至乡村的大规模人口回流，可以在一定程度上缓解大城市的居住、就业、交通、教育和医疗压力，有利于社会和谐稳定。同时，大量高校毕业生、返乡高级人才不仅提供了丰富的劳动力资源，更为乡村带回了先进的技术、充沛的资金和现代的理念，为城乡深度融合带来了新的活力。

（四）服务纵深发展遇阻

在当前城乡融合时代背景下，公共数字文化还必须直面城乡用户整体素质不高、乡村治理推进难度大、城市居民公共意识淡薄的现实，在层层阻力中推进服务的纵深发展。

随着乡村振兴战略的推进，广大农村的活力不断进发，美丽乡村、和谐乡村不断涌现，但乡村治理中的各种短板也随之出现。乡村治理推进难，首先表现在基层治理能力不足，不少农村的村支部书记、村委会主任管理能力有限、全局意识不强，村两委却存在不同程度的行政化、官僚化现象，对公共文化的认识更是普遍不足，公共数字文化资金投入、人力投入、场地投入、宣传投入都极为有限。同时，在农村地区，人们对公共数字文化的认知水平和参与意愿有待提高，很多村民对公共数字文化的认知停留在村委会无人问津的书架阶段，对参与公共数字文化建设的路径方式几乎不了解。

城市中的公共数字文化服务推进则是另一种情况。整体而言，城市的公共数字文化资源储备、设施配备、人才队伍建设、现代技术应用和居民基本素养都处于相对较高的水准。但是，城市中不同人群之间的信息差距呈加大趋势。就地城镇化、外来务工产生的新市民群体在教育程度、信息技能等方面与原有的市民群体有一定差距，从事的工作又往往是短期性的、非正式性的、流动性的，导致这一城市人口的重要组成部分走出农村、郊区和"城中村"，却依然被一道信息鸿沟隔在城市文化生活之外，困在"信息孤岛"之中。即便是原有的市民群体，由于公共意识淡薄和公共理性缺乏，服务的深入同样遇到"瓶颈"。协同治理需要公民的参与、协商在政治、经济、文化等公共生活领域的展开并逐渐形成社会的公共价值观，但公共理性精神的缺乏仍较为普遍。

第二节 目标治理

公共数字文化治理首先应是对目标的治理，应明确公共数字文化的发展方向，在同一愿景下开展公共数字文化建设。在不同语境中，公共数字文化协同治理的目标价值又有不同陈述。对国家而言，协同治理的目标价值在于文化大国、文化强国建设；对中华民族而言，协同治理的目标价值是优秀传统文化遗产得到有效保护；对各地方而言，协同治理的目标价值是地方文化和乡村文化的全面振兴；对广大人民而言，协同治理的目标价值是文化权益得到充分保障。这些不同语境中的目标表述最终都体现在充分发挥各方力量的积极性，建设人人充分享有的公共数字文化这一共同具体目标。

一 服务文化强国建设战略

中华民族的伟大复兴不仅是物质的复兴，更是精神的复兴。习近平总书记在十九大报告中提出，要坚定文化自信，推动社会主义文化繁荣兴盛。习总书记还指出，没有高度的文化自信，没有文化的繁荣兴盛，就没有中华民族的伟大复兴。要坚持中国特色社会主义文化发展道路，激发全民族文化创新创造活力，建设社会主义文化强国。

第七章　推进协同治理的战略思考

"文化强国"战略是符合国家利益和人民利益的长远战略。党的十七届六中全会提出了深化文化体制机制改革，发展和繁荣社会主义文化，建设"文化强国"的战略命题。2012年，党的十八大工作报告提出扎实推进社会主义文化强国建设，并就实现文化强国目标提出满足人民群众基本文化需求等四项任务及一系列具体要求。

2021年，党的十九届五中全会审议通过《中华人民共和国国民经济和社会发展第十四个五年规划和2035年远景目标纲要》，提出2035年基本实现社会主义现代化。社会主义现代化是一个实现经济、政治、文化、社会和生态文明现代化的整体性工程。通常而言，国家现代化是一个从经济现代化、政治现代化深入文化现代化的过程，自党的十七届六中全会提出建设社会主义文化强国以来，中国的文化现代化速度不断加快，国家文化软实力日益提升，与以文化强国形象屹立于世界的奋斗目标不断接近。

一个文化强国除了具有高度的文化自觉与文化自信，还需要拥有覆盖全社会城乡一体化的完善的公共文化服务体系，基本公共文化服务实现标准化、均等化。在构建现代公共文化服务体系，满足人民群众基本文化需求过程中，公共数字文化以其数据传输、资源获取、服务推广等优势成为现代公共文化服务体系建设的重要组成部分，对于实现公共文化服务的全面普及和优化升级，建设文化强国具有重要意义。

在战略层面，文化治理立足于文化建设，服务于经济建设、政治建设、文化建设、社会建设和生态文明建设"五位一体"总体布局。文化联结经济基础和上层建筑，文化治理作为社会治理的一部分，与政治治理、经济治理和生态文明治理紧密关联。因此，公共数字文化协同治理需要在社会主义现代化建设整体叙事框架下，处理好政府、市场、社会之间的关系，充分发挥各类治理主体的协同效应，有效提升文化事业治理的水平和能力，满足城乡居民日益增长的文化需求，进而与各领域的改革和治理体制机制建设形成共振，充分发挥党的领导力和政府的政策引导力，建设服务型、智慧型政府。

二 保护传承中华传统文化

中华民族的文明史源远流长，五千年的辉煌文明给当代中国留下了数之不尽的传统文化遗产，奠定中华民族屹立不倒的精神基石。

文化是一个国家、民族的灵魂。五千年优秀传统文化，是中华民族文化自信的精神之源，是中华民族"最深厚的软实力"，这种深厚的自信支撑着中华民族生生不息，繁衍至今，成为唯一一个延续至今的古代文明国度。余秋雨曾经在《文化苦旅》中以生动的笔墨记录了在晚清面临"数千年未有之大变局"，一次又一次割地赔款之际，甲骨文和敦煌壁画的发现是如何给予处于生死存亡关口的中华民族以自信，支持着中华民族再一次站起来的历史。

然而，随着时代的变迁，传统文化在现代社会遇到了严重的生存危机。与近代对传统文化的多次质疑和破坏相比，现代社会生活方式对传统文化的破坏力更强大。随着生活条件的改善和改革开放的深化，人们的文化生活有了更多选择，传统文化艺术的影响力开始式微。同时，在现代快节奏的城市生活中，能静下心来继承和发扬那些学习周期长、受众范围窄、投入回报低的传统文化形式的人越来越少。传统文化正受到来自自身与外界双重的生存压力。如何在信息化、数字化、网络化时代既尊重历史传统，又创新继承发扬，使优秀传统文化在新时代焕发出新的活力，是公共数字文化事业应尽的责任。

2019年8月，科技部、中宣部等六部门联合发布《关于促进文化和科技深度融合的指导意见》，发展公共数字文化事业成为在数字时代保护和传承中华民族优秀历史文化的重要手段。目前我国拥有世界遗产共56处，其中世界文化遗产42项（世界文化遗产38项与文化和自然混合遗产4项），是世界上拥有世界遗产类别最齐全的国家之一，也是世界文化与自然双重遗产数量最多的国家，全国共有可移动文物超过1亿件/套，不可移动文物数十万处。除可移动和不可移动文物之外，还有大量的非物质文化遗产，包括地方戏曲、方言、少数民族歌舞等。

保护传承中华传统文化是文化治理得以实现的基础和前提，也是提升国家文化软实力的主要内容。党的二十大报告提出：要推进文化自信自强，铸就社会主义文化新辉煌，要坚守中华文化立场，展现可信、可爱、可敬的中国形象。发展公共数字文化事业，推动数字文化和旅游事业深度融合，充分运用各种信息化、数字化手段，重新解构传统文化，可以使文化遗产以更鲜活、更具体的形式与人们见面，从而保护文化遗产，继承和发扬优秀传统文化。尤其对那些非物质文化遗产而言，公共数字文化建设不仅可以通过录音、录像、扫描、建立数字档案等多种形式进行数字化保护，形成数字化时代的文化存储，还让非物质文化遗产走出大山、走出工坊、走出剧场，以更富时代感的方式走进普罗大众的文化生活，让更多人走近传统文化、走进中华民族优秀传统文化传承和发展的事业中。

三　积极助力乡村振兴

乡村振兴不仅是乡村经济振兴，更是乡村文化振兴。文化建设是乡村振兴战略的重要建设内容之一，是乡村全面振兴不可或缺的组成部分。在新型城镇化、农业现代化、工业化和信息化的"四化"发展进程中，农业现代化的发展速度相对新型城镇化、农业现代化和工业化的发展速度明显滞后。经济发展水平的落后造成了农村的空心化，导致乡村传统文化的衰落和新型乡村文化的缺位。在优先发展农业农村、全面推进乡村振兴的时代背景下，公共数字文化建设的使命之一就是以现代数字技术振兴乡村文化，重塑现代乡村发展的内生动力。

振兴乡村也是新型城镇化发展到一定阶段的内在要求。大城市发展到一定程度必然需要将资源向周边农村分散，通过城市反哺农村来实现城市的可持续发展，避免"城市病"恶化，乡村振兴战略的提出不仅给乡村传统文化提供了新的发展机遇，也为乡村文化赋予城乡一体化时代的全新内涵。乡村文化历史悠久、形式多样、各具特色，具有极高的文化价值，还可以利用自身独有的文化优势将文化资源转化成经济效益，"乡村文化+经济"模式将为乡村振兴提供文化支撑的同时扩展乡村振兴实现的路径。通过开展公共数字文化的协同治理，可进一步破解城乡二元结构给乡村发展带来的一系列问题，形成城市文化和乡村文化相互联动的制度机制，打开城市文化和乡村文化交汇共进的良好局面，促使乡村文化和城市文化形成耦合效应。

《农业部关于全面推进信息进村入户工程的实施意见》中提出力争到2020年，信息进村入户基本覆盖全国所有行政村，农村"信息高速公路"基本修通，政类服务、民类服务、商类服务在一个平台协同运行，服务延伸到村，信息精准到户，基层信息服务体系基本健全，为农村公共数字文化服务打下了坚实的基础。2018年9月发布的《乡村振兴战略规划（2018—2022年）》和2019年5月发布的《数字乡村发展战略纲要》，则要求继续实施公共数字文化工程，积极发挥新媒体作用，使农民群众能便捷地获取优质数字文化资源，使得数字乡村建设到2035年取得长足发展。城乡"数字鸿沟"大幅缩小，农民数字化素养显著提升。数字乡村战略在国家政策层面上顶层设计的完成为广大乡村通过公共数字文化建设，基于数字资源的全新发展模式，抓住机遇，通过新技术、新模式的应用消除城乡数字鸿沟，更好地推动城乡融合发展打下了坚实的基础。

四 全面保障人民文化权益

与经济权益、政治权益和受教育权益一样，人民的基本文化权益是社会主义人权的重要组成部分，不容侵犯。党的十九届四中全会报告明确提出，"要坚持马克思主义在意识形态领域指导地位的根本制度，坚持以社会主义核心价值观引领文化建设制度，健全人民文化权益保障制度"。这一论述充分证明了文化权益作为人民的一项基本权益在我国得到了充分重视，保障城乡居民基本文化权益的重要性和必要性已为社会所认知。

对于基本文化权益的内涵，《中华人民共和国公共文化服务保障法》指出："公益性文化单位应当完善服务项目、丰富服务内容，创造条件向公众提供免费或者优惠的文艺演出、陈列展览、电影放映、广播电视节目收听收看、阅读服务、艺术培训等，并为公众开展文化活动提供支持和帮助。"可见，人民文化权益的保障贯穿于社会生活的方方面面。从具体的读书看报、欣赏电影电视节目、收听广播电台，到参加各种文体活动，都属于基本文化权益的范畴。在愉悦身心、获取知识的同时，文化需求的满足还有助于人民群众树立正确的价值观、世界观和人生观，将个人的价值诉求与国家的繁荣兴盛紧密联结在一起。

基本文化权益的内容又与国家经济、社会发展的整体水平密不可分，需要与社会环境和经济规模水平相匹配。随着我国经济实力的不断增强，文化事业的投入力度逐渐加大，公共数字文化基础设施建设、数字文化资源库建设、一体化服务平台建设迅速推进，人民群众基本文化权益的保障能力日益加强、保障面不断扩大。

在新型城镇化向纵深发展、乡村振兴方兴未艾的新时代，公共数字文化协同治理对人民群众文化权益的保障有特殊意义。城乡公共数字文化服务均等化是城乡融合的迫切任务之一，是实现城乡一体化的基本要求。公共数字文化服务是公共物品的组成部分，因此，公共数字文化服务也是建设服务型政府必不可少的内容。从政府主要职能来看，城乡公共数字文化服务均等化是使政府公共文化服务公平供给的重要内容。唯有加强公共数字文化协同治理，更好地保障城乡居民的基本文化权益，才能真正消除城乡差距，实现城乡融合发展。

第三节　制度治理

党的十八届三中全会首次提出了"推进国家治理体系和治理能力现代化"的命题，党的十九届四中全会进一步将推进国家治理体系和治理能力现代化与坚持和完善中国特色社会主义制度直接联系在一起。治理的科学性和有效性应该建立在科学的制度之上。将强调规范、相对固化和制度与强调参与、较为灵活的治理联系起来，是我国对于公共事务治理认识的一次深化。制度体系和治理体系之间的关系错综复杂，两者都需要一定的统一性和规范性，因此，制度体系和治理体系不能各行其是，而是必须有顶层设计，统一执行，应该既符合全局要求，又切合具体实际。具体到对公共数字文化的制度治理，包括宏观层面的制度体系和微观层面的制度体系。

一　宏观治理

宏观层面的公共数字文化制度治理，不仅包括对公共数字文化的总体规划，还需要进一步深化管理体制改革，重塑关系模式。

（一）深化管理体制改革

在我国当前的文化管理体制下，政府的引导作用是至关重要的，在政府支持下的各种文化单位、机构仍然是公共数字文化服务的主力军。随着文化体制改革的逐步推进，政府—文化单位和机构的二元结构正在发生一些变化，国有文化单位和机构开展了一系列改革，市场要素的作用逐渐引起重视。但是，国有文化单位和机构的体制缺陷和能力缺陷并没有得到根本性改变，如资源配置的非竞争性与约束软化，机构激励机制、效率机制的缺失，文化单位运营成本的扭曲等。要真正克服计划供给的不足，形成遵循市场规律的政府—市场—文化单位和机构的三元公共数字文化结构还有待理论界和实践界的进一步研究和探索。

从基层治理角度看，我国公共数字文化管理主要采取的是自上而下、逐层传递的科层制推进形式。这种形式在公共数字文化事业发展初期发挥一定的作用，建立了公共数字文化服务的基础设施网络和基础数据资源库。但随着公共数字文化事业的深入发展，依赖行政指令服务模式的弊端日益凸显。各级文化行政部门所开展的公共数字文化服务更多是根据上级要求的规定动作，服务成效和质量的评估也基于上级的标准由上级部门负责组织实施。城乡居民的真实数字文化需求未能充分体现，其服务体验也很难在公共数字文化服务的量化评价中得到全面反映。这种追求行政任务的运作模式很容易导致公共数字文化建设出发点变为官员政绩需要，而非满足城乡居民数字文化需求。

完善市场供给体制是深化公共数字文化管理体制的重要组成部分。在公共数字文化资源供给体系中，市场供给以其技术先进、机制灵活、反应灵敏的优点，可为城乡居民提供个性化、差别化的公共数字文化产品，在公共数字文化资源结构中发挥重要作用。作为一种以盈利为目的的组织通过政府补贴、委托经营、合同竞标等途径，按照市场规则生产并供给公共数字文化产品的活动，市场供给能减轻政府财政负担，节约公共资源，提高供给效率，有助于公共数字文化事业更好地集聚技术、人才、资金，更为精准地满足城乡居民的美好文化需求。完善市场供给机制还需要加强市场监管，消除市场带来的各种负面影响，加强地方特色文化资源公益性开发，保障欠发达地区和弱势群体的基本文化权益。

公共数字文化管理体制改革的另一项重要使命是梳理中央与地方的关系并不断推进改革。马克思主义认为，统一性与多样化之间的矛盾是始终存在的，这一矛盾在公共数字文化治理中的突出表现就是中央与地方的关系问题。我国公共数字文化建设有较强的中央主导色彩。现有的致力于加强文化信息资源共享、加快数字图书馆推广、普及公共电子阅览室三大公共数字文化建设工程，都是地方根据中央层面的整体安排按规范逐级贯彻实施的。近几年为优化公共数字文化服务、融合创新发展公共数字文化工程所建设的公共文化服务云等项目同样是采用国家统一的项目规划、技术路线、执行流程和绩效管理标准开展建设的。

这种国家主导的公共数字文化建设模式在公共数字文化事业发展初期充分发挥了社会主义国家集中力量办大事的巨大优势，在短时间内为公共数字文化服务打下了良好基础。但是，随着国家政治体制改革的不断推进和公共数字文化事业的深入发展，这种一元管理模式下国家决策缺乏精准性、项目建设缺乏灵活性、地方政府缺乏主动性的弊端不断凸显，导致公共数字文化事业缺乏创新性。因而，加强协同治理，深化管理体制机制改革，将国家领导与地方参与有机结合，已成为公共数字文化进一步繁荣的内在要求。在确保财政公共文化投入水平与国家经济社会发展阶段相适应的前提下，中央侧重财政投入、执行监督和绩效评价，地方侧重具体方案设计和执行落实，从而充分调动地方政府、其他社会主体参与公共文化服务供给的积极性，协商、共同决策是解决问题应有之道。

(二) 建立体系性规划

21世纪以来，"中央一号文件"连续18年聚焦"三农"，广大乡村对于我国各项事业发展的重要性可见一斑。随着我国城市化进程的快速推进，城乡差距不断拉大，导致城乡发展不平衡问题日益突出。建立公共数字文化协同治理的体系规划，完善公共数字文化服务体系，重心工作在于加强乡村公共数字文化建设，大力推进城乡融合，实现城乡一体化。

近年来，我国在大力推进新型城镇化建设的基础上提出了乡村振兴战略，将乡村文化建设视为社会发展规划的重要组成部分，但长期积累的城乡二元结构"欠账"无法在短期内通过政策引导来完全消除，需要进一步从全局加强公共数字文化的协同治理，从宏观层面建立城乡融合发展的公共数字文化体系规划。

2021年6月，文化和旅游部发布《"十四五"公共文化服务体系建设规划》。该规划将"推进城乡公共文化服务体系一体建设""推动公共文化服务数字化、网络化、智能化建设""推进公共文化服务区域均衡发展"等议题列为"十四五"时期公共文化服务体系建设的主要任务，并提出了具体的建设目标、重点举措、建设项目要求。自此，公共文化事业发展有了更为清晰的线路规划，公共数字文化的体系建设也形成了更加完整的框架。以现有规划体系为基础，对公共数字文化的长期规划应着眼于两大主题，即纳入地方全局性中长期发展规划中，与社会经济各领域形成良性互动，同时制定公共数字文化专门性规划，统筹数字文化资源建设、数字文化服务推进以及标准规范体系完善等各项工作。

二 微观治理

在微观层面，在城乡融合背景下公共数字文化协同治理应从政策与规范体系完善、基层组织建设、运行机制优化等方面展开。

（一）政策体系与规范治理

在顶层设计之下，维持公共数字文化系统有序运行并不断提高治理能力首先应完善政策制度和管理规范，优化要素配置、保障运行经费和人员配备、建立数字文化资源标准体系。

由于公共数字文化建设是社会公共服务的重要组成之一，面向全体城乡居民提供公益性数字文化服务是公共数字文化建设的首要任务，因而，要素配置不可能完全基于市场进行配置。但公共数字文化建设也不能回归到纯粹的政府供给道路上，而是需要构建多维多元要素保障机制，加强市场引导并使得市场在要素配置中发挥重要的促进作用。由于市场化所提供的公共服务容易片面追求经济利益并在实现最佳效益的动机驱动下导致资源集聚在少数人手中，公共数字文化治理需要以政策要素建设为前提，制定服务外包、政府购买等市场参与公共数字文化的指导性目录，明确准入条件、主体、内容和规范，使要素配置既符合市场规律，有对公平普惠的追求。

缺乏造血功能是当前文化事业发展不可回避的问题。无论是文旅深度融合、引入社会力量还是文创产品开发都无法为公共数字文化建设带来足够而稳定的经济收益，来自上级政府的资金支持仍是各级公共数字文化建设经费的主要来源。接下来，需要各级各地政府做好政策配套工作，明确各级政府公共数字文化经费的保障与支出责任，保证公共数字文化人员队伍建设、设施设备维护、服务网络建设、服务活动开展所需的资金按时足额到位。其中，最为关键的是督促各地设立公共数字文化专项财政资金，将其纳入财政年度支出预算中并确保每年都有合理的增长。

当前，仍有为数不少的基层公共数字文化服务机构的建设尚未真正达到国家相关规定要求，而是虚报馆舍、临时调配设施应付上级管理部门的检查，虚报编制数将农家书屋等基层公共文化服务站点应该配备的人员挪作他用，国家要求的文化投入应不低于年度财政支出1%的规定更是普遍没有达到。因而，需要加强公共数字文化建设监管，保证各级各地政府执行国家公共数字文化相关政策不打折扣，将公共数字文化的资源真正用于城乡居民。应重点关注中西部地区、农村地区和特殊人群的服务保障，做好视障、听障群体的资源建设和服务推广，加快数字资源和服务平台的适老化改造，不断降低公共数字文化服务的使用门槛并丰富地方特色资源以增强对农村地区城乡居民的吸引力。各地还应根据地方实际对重点群体进行针对性保障监管，旧城改造地区应借助公共数字文化推动新市民综合素养的提升；第三产业发达地区应关注外来务工群体的文化需求，少数民族聚居地区应加强民族文化的传承和融合，经济外向型地区应建设主要语言文字的数字文化资源并做好面向外籍人士的资源推荐。

公共数字文化已经积累了海量的多维多源的数据资源，但由于标准规范的缺失，这些资源的共建共享共知仍面临很多障碍。在公共数字文化协同治理过程中，应加强公共数字文化资源标准规范体系化建设，构建统一的公共数字文化一体化管理和服务平台，并在规范化过程中合理调配，有效约束公共数字文化资源组织、交换、传递、存储的全过程。

（二）多元主体治理

我国公共数字文化服务队伍规模较为可观。根据《中华人民共和国文化和旅游部2021年文化和旅游发展统计公报》显示：2021年末，全国公共图书馆从业人员59301人，其中具有高级职称人员7413人；全国群众文化机构从业人员190007人，其中具有高级职称的人员7531人。这看似可观的人员规模在十多亿城乡居民的基数面前显然微不足道，要满足全体城乡居民日益增长的公共数字文化需求仍显得捉襟见肘，需要加快完善协同治理机制，充分利用现有力量，积极培育更多主体，形成多元主体合作治理的格局，促使公共数字文化事业实现持续、健康、高质量发展。

公共数字文化多元主体合作治理要求建立党委政府、文化事业单位、文化企业和社会组织、社会个人协调合作、共同参与公共数字文化事务管理和运行服务的主体结构，不断完善党委领导、政府负责、社会协同、公众参与、法治保障的公共数字文化治理体制。

中国之治的主要特色之一是中国共产党的领导，正是在党的正确领导下各项事业取得了举世瞩目的成就。就公共数字文化事业而言，作为社会公共事务中的一种，各级党委的领导保证了公共数字文化事业能沿着正确方向前进，不断消除城乡之间、地区之间的信息差距，实现全体城乡居民的文化权益，提升国家的文化软实力，增强中华民族的文化自信。

在党委领导下，各级各地政府需要切实负起公共数字文化建设的主体责任，做好公共数字文化的发展规划，统筹组织好公共文化服务体系建设。根据《中华人民共和国公共文化服务保障法》的相关要求，县级以上人民政府应做好管辖区域内公共文化服务工作的统筹协调，建立公共文化服务综合协调机制，推进资源共享；公共文化主管部门负责公共文化服务具体协调工作；文化旅游、新闻出版、广播电视主管部门负责职责范围内的公共文化服务工作；公共文化相关的教育、体育、科技、卫生健康等政府部门负责完成各自领域的公共文化服务工作；工会、共青团、妇联、科协、文联、社科联等群团组织和有关社会组织根据工作需要开展公共文化服务活动。

公共图书馆、博物馆、文化馆、科技馆、美术馆等公共文化机构是公共数字文化协同治理的神经末梢，应积极推行董事会、基金会制度，深化法人治理结构改革，不断推动公共文化服务体制机制改革创新和服务质量提高。公共文化机构法人治理结构建立后，政府与文化事业单位的关系进一步理顺，政府在公共数字文化建设中主要发挥统筹规划、政策指导、运行监管、绩效评估作用，更多权力被下放到相关机构，形成各主体各司其职，相互协同，形成合力，不缺位、越位和错位的治理格局。

法人治理改革有效扩大了公共数字文化的社会参与面，为公共数字文化多元治理平台的构建打下了坚实基础。社会力量参与公共数字文化建设主要有四种路径：一是政府或文化事业单位选择合作企业提供公共数字文化产品；二是政府或文化事业单位与企业签署委托协议，将建设项目委托给企业；三是政府和企业相互参股，共同投资建设公共数字文化基础设施、开展公共数字文化服务活动；四是社会组织、文化企业发挥参政议政作用，在公共数字文化相关决策过程中施加影响。

需要引起关注的是，党的二十大报告提出了建设中国式现代化的战略任务，城乡高质量融合发展成为中国式现代化建设的奋斗方向。这就要求顺应中国式现代化建设的要求，深度推进城乡高质量融合，不是为了融合而融合，而是在充分评估城乡差异和地区特点，因地、因时、因人地做好新阶段下包括公共数字文化在内的各项公共事务的治理工作。

传统的乡村是熟人社会，这就导致很多情况下乡村是以非正式治理的形式开展各项公共事务的治理，人们之间的关系亲疏对治理成效的影响很大，各类治理主体之间不存在上下级关系。因而，在乡村开展公共数字文化治理较为单纯，重点是从人情世故角度处理好不同主体之间的关系，同时也导致相关工作缺乏制度性和延续性。

在传统城市社区开展公共数字文化治理活动需要更多地考虑市场因素。城市社区的公共数字文化主体之间以上级和下级之间、服务者与被服务者之间的关系为主。街道将公共数字文化建设任务下达到社区，社区负责人再将任务分解落实到具体工作人员。社区工作人员试图通过给社区居民发放福利、提供额外公共服务等方式与社区居民建立良好关系，但一般没有私人交往，在工作人员调整岗位或分工后，这种联结就会断开。

随着城乡融合的深入，复合型社区的治理开始经常性出现在公共数字文化协同治理视域中。在一个复合型社区中，部分居民由于城中村改造、拆迁小区回迁、撤乡建镇等原因属于集体原地转换为新市民身份，部分居民则因就业、求学、养老等原因而从外地迁移进来，基层工作人员队伍也是如此。这就要求在治理过程中兼顾不同人群，让各个居民群体都能参与和享有公共数字文化服务。供给和服务主体一方面需要努力走入城乡居民的生活，与城乡居民建立友谊；另一方面要完善治理体系，有意识地吸纳社区居民作为小区、楼道的公共数字文化联络员、宣传员，并形成合理的责权利机制，使各方主体在公共数字文化治理中发挥积极作用。

（三）运行机制治理

规范的运行管理是一项事业发挥作用的重要基础。中国共产党作为中国革命和建设的领导力量，在探索微观治理运行机制方面有悠久的历史和优良的传统。早在1927年，毛泽东在三湾改编时就提出把"支部建在连上"作为党和军队微观治理的一项基本原则和制度。中华人民共

三 城乡融合背景下的公共数字文化协同治理

和国成立以来，我国各项事业的蓬勃发展，更是与党和国家社会治理理论的不断深化和实践的不断深入密切相关。

改革开放以来，我国文化事业的运行机制日趋完善，公共文化服务体系也日趋完善。然而，在新发展阶段，我国公共数字文化的组织，尤其是基层运行暴露出一定的管理失范问题，导致公共数字文化服务开展和活动组织不畅，需要采取措施切实加强治理、完善运行机制。具体而言，基层公共数字文化的运行机制治理应针对以下两方面问题提出有效的应对措施。

其一，解决基层公共数字文化服务站点专职管理和服务人员数量不足、素质不高的问题，应摒弃相关管理部门重经济轻文化的陈旧观念，通过制定一套较为完善的配套扶持措施促进人才队伍的健康发展，为公共数字文化稳定运行提供政策支持。基层政府应将公共数字文化人才队伍建设纳入相关部门年终考核考评范围内，促使管理部门从一把手起重视公共数字文化人才工作，在人才培养、引进方面投入精力。为吸引人才，应着力解决公共数字文化基层工作人员薪酬待遇差、工作不稳定的问题，落实公共数字文化人员编制。为鼓励公共数字文化管理和服务人员提升业务能力，公共文化行政主管部门应着力改进现有的专业技术职务晋升条件和职数的管理办法，让基层工作人员有更为畅通的晋升通道，使那些认真钻研业务，真干苦干，干出实绩的人得到应有的认可。

其二，解决基层公共数字文化服务管理无序，人员和设备闲置，工作缺乏主动性的难题，完善和规范微观层面的运行机制迫在眉睫。数字化环境下，微观层面治理机制的完善和规范更多借助数字信息技术工具对整个治理过程进行深度解构，厘清治理工作流程，清理冗余和无效环节，排查治理环节的堵点和痛点，并对治理各个阶段尤其是关键环节的运行进行实时监测。具体而言，应通过规范管理制度，使公共数字文化运行有序化。在公共数字文化运行机制的治理中，应加强人员配备和服务规范确保基层公共数字文化服务有专门人员提供并保证足够的开放时间，应从人治走向技术深度参与的数字化、智能化治理，在大数据、云计算的帮助下及时发现潜在问题、定位问题根源并有效解决问题。为避免基层公共数字文化设施、经费被挪用、挤占，应完善公共数字文化设施、设备的管理细则，建立公共数字文化运行经费的公开和审计制度。

第四节　供给治理

公共数字文化供给治理的目的在于提高数字文化资源供给质量，解决政府主导供给公共数字文化服务带来的"政府失灵"问题，提高资源和服务供给与需求的适配水平，减少无效供给、扩大有效供给。完颜邓邓、胡佳豪在总结已有研究的基础上，认为公共数字文化服务的有效供给主要表现为：在资源服务供给（数字资源类型、数量、质量、载体以及供给方式、渠道等）、设施及人员供给（基础设施建设与运维、人员配置及培训等）、政策制度（财政政策、法律法规、文化规章制度等）等三个方面，充分地、可持续地与动态化、复杂化的城乡居民公共数字文化需求相匹配，最终实现公共数字文化服务供给总量充足、质量达标、分布均衡、公众知晓度高、利用率高且使用价值高。[①] 具体对公共数字文化供给的治理可从供给内容、供给主体和供给过程三方面展开。

一　供给内容治理

对公共数字文化供给内容的治理来自人民基本文化权利和政府履职

[①] 完颜邓邓、胡佳豪：《公共数字文化服务有效供给问题与对策——以湖南为例》，《图书馆学研究》2019年第17期。

三 城乡融合背景下的公共数字文化协同治理

尽责两方面要求。人民基本文化权利反映了公民的文化需求，而且是公民最基本、必不可少的需求，同时具有公共性，要求政府供给并且消费政府提供的公共文化服务，市场所能提供的相对低效或无效。提供公共文化服务是政府文化职能内容之一，政府公共数字文化供给能力体现了政府主要职能的履职能力。因而，公共数字文化服务供给的内容是政府为满足公民基本文化需求、保障公民基本文化权利供给的诸如电子图书、在线影音、在线表演等服务。

在一个信息技术、数据技术、网络技术不断发生革命性突破的时代，5G网络逐步普及，物联网、云计算深入发展，VR、AR等新兴媒体形式层出不穷，公共数字文化的资源内容也发生了颠覆性变化。图书的电子化不再是公共数字文化内容供给的全部，取而代之的是内容更加丰富、形式更加多样的内容格局。高清视频、短视频、在线音频、有声书等各种内容在新技术、新媒体推动下成为公共数字文化的重要内容类型，推动了公共数字文化服务水平的不断提高和服务范围的日益拓展。但不可忽视的是，公共数字文化的资源供给同时呈现出供给过剩和供给不足两种截然不同的走向，导致供给内容治理成为公共数字文化协同治理的一个主要议题。

（一）供给过剩的治理

政府主导的公共数字文化产品供给或多或少存在效率低下的问题。这种问题在公共数字文化资源中普及度较高的数字图书馆资源中表现得尤为明显。由于无法取得著作权，电子期刊、电子图书等数字文化资源主要以对外采购方式进行建设，存在严重的重复购买情况且购买的很多资源内容与城乡居民的文化需求匹配度较低。在中央和地方财政支持下，不少地方开展了特色数据库建设，试图将优秀历史文化和特色地方文化在数字化时代进行传承和发扬光大，但从实际成效看投入产出比较低，社会利用情况较差。

这种供给过剩产生的原因是多方面的。知识产权保护的要求是一方面原因，体制机制设计缺陷导致城乡居民文化需求无法顺利传导到生产端是另一方面原因，国土面积广阔和人口规模庞大也是资源内容集中在普惠资源甚至大量雷同的主要原因之一。为了避免资源浪费，化解过剩供给，满足人民群众日益丰富和多元化的公共数字文化需求，改造存量公共数字文化资源，发展智慧公共数字文化服务已成为公共数字文化事业下一阶段的发展重点。

2022年6月，中共中央办公厅、国务院办公厅印发《关于推进实施国家文化数字化战略的意见》，强调数字资源建设是公共文化数字化建设的重点，要从存量改造和资源新增两方面入手，统筹推进国家文化大数据体系、公共图书馆系统的全国智慧图书馆体系和文化馆（站）系统的公共文化云建设。发展智慧公共数字文化是对公共数字文化资源供给的深度治理。过往的公共数字文化资源供给，侧重服务计算机、运行空间等设备和场馆的保障，智慧公共数字文化服务则强调解构、重组、加工、改造存量公共数字文化资源，在海量数据和科学算法的基础上将与城乡居民文化需求相匹配的数字文化资源准确地推送给城乡居民，将暂时无法满足的文化需求及时反馈回数字文化产品生产端，从而更好地全面满足城乡居民公共数字文化需求。

（二）供给不足的治理

根据中国互联网络信息中心（CNNIC）2022年发布的第50次《中国互联网络发展状况统计报告》，截至2022年6月，我国网络普及率进一步提升，网民规模为10.51亿（较2021年12月新增1919万）。可见，在公共数字文化方面，我国有规模庞大的潜在群体，这也反映在城乡居民对公共数字文化产品和服务总体需求量不断增长的态势上。相较于城乡居民日益高涨的公共数字文化需求，公共数字文化服务虽然已具备可观的资源总量和覆盖面较广的基础设施，但是仍然显露出明显的供给不足，多数群体的公共数字文化服务水平仍停留在低水平阶段。

作为一个幅员广阔、人口众多的大国，各种资源极易被稀释，在公共数字文化领域的表现就是财政投入匮乏、队伍建设滞后、基础设施条件落后以及数字资源不足等问题被无限放大。从这个意义上讲，公共数字文化资源供给不足的问题将长期存在，对供给不足的治理也是公共数字文化事业永恒的命题。

资源供给内容与公众需求有较大差距，以及公共数字文化服务品牌知名度和影响力较低导致数字文化资源对群众吸引力不大等问题，是公共数字文化供给不足的主要表现和治理目标。在资源总量达到一定规模后，公共数字文化资源内容的同质化、低层次和缺乏创新性问题开始暴露。同时，资源供给分布不平衡，地区之间、城乡之间、人群之间存在较大差距。外加供给方式与数字阅读、移动通信时代不相融，资源更新周期过长，服务队伍建设滞后等诸多原因，导致公共数字文化服务产品供给过剩与供给不足并存，整体社会影响力低下，建设效益不高。

为破解公共数字文化供给不足难题，应加强资源建设规划，完善公共数字文化资源供给体系，实现资源协同整合，加大特色资源开发和社会购买力度不断满足城乡居民个性化需求，并着力打造一系列受城乡居民欢迎的精品。首先，应充分掌握城乡居民文化需求，以城乡居民文化需求为导向完善多维多元公共数字文化资源共用、复用机制，建立一体化管理与服务平台将散落各处的资源进行聚合、重构。其次，基于合理授权、最大开发的原则，在遵守知识产权保护相关法律要求的同时，最大限度地利用公共数字文化资源，造福城乡居民。相关管理部门还应改变传统的资源配送模式，与通信企业、高等院校、科研院所加强合作，广泛应用宽带互联网、移动互联网、虚拟网和5G高速网络传输等现代通信技术，实现公共数字文化资源配送体系升级换代。在此基础上，一方面，应总结特色资源建设的经验教训，鼓励公共数字文化资源供应者创新机制加强和改进自建特色资源工作，不断增加公共数字文化原创资源数量；另一方面，应将政府购买公共数字文化资源的范围和规模不断扩大，形成政府、市场、社会共同推动公共数字文化事业发展的格局。

各地已开展了多种形式的探索以通过多方协同加强公共数字文化服务资源的供给治理。典型案例如"文化嘉定云"。"文化嘉定云"在整合上海市嘉定区范围内的图书馆、文化馆、博物馆、美术馆的公共数字文化资源,实现文化系统内的公共数字文化资源一体化的同时,还设计推出了"文化众筹"项目,打通公共数字文化服务的供需两端,让全社会都可以发起或参与文化众筹活动,成为公共数字文化资源提供的有效环节。类似的创新不仅让城乡居民可以真正拥有公共数字文化服务的选择权,也更好地厘清了公共数字文化服务各类主体之间的关系,让政府更加专注于规划、组织、监督、协调活动,让社会力量更加有活力和激情。及时总结地方实践经验,创新公共数字文化资源多元供给服务模式,将对公共数字文化服务的资源保障和服务提升起到积极作用。

二 供给主体治理

不断创新多元主体参与供给方式,建立健全多元主体参与机制和竞争机制,由市场合理选择文化服务主体,形成多元协同的主体结构,是公共数字文化供给主体治理的主要目标。我国公共数字文化的供给主体结构既包括专职的公共数字文化从业人员和管理者,也有大量的兼职供给人员。从主体职能角度出发,可将公共数字文化供给主体分为高层次高水平的核心队伍、承担公共数字文化服务供给主要工作的基本队伍、积极参与公共数字文化供给的市场化主体以及志愿参与的协作队伍四类,并分级分类对各类型主体开展针对性治理,优化主体结构。不同的治理主体在治理理念、治理目标、治理方式和治理资源等方面有明显区别,需要社会认识到公共数字文化供给主体治理的复杂性和差异性,建立完善公共数字文化供给治理主体的责权利均衡机制,形成多元供给主体多层次协同发展的健康局面。

(一)核心队伍建设

在公共数字文化供给主体体系中,国家和省级文化单位、科研院所

三 城乡融合背景下的公共数字文化协同治理

和管理部门的精英骨干、技术团队发挥核心的引领作用。来自公共数字文化建设、管理、运行、研究等各个领域的文化行业专家、专业管理人才、专家教授、业务骨干、技术专家在公共数字文化事业的发展中做出了重要贡献，培养好专业人才、建设好核心队伍也是公共数字文化协同治理的重要任务。

公共数字文化供给的核心队伍建设与人民群众日益增长的文化需求、与文化强市的目标还不适应，存在一些问题和薄弱环节，具体表现在：队伍结构有待于进一步优化，高层次、高素质人才相对缺乏，分布不均，缺少高素质的创新型人才、复合型人才，尤其缺乏能够整合文化资源、精通资本运作和市场营销的数字文化经营管理高级人才；人才发展环境需要进一步改善，从事文化事业的吸引力不足，优秀人才培养难、引进难、留下难；优秀人才作用不能完全发挥，不少优秀人才受编制、聘任职数限制等体制性因素影响只能从事一些简单重复的事务性工作，缺少施展才能的机会，无法体现自身的价值。

因而，为切实提高公共数字文化服务质量，应从完善队伍建设规划、加大人才培养力度、建立评估考核体系等方面着手，加强公共数字文化供给主体的治理。

完善公共数字文化队伍建设体制，首先应做好长期规划，制定人才培养方案和队伍发展政策。应制定全面、稳定的数字文化服务人才培养规划，长期、整体地规划公共数字文化队伍建设。在业务队伍建设中，不仅要充分考虑图书馆学、文化管理、档案学等相关学科的人才储备，还要结合公共数字文化的特点和城乡融合的要求加强吸收计算机软件、大数据、数字化技术、网络技术、融媒体等专业人才。在管理队伍建设中，则需要与国家治理体系和治理能力现代化的要求相适应，建设一支具有国际视野和现代意识的管理队伍，并充分吸纳体制外的专家学者、行业。

在公共数字文化人才培养过程中，应建立多部门协同的培育机制。

相关部门需要与高等学院、科研院所协同合作，通过政策鼓励支持高校和研究机构开设相关专业，使得高校和科研院所的专家教授在发挥智库作用的同时能培育更多数字文化研究专家。通过协作，可以定向培养公共数字文化服务技能方面的高水平人才，理论和实践有效结合，也能满足高校相关专业学生实现对口实习，缓解高校相关专业实地教学资源匮乏导致毕业生大量脱离本专业就业的窘况。此外，可依托党校、科研机构和企业，协同开展岗位培训、业务培训、专题培训等各类教学，使得队伍群体更加壮大、结构更加合理、活力不断增强，最终充分发挥人才效能。

与此同时，应建立公共数字文化专业队伍的评估考核体系，检验人才培养的效果，明确将来实施队伍建设的方向，为更好地提供公共数字文化服务打下坚实基础。相关评估考核工作可以委托第三方机构依据公共数字文化事业发展的需求来设定考核指标、建立指标库、设定指标值并进行评估。

（二）基本力量建设

据《2020年文化和旅游发展统计公报》，截至2020年年底，我国3212个公共图书馆共有从业人员57980人，其他群众文化机构从业人员185076人，此外，还有工作在618个美术馆、5788个博物馆、3327个文化馆、40000多个文化站、57.54万个村级综合性文化服务中心的众多文化工作者，这些人员构成了公共数字文化服务的主力队伍和基本力量。然而，公共数字文化的基本力量存在一些结构性问题，突出表现在人员队伍稳定性不足、专业程度低、城乡和地区差异大。为在全国各地实现现代公共数字文化服务体系建设目标，必须加快人员队伍结构治理，培育一支立场坚定、水平过硬、品质优秀的公共数字文化服务人才队伍。

人才队伍结构治理面临重重困难，不可能一蹴而就，需要各级各地党、政班子充分重视、科学决策、长期规划、持续推进。应明确公共数字文化人才队伍建设的目标是一支建立规模适度、结构合理，能真正承

三 城乡融合背景下的公共数字文化协同治理

担起地方和基层公共数字文化建设各项任务的人才队伍。这一队伍结构可根据当地公共数字文化服务发展水平和环境条件灵活调整，除了专门聘任的人员外，还可发展文化辅导员、文化志愿者等辅助主体。

公共数字文化人员队伍的稳定，需要形成对公共数字文化事业的共情，给予待遇良好保障。应完善乡镇（街道）综合文化站机构编制、待遇保障等政策措施，保证公共数字文化基层站点的人员编制，将公共数字文化投入的重点逐步由硬转软，关注人员待遇的提高和服务活动的开展。对于无法解决编制的人员也从财政供养政策经费支出来实现同工基本同酬，让公共数字文化事业留得住人才。

同时，也应畅通人才进出渠道，建立人才流动机制，及时分流不适合从事公共数字文化服务的人员。一方面，要着手解决人员编制问题，落实每个乡镇综合文化站（中心）编制配备不少于1—2名的要求，打破热爱公共数字文化人才进入障碍；另一方面，将不适合从事公共数字文化服务的人员妥善分流，从而切实优化人员队伍。

保证基本待遇并完成人员队伍优化后，还应完善培训制度、加大培训力度，不断提升公共数字文化人员队伍的整体素质和服务能力。应建立公共数字文化从业人员定期培训机制，不断更新从业人员的知识结构、提升专业素养和服务能力。同时，应将公共数字文化服务人才培养纳入国民教育体系，争取设立公共文化一级学科，并建立公共文化机构与高等院校、科研院所之间的合作培训教育机制，使公共数字文化人才兼具实践能力和学科视野。

此外，还应充分利用国家推进乡村振兴战略的有利契机，借城乡融合的统筹推进为公共数字文化基层站点人才队伍建设争取更多机会。一方面，乡村产业的振兴可以为乡村文化振兴提供更有力的支持，提高基层服务人员的待遇；另一方面，随着美丽乡村建设渐入佳境，越来越多受过良好教育的年轻人通过返乡、下乡的方式被吸引到基层公共数字文化工作岗位，为公共数字文化基层站点充实人才储备提供了良好机遇。

（三）市场化主体建设

据《2020年文化和旅游发展统计公报》，2020年年末，全国共有文化市场经营单位20.89万家，从业人员160.91万人，营业收入9967.49亿元，营业利润1699.70亿元。其中，互联网上网服务营业场所10.62万个，从业人员24.71万人，营业收入181.53亿元；演出市场单位2.23万个，从业人员49.52万人，营业收入2157.50亿元，营业利润351.15亿元；经营性互联网文化单位0.97万家，从业人员31.49万人，营业收入7137.22亿元，营业利润1331.13亿元。文化市场的繁荣，带动市场化主体成为我国文化事业的重要力量，在公共数字文化协同治理中占据重要地位。

通过协同治理，让市场化主体在公共数字文化供给中发挥更大作用，首先需要建立和完善公共数字文化市场化供给机制，不断推进市场化进程。在政府投资难以全面覆盖城乡居民个性化公共数字文化需求的情况下，引入各种社会资本进入公共数字文化领域，是丰富公共数字文化资源供给的主要途径。

同时，应建立和完善社会力量参与公共数字文化的保障和激励机制。通过减少行政审批项目、完善政府购买公共数字文化服务指导性意见和目录，消除社会力量发展的各种人为障碍。在资源建设、服务推广、构建基础设施、合作管理等领域融入BOT、TOT、BOO等合作模式，吸引各种社会力量参与公共数字文化各环节建设活动。通过创新公共数字文化设施管理模式，建立协同合作的联动机制，积极推行董事会、基金会制度，扩大政府向社会力量购买公共数字文化服务主体范围，不断开拓社会力量参与公共数字文化的新领域、新途径，促进公共文化服务提供主体和提供方式多元化。

（四）协作队伍建设

当前，我国公共数字文化服务已经具备了较好的信息基础设施条件和庞大的潜在用户群体。庞大的潜在用户群体、覆盖全面的服务网络，

三 城乡融合背景下的公共数字文化协同治理

以及良好的信息基础设施，为社会各方参与到公共数字文化的协作中，营造共建、共知、共享的治理氛围创造了良好条件。当前的关键是如何改变以政府为主导的资源供给结构，让越来越多的城乡居民加入公共数字文化资源供给的协作队伍中，形成有利于各类主体充分合作、有效协同的公共数字文化资源供给机制。

在架构合理、深度协同的公共数字文化主体结构中，政府部门、公益性文化事业单位、非营利性社会文化机构、文化企业是公共数字文化资源的四大供给主体。政府部门不仅需要做好公共数字文化资源建设的整体规划，还需要引导其他主体的发展。图书馆、文化馆等公益性文化事业单位在公共数字文化资源供给中起基础作用，避免过度市场化带来的资源分配不均衡。非营利性文化机构、经营性文化企业的供给与公益性文化事业单位供给的互为补充，共同构成完整的公共数字文化资源供给体系。

除此之外，广大城乡居民不仅是公共数字文化的服务对象，也可发挥其文化创造力，参与到公共数字文化资源生产中并成为协作队伍的重要组成部分，在城乡融合的时代背景下，这一目标的实现更具历史意义。城乡融合背景下，农村人口和城市人口开始双向流动，但新迁入的人口普遍缺乏主动融入的动力，没有意愿主动加入公共事务的协同治理中，公共数字文化协作队伍的建设不仅有助于构建多元主体协同治理机制，实现更加全面普惠的公共数字文化服务，也是帮助外来城乡居民提升认同感，真正融入当地社会的有力抓手。

为更好地建设这支协作队伍，可建立一个跨系统、跨部门的公共数字文化资源供给协调机构，按照政企分开、政事分开、管办分离原则，协调不同政府部门、文化事业单位和社会力量之间的利益关系，调解各种冲突和矛盾。同时，建立协同主体的深度融合机制，以法律法规、标准规范等形式确保各类供给主体都能参与公共数字文化资源供给的决策，并明确细化责权利关系，使协同治理有法可依、有规可循。

在各类协作队伍中，公共数字文化相关管理部门应有意识地加强对领域内行业协会、基金会、民办非企业单位等社会组织的支持和疏导，将适合由社会组织提供的公共文化服务事项交出去，促进公共数字文化资源供给健康规范有序。同时，不断拓宽治理资源引入通道增加治理资源总量和通量，增强社会组织与政府相关组织和部门的联系。可充分发挥非营利性社会文化机构组织灵活的特点，引导其在政府主导供给和市场供给之间进行调节，满足城乡居民各种个性化需求。当前，城乡居民以志愿服务、个人生产和捐赠等形式直接参与公共数字文化资源供给的情况并不多见，需要加强志愿者队伍管理和培训，提升志愿者服务能力，壮大资源供给队伍，并广开城乡居民参与渠道，规范参与内容。

三 供给过程治理

（一）以一体化保障公共数字文化服务供给

公共数字文化供给治理是全过程的治理，需要在顶层设计、标准规范、服务平台、宣传推广等环节加强协同，一体化保障城乡居民公共数字文化需求。

文化和旅游部已制定《公共数字文化工程融合创新发展实施方案》，从统筹工程建设管理、整合工程平台与服务界面、统筹工程资源建设和服务推广、引导社会力量参与工程建设四方面对公共数字文化工程的一体化进行了部署。在此基础上，还需要从公共数字文化全局出发，做好全国和地方性的公共数字文化建设规划，确定资源建设和服务供给的顶层设计，引导公共数字文化服务供给的发展方向。2022年5月，中共中央办公厅、国务院办公厅印发的《关于推进实施国家文化数字化战略的意见》提出了统筹利用已建或在建数字化工程和数据库所形成的成果关联形成中华文化数据库，依托现有有线电视网络设施、广电5G网络和互联互通平台形成国家文化专网，鼓励多元主体共同搭建文化数据服务平台等8项任务。

在顶层设计之下，还需要建立公共数字文化服务的标准规范体系。公共数字文化工程融合方案已对工程名称、标识进行了统一，接下来需要对现有的资源建设标准、平台构建标准、用户认证标准、数据传输标准、数据分析标准、服务标准、培训标准、管理规范和评价指标进行梳理，并与相关领域、相关行业的技术标准和操作规范进行对照，最终形成对内统一、对外兼容、全面覆盖、科学可行的公共数字文化标准规范体系。

为了在现代信息环境下切实保障公共数字文化的供给水平，确立相关标准规范后，需要建设统一的一体化公共数字文化管理与服务平台，促进各种供给主体的协同合作，整合散落资源，规范各种服务。一体化服务平台首先要求对多维多源的公共数字文化资源进行资源格式、资源目录进行统一整合，通过技术集成实现各种资源的有效定位和融合服务。在此基础上，不断提高个性化推送的准确度和用户反馈处理的及时性，最终实现公共数字文化的智慧服务。

公共数字文化资源建设和服务供给最终是为城乡居民的文化需求服务的，在相对偏"虚"的规划设计和相对偏"硬"的平台与资源建设之外，相对偏"软"的宣传推广担负着打通公共数字文化服务"最后一公里"的重要使命。相关机构和组织需要对现有资源和服务渠道进行有效整合，协调统一宣传推广活动，打造特色文化品牌。同时，还应积极主动走出去，与文化产业和上下游加强合作共同开展活动与服务，与社会各界共议如何更好地走进城乡居民文化生活，全面提高公共数字文化供给质量。

（二）以现代信息技术支持多元化供给

公共数字文化需要各类现代信息技术的支持。现代信息技术为公共数字文化丰富资源内容、提高资源质量、创新服务手段、优化服务供给不断提供有力支撑。为加强公共数字文化的多元化供给能力，在协同治理中需要充分应用各种成熟技术、持续跟进发展新技术，并与文化产业实现差异化发展。

在移动化、智能化的信息时代，延续传统文化服务模式的公共数字文化服务道路注定是无法持续的，需要紧跟时代大潮、抓住城乡居民最新需求，基于网格计算、分布式存储等现代技术运用到公共数字文化服务平台，借助5G高速网络、物联网等现代通信技术提高资源传输和服务定位效率，采用大数据分析、人工智能技术、北斗导航定位技术等提升精准服务能力，运用虚拟现实技术、增强现实技术改进城乡居民的公共数字文化服务体验，打造公共文化服务智能空间。

现有的公共数字文化资源建设和服务平台的技术运用仍然存在不少短板，需要与有关方面加强协同，对公共数字文化领域内相关技术做好研发，进一步提升治理水平。如何消除地区之间、城乡之间、人群之间的技术应用差距是最为紧迫的课题。在发达地区已经开始构建数据大脑，运用各种新媒体技术传播数字化文化资源的同时，还有不少地方的公共数字文化资源供给依靠日渐落伍的数字广播电视技术开展，活动开展则依靠口口相传甚至村口喇叭喊话。

此外，公共数字文化服务供给中现代信息技术的应用还需要注意准确定位、合理运用技术，做到服务不缺位、技术不越位。当公共数字文化服务应避免与市场数字文化同质化，有市场调查表明，公共数字文化服务与市场提供的数字文化相同时，较多的调查对象更倾向于利用市场服务。与市场化供给的文化资源不同，公共数字文化服务首先需要保障好城乡居民最为基本的数字文化需求，在此基础上再根据经济、文化、社会发展条件逐步满足人们个性化、差异化的数字文化需求，那些在基本服务范围之外受众面小、不具普遍性的资源和服务供给可以更多交给市场。通过合理分工，公共数字文化可以更专注于核心使命，市场主体也有了更大的发展空间。

(三) 以市场提高供给效率

公共数字文化事业需要由政府主导，不仅是我国社会发展所处阶段和国家性质决定的，也是公共数字文化自身发展的要求。但是，单纯依靠政府管理容易导致公共数字文化"一管就死",服务供给陷入低效困境。因而,借助市场和社会力量,通过服务外包、志愿者队伍等方式提高公共数字文化供给效率,已被证明是行之有效的。文化和旅游部制定的《公共数字文化工程融合创新发展实施方案》强调要引导社会力量参与公共数字文化建设。公共数字文化供给过程应进一步与市场接轨,实现公共数字文化供给的高效率、高质量转型。

为解决政府主导资源建设容易脱离实际需求,造成各种供给过剩和供给不足的问题,应深入推进公共数字文化资源建设社会化。社会化不是将公共数字文化资源建设交给市场,而是扩大资源建设主体规模,让各种社会主体与文化事业单位各自发挥特长共同参与资源建设,形成优势互补、协同合作的政府、市场共进局面。

在一个法治社会,文化资源供给过程中首先应妥善解决知识产权问题。一方面,要依法依规,在公共数字文化服务全过程全面做好保护知识产权,及时为自有资源申请版权保护,不公开未经授权的资源;另一方面,应坚守文化传播的使命,主动与各种社会力量开展知识产权合作利用,不断开放资源版权的使用权限,依法开展形式多样的非营利性公共数字文化活动。

传统的文化管理运营模式缺少社会参与、脱离实际需求,公共数字文化供给治理过程中需要坚持创新理念,打造社会深度参与、市场化的管理运营模式。通过市场化运行,社会力量可以经过公开招投标、委托或合作建设等多种方式参与到公共数字文化供给活动中,盘活公共数字文化资源,提高设施设备、服务平台的建设质量和利用水平。

第五节 本章小结

多种因素影响公共数字文化协同治理的成效。诸如供给主体的公共数字文化资源提供能力、需求主体的公共数字文化需求表达和资源利用能力，以及公共数字文化服务的社会环境等因素，都对公共数字文化服务及协同治理的成效产生了较大影响。而数字文化事业与数字文化产业相结合的程度，文化与旅游的融合深度，以及公共数字文化建设与振兴乡村、发展数字经济等领域工作的融合水平，不仅影响公共数字文化的社会效益，还制约公共数字文化的经济效益。此外，公共数字文化从城市走向乡村、从部分人群可及走向全体人民享有，新的时代要求具有时代气息的公共数字文化协同治理评价体系。因而，在提升公共数字文化协同治理成效过程中，应格外重视基本需求的激发，集团效应的发挥，绩效体系的完善等关键点。本书拟从城乡居民满意度、融合度、治理协同度等角度展开，探讨城乡融合背景下公共数字文化协同治理的成效提升路径和策略。

一 以提升城乡居民满意度为中心

习近平总书记强调，中国共产党建党之初就始终把人民利益放在第一位，为人民谋幸福，权为民所用，情为民所系，利为民所谋，是中国共产党人的初心。公共数字文化服务体系构建作为与城乡居民利益密切相关的社会公共服务工作，必须贯彻习近平新时代中国特色社会主义思想，本着一切为了人民的原则，不断提升公共数字文化服务成效，更好地满足城乡居民文化需求，为实现中国式现代化提供强大精神动力和文化支撑。

（一）创新方式激活用户

作为一项公益性的社会事业，海量的公共数字文化资源、现代化的文化基础设施以及巨大的人力物力投入应给公共数字文化事业积累足够规模的用户群体并带来良好口碑。当前的现实是公共数字文化资源的下沉得到了快速推进，但是公共数字文化服务的"最后一公里"问题仍然存在，一些基层和农村的公共数字文化服务发展步伐仍然缓慢。很多城乡居民不知道、不了解公共数字文化，一方面是因为公共数字文化资源配置不合理，端上桌的文化大餐不合口味，另一方面是因为服务没送到位，没有进行有效宣传推广或者只在各类示范点、示范村偶尔开展宣传推广活动，城乡居民没有机会体验到公共数字文化服务的便利。创新方式激活用户，跳出优质公共资源却无人知晓的怪圈，已成为公共数字文化协同治理的使命。

党和国家也在不断探索激活公共数字文化需求主体的更多方式。2015年，党的十八届五中全会提出要在市场经济条件下满足人民多样化精神文化需求，培育新型文化业态，推动文化产业成为国民经济支柱性产业，扩大和引导文化消费。2018年，文化部、财政部下发《关于开展引导城乡居民扩大文化消费试点工作的通知》，开始在全国范围内试点引导城乡居民扩大文化消费的工作，为公共数字文化吸引用户探出了一条新的道路。通过票价补贴、积分奖励、绩效补贴等创新方式，激发了城乡居民的数字文旅消费潜力，引导和培育网络消费、定制消费、智能消费等文化消费新模式。改善基层数字文化体验，激活更多用户的另一种有效方法是根据数字中国建设的要求改造升级基层公共文化服务站点，吸引城乡居民来体验公共数字文化。近年来，有不少地方已经将基层公共文化服务站点改造成数字影厅，使公共数字文化资源有了极佳的体验空间。城乡居民可以沉浸式地体验数字视听服务，畅享数字文化资源。

以文旅消费券为代表的创新方式使更多城乡居民体验到了公共数字文化服务的便捷与可靠，但作为正在探索中的新生事物，这些推广手段还需要在实践中不断改进和完善。文旅消费券的本质是通过引导促进文旅消费，起作用的前提是相关产品或服务确实契合城乡居民需求，因而，需要消除文旅产品供给不充分、不匹配的障碍，才能发挥这些创新方式的作用。此外，现有的创新更多聚焦文化产业与旅游产业的融合，还需要在接下来的时间里进一步开拓创新，做好文化事业与文化市场、文化事业与旅游产业之间的联结，真正激发城乡居民公共数字文化需求。

第七章 推进协同治理的战略思考

(二) 精准对接社会需求

公共数字文化事业发展已进入提效增质的新时期，服务效能提升的关键在于要全面掌握和精确感知城乡居民公共数字文化需求，在城乡居民有需求的时候将其需要的公共数字文化资源及时送到计算机桌面、移动设备上，并根据其使用体验改进服务。

由于传统管理理念的限制，以文化事业单位为代表的公共数字文化服务供给主体与城乡居民之间容易出现沟通不畅，导致服务效能低下。随着云计算、大数据、人工智能、区块链、物联网等新一代信息技术的普及，精准感知城乡居民公民数字文化需求已具备技术可行性。目前，已有一些城市通过建设"城市大脑"，借助人工智能技术实现了道路交通拥堵情况的精准预估和有效疏导。公共数字文化的服务运行数据与道路交通数据相比更为全面可靠，变化频率也更小，因而更容易实现精确感知，避免服务供给过程中的各种无效供给和滞后供给。在公共文化服务领域，已有根据图书 RFID 信息定位变化、书架前读者停留时长等动态数据调整资源布局的研究报道。一些地方还借助现代信息技术，着手将更多文化服务活动移至线上，并从统一配送模式切换到个性点单模式，让城乡居民看其想看、听其想听，让文化下乡准确对接城乡居民文化需求。

因而，借助大数据、物联网、人工智能等现代信息技术智能识别公共数字文化需求信息，构建公共数字文化服务用户画像和知识图谱，通过智慧服务、智慧分析、智慧评估和辅助决策全面掌握城乡居民需求，已具备一定的实践可行性，公共数字文化相关管理部门和文化事业单位可与高等学院、科研院所和行业相关企业加强合作，提升公共数字文化服务供需对接水平和治理能力。

(三) 多种渠道协同宣推

与传统的文化形态不同，公共数字文化出现在一个数字化、网络化、信息化全面普及的时代，其自身又具备数字化信息化时代知识载体的基本特征，与各种新媒体传播途径有天然的适配性。这一特质为多渠道协同宣推公共数字文化、提升公共数字文化治理成效提供了极大便利。

在众多宣传推广渠道中，互联网应成为公共数字文化的重要宣传窗口。据统计，截至2022年年末，我国网民规模已达10.67亿，"触网"人群已占全国总人口的75.6%。公共数字文化相关建设单位应加快建设统一的公共数字文化云服务平台，使云服务平台成为公共数字文化宣传推广的主阵地。在信息社会进入移动时代的背景下，还应开发好移动端的公共数字文化云服务功能，让城乡居民可以随时随地地通过小程序、App便捷访问和获取数字文化资源。除了传统的电子邮件、门户网站等互联网服务外，深受城乡居民喜爱的微信公众号、订阅号、微博号、视频号等新媒体也应成为移动时代公共数字文化宣传推广的重要窗口。

在互联网渠道中，新媒体平台将文本、图片、音频、视频相结合，可以向用户呈现形象生动的信息，加上其与社交网络相结合，注重用户体验，所以在信息的宣传推广上具有其他平台无法比拟的优势。但网络渠道也离不开门户网站、电子邮件等方式对新媒体传播方式进行补充，多种网络传播方式的协同合作有利于互联网宣传渠道影响力的不断扩大。

值得注意的是，虽然报刊、图书、广播、电视等传统传播渠道的宣传报道效果不如过往明显，但不同地区、不同人群的信息环境差异很大，作为普惠性的公共服务项目，公共数字文化的宣传推广仍不能忽视这些传统渠道的作用。在互联网普及程度相对较低的西部地区和广大农村，电视、广播仍然是不少城乡居民主要的数字信息来源，而对于较少使用互联网的老年人来说，传统的平面媒体始终是获知外部信息的重要渠道。对公共数字文化宣传推广而言，线上线下多渠道的协同有利于打造跨媒体、跨平台的服务品牌，不断提升公共数字文化服务的知名度和美誉度,最终实现服务的全面覆盖和高效运行。

二 以公共文化数字化促进城乡融合与文旅融合

融合发展已成为公共数字文化事业发展的主线。当前的公共数字文化本身处在城乡融合的时代背景之下,与文化产业、旅游业等相关领域在标准统一、活动开展、人才培养、品质提升等方面充分融合,形成集团优势,并融入乡村振兴、新型城镇化、脱贫攻坚、发展数字经济等国家战略中,以拓展资金、人才、技术来源,在融合中发展求变,提高服务效能。

(一) 嵌入城乡融合战略

配合城乡融合战略的实施,各地投入大量人力、物力和财力资源开展智慧城市、数字乡村等方面的建设。近几年,仅就数字乡村建设,国家就发布了《数字乡村发展战略纲要》《数字农业农村发展规划(2019—2025)》《关于开展国家数字乡村试点工作的通知》等多份重要文件。数字化为城乡融合战略的实施提供了有力支持,加快形成共建共享、互联互通、各具特色、交相辉映的数字城乡融合发展格局成为"十四五"时期城乡融合发展的重要环节。

数字城乡融合是一种借助数字技术改善城乡关系、促进个体发展的治理活动,公共数字文化是以数字化公共文化满足城乡居民文化需求、消除城乡差距并提升个体能力的治理活动,可在数字城乡融合中发挥积极作用。公共数字文化治理对于城乡融合而言,不仅是以数字信息技术实现公共文化数字化,更是中国式现代化进程中实现全体人民精神生活和物质生活共同富裕,促进人的全面发展的题中应有之义。公共数字文化治理过程中应在提供普惠文化服务的同时更多关注如何缩小城乡、地区、人群之间的信息技术应用和感知能力差距、信息资源获取能力差距和开发利用能力差距,进一步消弭数字鸿沟,避免城乡各类人群在共同富裕的道路上因数字信息差距而掉队,实现全民共享数字信息技术红利。

近年来，城乡数字鸿沟降低的幅度不尽如人意。中国互联网络信息中心（CNNIC）2023年3月发布的第51次《中国互联网络发展状况统计报告》显示，城乡居民在互联网普及方面的差距已到一定弥合，但发展层次存在明显差距。农村人群的网络设备单一，网络应用活动集中在访问应用娱乐类App上，知识学习类、时事资讯类App的使用频率低于城市人群。数字时代的城乡差距制约了信息技术的应用和普及，不利于城乡居民个体的充分发展，影响了城乡发展的公平和效率。2022年"中央一号文件"，即《中共中央 国务院关于做好2022年全面推进乡村振兴重点工作的意见》明确要求"加强农民数字素养与技能培训"，公共数字文化理应在丰富乡村文化生活、提升乡村数字素养与技能中起到重要推动作用。

因而，公共数字文化治理应充分嵌入城乡融合战略，以数字化公共文化打破新的数字鸿沟，加快城乡精神生活的融合，形成共建共享、互联互通、各具特色、交相辉映的数字城乡融合格局。在保证城乡居民平等享有公共数字文化服务的基础上，公共数字文化治理要在传承中华优秀传统文化和满足城乡居民个性化需求过程中体现价值。应充分运用虚拟现实技术、增强现实技术、5G传输技术、云计算技术等现代数字技术，继续打造公共文化云，并以公共文化云为平台通过基层数字图书馆、数字档案馆、数字记忆馆等将保存在各地的民间戏剧、绘画、雕塑、手工艺等历史文化传统以数字化形态呈现在云端，展现给广大城乡居民。在现代公共文化服务体系基本建成后，要将对老年人、低收入人群、农村留守人群、残障人群、新市民人群作为服务重点，调动全社会的力量，让全体城乡居民切实享有公共文化数字化的建设成果，提高城乡居民获得感和幸福感。

此外，公共数字文化嵌入城乡融合战略并不是简单地保留乡村文化或融入城市文化，而是一个跳出城乡二元对立，促进不同文化体系和生活方式共存互见的过程。应该认识到，城乡融合是一个长期的进程，文化的融合更是一项细水长流的工程，城乡居民的经济条件、教育背景、生活习惯都有较大差异，要在承认这种差异的前提下寻求存在的共性和交集，让各类城乡居民群体都能通过公共数字文化产生归属感，同时形成对其他人群文化体系和生活方式的认知、欣赏和接纳。唯有坚持这一原则和目标，公共数字文化才能成为各类城乡居民之间的黏合剂，促进社会的和谐稳定。

(二) 深度推进文旅融合

文化和旅游之间有着密不可分的联系。文旅融合是一个涉及文化、旅游方方面面的议题，有研究将文旅融合总结为文化遗产旅游、主题公园旅游、乡村文化旅游、影视文化旅游、节事会展旅游和体育文化旅游六种模式。

近年来，我国大力推动文化产业和旅游产业深入融合，2009年，文化部等国家相关部委联合下文，要求"加强文化和旅游相互融合"，文旅融合正式进入官方视野，非遗产品创作、文旅活动品牌打造、专业艺术院团培育等工作开始得到各方重视。2019年，国务院办公厅印发《关于进一步激发文化和旅游消费潜力的意见》，强调要推进文旅产业高质量发展，满足人民群众快速增长的文旅消费需求。

从公共数字文化和旅游产业各自的特征看，两者的融合也有天然的优势。公共数字文化是各种现代信息技术的集合体，在文旅融合中人工智能、社会媒体、5G、4K、AR/VR等数字技术应用越来越广泛，发展公共数字文化对于文旅融合的深入发展有积极意义。深度文旅融合的实现对于普及推广公共数字文化服务，更好地传承和弘扬中华优秀传统文化同样能产生巨大推动作用。

深度推进文旅融合对公共数字文化建设还能很好地解决运行经费短缺的问题。公益性、均等性是公共数字文化的主要特征，换言之，需要投入大量的资金、人力、物力才能覆盖广泛的人群，却很难获得直接的经济回报，导致一些地方缺乏治理的主动性。有鉴于此，深化文旅融合，将重在社会价值的公共数字文化与更具经济价值的旅游产业深度融合，以文化提升旅游的品质，以旅游带动文化的发展，是一条切实可行的路径。

文旅深度融合已在各地得到有力推动。2023年，浙江省印发《浙江省文旅深度融合工程实施方案（2023—2027年）》，提出坚持以文塑旅、以旅彰文，强调变革重塑、创新驱动、项目为王，以八大行动推动文旅深度融合。各种利好带动了文化和旅游资源加速流向乡镇，推动了基层公共数字文化服务的建设升级。在大力建设的特色小镇过程中，各地将特色文化作为核心要素。为了避免出现千镇一面的情况，地方特色文化的开发和利用成为开展文旅融合的前提条件。在此背景下，公共数字文化治理被快速推进，服务网络的建设和文化资源数字化的优先级都有明显提升。公共数字文化治理为各地文旅融合的深入发展带来了更多机遇，在广东地区，"粤读通""数字文化站""广州非遗街区（元宇宙）""潮州工艺美术元宇宙精品馆"等项目借助新技术将云端公共文化资源和服务、VR+博物馆、VR+剧场、Meta+工艺美术、元宇宙非物质文化遗产呈现出来，让城乡居民随时随地畅享数字文化融合成果，公共数字文化成为文旅深度融合的重要角色。

（三）文化事业产业共进

改革开放以来，我国在文化领域实现了文化事业和文化产业双轨发展，将由政府主导、社会力量参与，向人民群众提供各种文化设施、文化产品、文化活动以及其他相关服务的非营利性活动纳入公共文化事业范畴。文化事业和文化产业各归其位，各负其责，共同构建我国文化建设的大厦。

随着时代的进步，仅凭狭义文化事业体制内的力量如文化事业单位已无法完全满足城乡居民日益增长的文化需求。在这样的背景下，文化事业与文化产业的融合发展就显得颇为重要。在数字化、信息化、智能化时代，城乡居民文化需求多元化、个性化的发展态势更加明显，文化事业提供的基本公共文化服务的局限性日益凸显。对公共数字文化建设而言，应加强文化事业和文化产业的融合，以文化产业的融入为切入点健全市场机制，提高公共数字文化产品供给质量和服务效益。

当前，通过建立公共文化服务社会购买机制、加大文化志愿活动推广力度、完善公共文化捐助和资助活动的法律法规等相关措施，我国多元化的公共数字文化服务主体格局正在逐步形成。在众多供给主体中，文化事业单位是服务主力，来自文化产业的相关主体也在其中发挥积极作用。从国家对公共数字文化服务的经费保障、政策支持来看，不存在文化事业或文化产业的明显区分。从大文化视野出发，有效协调市场和政府调控两种机制的关系，让文化产业在发展过程中兼顾公益性需求，加强公共数字文化服务的供给，增强文化事业单位活力，充分激活人才、资金和资源，将是今后公共数字文化治理的重要方向。

在文化事业和文化产业齐头并进的同时，还应充分认识到中国式现代化和共同富裕目标对文化工作的根本要求，明确文化事业和文化产业的分野。公共数字文化治理要开展公共文化的数字化，把现代信息技术和数字技术融入公共数字文化的资源建设、服务运行和监督管理整个过程中，提供更高质量、更加丰富的公共文化资源产品，为基本公共文化服务的开展提供有力保障。推进公共数字文化治理需要建设社会效益优先，避免为了实现经济效益目标将大量资源集中在服务极少数人群的特殊文化需求上，使公共数字文化服务面向全体城乡居民，尤其是做好老年人、残障人士、农村留守人员、进城务工人员等重点人群的托底工作。文化产业可以与文化事业有效互补，提供应由商业化、市场化途径来供给的数字文化产品，实现数字时代文化资源和服务的多维保障。

（四）实现更多维度融合

《"十四五"数字经济发展规划》提出了推动数字城乡融合发展，要求以数字化、智能化技术赋能构建以城带乡、共建共享的数字城乡融

三 城乡融合背景下的公共数字文化协同治理

合发展格局,为城乡融合时代背景下的公共数字文化治理提供了在更多舞台出现的契机。除嵌入城乡融合、携手文化产业、加快文旅融合之外,公共数字文化还存在更多的融合维度。通过与国家其他领域的发展相捆绑,不仅能更好地实现公共数字文化服务的社会功能,也为公共数字文化提供了新的活力。

在探索公共数字文化服务与教育融合过程中,可以借助公共文化服务进校园机制,推动高校数字文化资源向社会开放,并通过课外教育基地、"四点半课堂"等方式助推公共数字文化走进青少年,实现公共数字文化事业与教育事业的双向融合。与国家新型城镇化进程相配合的各种文化小镇的实践,则有效发挥了公共数字文化事业的社会功能,大幅提高新型城镇化建设质量,也在很大程度上提升了公共数字文化的治理成效。此外,通过与农业、卫生、科普、民政等各个领域的融合发展,公共数字文化事业发展中存在的资金、技术、人才等难题都能得到更好地解决,得以为城乡居民提供更高质量的公共数字文化服务。

此外,从内向维度观察,公共数字文化治理应不断创新公共数字文化服务管理运行机制,积极推进机构、区域和资源多维融合,破除条块分割、各自为政的管理体制弊端,消除区域之间和城乡之间的文化鸿沟,促进数字文化资源数据与优质社会数据互相融合。

三 以动态评估不断提升协同水平

一套完善的公共数字文化治理绩效体系,应全面反映文化投入、基础设施、活动推广、人员队伍等基本面板。同时,在城乡融合的时代背景下,还应注重社会参与协同水平的提升,强调提高城乡居民文化素养与信息素养、引进第三方评价实现更为客观的绩效评价、实现动态评价并建立完善的反馈体系。

(一) 注重社会参与协同水平提升

自文化部《"十三五"时期公共数字文化建设规划》提出完善绩效

评价指标体系，围绕城乡居民数字文化需求，建立以效能为导向的公共数字文化服务绩效考核机制以来，我国公共数字文化服务的绩效体系不断完善，但在社会参与水平、主体协作水平等方面体现得仍不够全面，有待进一步调整优化。

在绩效考核机制设计中，应强调评价主体的多元性，明确评价主体的责任和义务，让城乡居民代表参与到整个评价过程中。在指标体系设计中，应坚持人民群众需求导向，将城乡居民的满意度放在更高层面，并综合考量影响公共数字文化服务成效的各方面因素。这就要求公共数字文化治理所采用的评价指标体系是能真实反映各类城乡居民的文化需求满足程度和文化权益保障水平，避免以某个具体人群的服务体验来代表所有人群的服务体验，避免以简单定量的满意度打分来代替城乡居民真实意见的收集，避免以统一模板套用到不同的公共数字文化治理场景。

同时，治理评估要发挥好社会组织的作用，让社会组织成为提升各类主体之间协同水平助推力。社会组织的发展有利于包容性社会的打造，有利于缓解公共数字文化服务供给与城乡居民之间差距产生的矛盾。在公共数字文化治理评价过程中，社会组织可以为进城务工人员、老年人、残障人士、少数民族等群体发声，表达其文化服务利益需求，监督有关部门和机构将服务全体城乡居民落到实处，达成以文化融合促进城乡融合的治理目标。在评价具体操作中，尤其要注意进一步完善面向社会的第三方评价制度，建立第三方评价活动的标准规范，让第三方评价成为公共数字文化的常态。

(二) 强调文化素养和信息素养提高

公共数字文化服务有海量的文献资源、体系化的人才队伍以及良好的公众形象，在开展公众教育方面有巨大优势，是当前提高城乡居民文化素养和信息素养的重要途径。随着公共数字文化工程融合的推进和国家公共文化云在全国范围内的普遍推广与实践，公共数字文化正积极发挥自身优势，努力开展民众文化素养和信息素养教育之中，为广大城乡居民提供更加全面而充分的公共数字文化服务。

在此过程中，主要负责公共数字文化的文化主管部门和文化事业单位要与教育主管部门、信息化主管部门通力合作，深入调查并充分了解城乡居民的基本素养和公共数字文化需求。同时，将公共数字文化大数据纳入城市大数据体系中，借助人工智能技术分析预测城乡居民的教育发展和需求增长，持续追踪并记录公共数字对城乡居民文化素养和信息素养的影响，充分发挥文化潜移默化的教育作用。

在具体评估中，可考虑设立文化素养和信息素养专项指标，通过抽样测评不断跟踪城乡居民文化素养和信息素养的提升进程。新中国成立以来，通过全民文化扫盲、文化普及，我国城乡居民的整体文化素养已经有了质的提升。改革开放以来，随着信息化时代的到来，我国大力推广科学技术、普及外语学习和计算机教育，让城乡居民的信息素养得到普遍提高。但在不同地区、不同群体之间，文化素养和信息素养的差距仍然肉眼可见。进入数字经济时代，城乡差距开始更多体现在数字鸿沟上，数字时代的文化素养和信息素养差距导致后富裕人群和欠发达地区与先富裕人群和发达地区在共同富裕的道路上产生了动力差距。公共数字文化治理的重要任务之一便是在于弥合这一鸿沟。可以以现有的智能手机拥有数量、每周上网时长、公共数字文化服务利用频率等既有指标为基础，由第三方评价机构开展更加深入的测评，针对不同类型的城乡居民开展测评。

针对城市老年人群体，可在平时利用文化礼堂、公共文化云等平台有针对性地推送老年人常见疾病防治、电信诈骗防范以及常用软件使用的学习视频、音频和文字信息，定期抽样测试老年人群体相关知识的掌握情况。针对进城务工人员，可与相关媒体、社会组织合作，借助各种线上线下形式，灵活利用进城务工人员的闲暇时间组织他们观看、收听和阅读定向推送的公共数字文化资源，测试他们文化素养和信息素养的改善情况。对于其他,同样可以定期考量他们对公共数字文化资源和服务的利用情况,分析他们信息诉求表达和获取利用能力的发展情况和改进措施,减少各种掣肘城乡融合不利因素的影响,让所有城乡居民都能在公共数字文化治理过程中有所收获,加速各类人群尤其是边缘群体的社会融入。

(三) 完善第三方评价制度

第三方评估在公共事务评价中发挥越来越重要的作用,在公共数字文化服务评价中的应用也越来越普遍,但相关的评价规范长期缺失,影响了第三方评价的开展和公共数字文化事业的发展。2018年,浙江省制定了《浙江省公共文化服务第三方评价规范》(DB33/T 2155—2018,以下简称《规范》),明确了公共文化服务第三方评价的要素、过程、报告与应用、监管与考核等内容。《规范》作为国内第一份公共文化服务第三方评价标准,为完善公共数字文化第三方评价制度作出了有益的探索。

根据《规范》,应将第三方独立评估主体权利赋予、资源配置、奖励报酬与公共文化服务绩效挂钩,评价机构按照《中华人民共和国政府采购法》等相关规定选定,并根据具体情况通过公开招标、邀请招标、竞争性谈判、单一来源采购、询价采购等方式实施政府采购,或按规定流程公开、公平、择优从具备资质的第三方机构选择;评价指标主要包括政府对基本公共文化权益保障情况,公共文化设施、项目运营及服务情况,以及城乡居民对公共文化服务的感受等;评价方法包括问卷调查、召开座谈会、网络调查、微博微信互动、设置意见箱、问卷调查等;评价结果应及时传递到被评价的基层公共文化服务单位和对应政府,使评价结果作为调整下一阶段服务方向和目标的调整依据以实现对公共文化服务工作的持续改进,不断提高城乡居民对公共文化服务的满意程度。

这一系列规定为第三方评价的实施开展创造了良好条件,但具体到公共数字文化，由于其在公共文化服务体系中有一定特殊性，《规范》的要求未必完全适用。因而，有必要进一步探讨和研究公共数字文化第三方评价制度的建设问题，为公共数字文化治理提供更为客观可靠的数据支持。

当前，第三方评价已在很多地区成为公共服务评价的基本机制，同时在一些地区也出现了形式化、程序化苗头。一些地区的政府在组织开展公共数字文化相关评价活动时主要考虑的是如何通过评价达成上级考核目标，而不是满足实际的城乡居民需求。在这种心态传导到通过购买政府服务承接评价任务的第三方社会组织后，公共数字文化治理评价活动就开始偏离正确发展轨道，被消极对待、应付完成，甚至为了指标数据好看而弄虚作假。这就需要完善和细化第三方评价机制，打造更加专业、自主的第三方评价机构并理顺政府部门和第三方评价机构的关系，减少并摆脱第三方评价机构对政府的依赖。在服务数据采集中，应本着量化和定性相结合原则，对资金到位情况、设施维护情况、人员配备情况等硬性条件坚持标准底线，对资源数量、活动场次、接受服务人数、服务整体成效等方面的评估则更多参考用户反馈，避免以简单地完成上级指标为目的的公共数字文化服务活动，鼓励因地制宜的服务创新。

（四）建立健全反馈体系

公共数字文化事业以满足城乡居民的文化需求为己任。在城乡融合进程加快、城乡居民需求变动频繁的背景下，应建立健全用户反馈体系，通过了解城乡居民数字文化需求，帮助相关部门、机构和组织集思广益，集社会力量建设公共数字文化服务体系。

从信息处理角度出发，公共数字文化用户反馈信息主要来自事前反馈和事后反馈两类场景。事前反馈指的是公共数字文化服务活动开始之前进行的反馈，譬如在服务平台构建过程中提出的功能期望、在服务资源配送前报告的信息喜好。事后反馈是在公共数字文化服务活动完成后，城乡居民根据自身需求满足情况作出的反应。

在公共数字文化反馈机制构建过程中，涉及各种类型的建设、服务和评价主体，需要多个部门的配合与落实。在城乡居民提交反馈信息后，第三方评估机构应如实将反馈信息在评估报告中体现并返回给主管部门；文化事业单位等服务供给主体应畅通城乡居民公共数字文化需求反馈渠道，主动收集城乡居民反馈信息，并及时处理、定期总结；文化主管部门应全面掌控服务开展，督促各方不断完善反馈机制，及时回应城乡居民呼声，并就反馈机制建立和实施情况进行定期考评。

（五）从静态绩效到动态实效

目前，国内有关公共数字文化事业的评价反馈机制主要是结果导向，存在重结果轻过程，以对某个具体时间点的评价代替对整个时间段评价的不足。治理理论的基本观点认为，治理本身是一个过程，而非片段，对其成效评价也需要采取过程与结果相结合的方式。因而，从静态的绩效评价到动态的实效评价的转变是公共数字文化协同治理的内在要求。

当前一些治理实践也为动态实效评估提供了参考，如有报道称，浙江省杭州市某区与相关企业合作研发了一套社区公共文化动态评估数据填报系统，该系统可实时统计所在区域内各项公共文化数据，生成街道、社区的服务绩效评估结果，并将各街道、社区的评估结果进行实时排名。

第八章 结语

　　城乡融合对公共数字文化治理提出了更高的要求，也为公共数字文化带来了全新的发展机遇。公共数字文化在经过 20 年的发展取得了丰硕成果后开始进入发展的瓶颈期，既有的管理体制和运行机制已无法满足发展的需要。加强公共数字文化的协同治理，统筹规划，优化服务网络和环境，加强供需治理，健全合作参与机制，将有助于公共数字文化打破自身发展的瓶颈，以更为高效和深入的协同治理实现更高质量、高水平的公共数字文化服务。城乡融合在为公共数字文化的发展带来新契机的同时，也给公共数字文化协同治理带来了新的挑战，公共数字文化协同治理需要克服文化融合、公共空间建设、可持续服务、服务纵深发展等诸多困难，使公共数字文化事业与新型城镇化战略、乡村振兴战略、数字中国战略有效协同。

　　本书在明确研究对象、研究内容和研究目标的基础上，从公共文化学科、公共数字文化事业、公共数字文化治理、公共数字文化制度规范等四个维度分析和回顾了公共数字文化协同治理的理论和实践，建立公共数字文化协同治理的理论基础。与此同时，选择几个城乡融合的典型地区开展公共数字文化治理的调查研究，从基层治理层面了解城乡居民实际享有公共数字文化资源和服务情况，掌握公共数字文化协同治理真实状况。在此基础上，本书研究了国家、地方和基层三个层面的公共数字文化协同治理机制，构建公共数字文化协同治理的评价模型。最后，基于前述研究提出了加强公共数字文化协同治理、推进城乡文化融合的对策建议，以期为我国公共数字文化事业的发展提供有益参考。

研究可见，我国公共数字文化协同治理已初见成效，国家、地方和基层层级传导，各级党组织统一领导、政府部门全面统筹、各类组织积极协同、社会力量广泛参与的协同治理格局已基本形成。现代公共文化服务体系已覆盖全国，资源库群初具规模，法规体系不断完善。各级各地按照国家规划要求开展了公共数字文化建设，并根据当地经济文化发展水平采取社会购买、公益创投、合作共建、第三方运营、志愿服务等多种方式加强多元参与与协同，建设更加优质的数字文化基础设施和资源条件，数字化、智能化水平不断提升。同时，公共数字文化资源建设与用户服务距离真正满足城乡居民的文化需求仍有不小差距，基层建设公共数字文化主观能动性比较欠缺，现有管理和服务队伍的专业水平和综合素质有待提高，资源建设与城乡居民需求之间有明显脱节，自下而上的治理手段创新能力仍有待培育。

《"十四五"公共文化服务体系建设规划》提出到"十四五"末，公共文化数字化、网络化、智能化发展取得新突破，公共数字文化资源更加丰富，服务更加便捷，应用场景更加丰富。笔者认为，可从目标、制度、供给和成效四个维度开展治理，实现公共数字文化的协同治理。

对目标的治理旨在凝练公共数字文化协同治理的价值，明确公共数字文化事业的发展方向，提出共同的愿景并带领全体人民向着文化大国、文化强国的奋斗目标前进。通过治理，实现人民群众文化权益有效保障、文化需求充分满足，地方文化和乡村文化全面振兴，中华民族优秀文化有效传承以及国家文化软实力全面提升等目标，最终建成数字时代的社会主义文化强国。

治理的成效首先与制度有关，对公共数字文化制度的治理是公共数

☰ 城乡融合背景下的公共数字文化协同治理

字文化协同治理的基础，决定了公共数字文化协同治理系统的自组织水平。公共数字文化的治理包括宏观层面的制度体系和微观层面的制度体系。宏观层面的公共数字文化制度治理强调建立公共数字文化的体系性规划并深化公共数字文化管理体制机制的改革。微观层面的公共数字文化制度治理要求建立完善的政策体系与规范，健全多元主体参与机制并动态优化公共数字文化运行机制。

对公共数字文化的供给治理则是解决公共数字文化供给不平衡、不充分，无法满足人民群众日益增长的公共数字文化需求的基本要求。具体治理则可从供给内容、供给主体和供给过程三方面展开。对供给内容的治理旨在完善公共数字文化资源的供给体系，提升公共数字文化的智慧服务能力，解决公共数字文化供给不足和供给过剩现象并存的问题。在供给主体的治理过程中建议可以构建并完善由核心队伍、基本力量、市场化主体和协作队伍组成的四级主体结构。为提高公共数字文化资源和服务的供给质量，笔者建议加强对公共数字文化供给过程的治理，以一体化保障公共数字文化服务供给，以现代信息技术支持多元化供给，以市场提升供给效率。

公共数字文化事业最终是服务于城乡居民的，公共数字文化的协同治理始终需要注重成效，激发人民群众需求、完善绩效体系并实现更为广泛的融合。在成效治理过程中，首先应将公共数字文化治理嵌入城乡融合的整体战略中为促进城乡深度融合提供有力支持，同时可进一步激发基层创新活力，全面掌握并激活更多城乡居民的文化需求，并借助各种新媒体新技术多渠道协同宣传推广公共数字文化。在此基础上，加强文化事业与文化产业的协同，丰富公共数字文化，进一步深化文化和旅游的融合提升治理成效，并不断增加融合维度，与科技、经济、社会各相关领域实现协同发展。

值得注意的是，随着"十四五"规划的全面展开、数字城乡融合概念的提出、乡村振兴战略的深入推进以及文旅融合的纵深发展，公共

第八章 结语

数字文化的定位、内涵、外延和功能都在发生变化。除了解决城乡居民基本的读书看报、看演出、看展览、参加文化活动等需求,如何运用数字化手段进一步增强公共数字文化服务产品和服务的供给,不断减少并消除城乡之间的差距,更好地满足城乡居民的精神文化需求,是城乡融合背景下公共数字文化协同治理面临的全新考验,也是笔者持续跟踪的研究课题。

参考文献

一 中文文献

白列湖:《协同论与管理协同理论》,《甘肃社会科学》2007年第5期。

白永秀等:《中国城乡发展报告2018——聚焦新时代西部地区易地搬迁精准扶贫》,中国经济出版社2018年版。

曹树金、刘慧云、王雨:《我国公共文化服务政策演进(2009—2018)》,《图书馆论坛》2019年第9期。

陈波、穆晨:《互联网条件下虚拟公共文化空间模式研究》,《艺术百家》2019年第1期。

陈柯欣:《图书馆公共数字文化服务能力评价研究》,硕士学位论文,吉林大学,2020年。

陈祥:《协同的基本原理及其应用概述》,《中国邮政》2019年第1期。

仇叶:《县级政策转换与有效治理——对中国公共政策过程的反思》,《经济社会体制比较》2021年第3期。

戴艳清、戴柏清:《创新融合发展背景下公共数字文化工程供给要素配置优化》,《图书馆学研究》2020年第1期。

戴艳清、戴柏清:《中国公共数字文化服务平台用户体验评价:以国家数字文化网为例》,《图书情报知识》2019年第5期。

戴艳清、何晓霞、郑燃:《公共数字文化服务效能提升的制度优化》,

《图书馆论坛》2021年第8期。

单薇：《从多维视角综合评价我国公共文化服务均等化水平》，《中国统计》2015年第4期。

单学鹏：《中国语境下的"协同治理"概念有什么不同？——基于概念史的考察》，《公共管理评论》2021年第1期。

邓卫华、朱晨：《城市扩张中市民对智慧公共信息服务的接纳研究——基于武汉市洪山区的调查分析》，《图书馆》2020年第3期。

邸晓星：《社会协同治理的法治意涵探析》，《山西大学学报》（哲学社会科学版）2017年第6期。

丁杰：《我国水环境治理要素的协同发展研究——基于复合系统协同度模型》，《生产力研究》2019年第12期。

丁秋玲、张劲松：《基层治理中的政策"短命"现象及其治理路径》，《领导科学》2020年第18期。

丁世华：《数字文化治理赋能乡村文化振兴》，《湖北文理学院学报》2020年第41期。

杜礼玲：《公共图书馆数字文化服务绩效评价研究》，硕士学位论文，湘潭大学，2020年。

方辉振：《论形成城乡经济社会发展一体化新格局的必然性》，《中共南京市委党校学报》2008年第1期。

风笑天：《社会学研究方法》，中国人民大学出版社2009年版。

傅才武、申念衢：《当代中国文化政策研究中的十大前沿问题》，《华中师范大学学报》（人文社会科学版）2019年第1期。

韩民敏：《基于共词网络的农民工政策研究》，硕士学位论文，山西师范大学，2019年。

韩文龙、吴丰华：《新时代城乡融合发展的理论内涵与实现路径》，《马克思主义与现实》2020年第2期。

韩兆柱、单婷婷：《网络化治理、整体性治理和数字治理理论的比较研究》,《学习论坛》2015年第7期。

何增科:《地方治理创新与地方治理现代化——以广东省为例》,《公共管理学报》2017年第2期。

洪伟达、马海群:《我国政府数据治理协同机制的对策研究》,《图书馆学研究》2019年第19期。

胡税根、莫锦江、李军良:《公共文化资源整合绩效评估指标体系构建与实证研究》,《理论探讨》2018年第2期。

胡唐明、郑建明:《公益性数字文化建设内涵、现状与体系研究》,《图书情报知识》2012年第6期。

胡唐明:《公共数字文化评价指标体系构建研究》,《图书馆论坛》2014年第12期。

黄意武:《我国文化事业内涵、特征及发展方向探究》,《中国出版》2014年第20期。

黄渊基、蔡保忠、郑毅:《新时代城乡融合发展:现状、问题与对策》,《城市发展研究》2019年第26期。

蒋永福:《文化权利:中国图书馆行业的核心价值》,《图书馆论坛》2007年第6期。

金莹、刘艳灵:《协同治理视角下公共文化云服务模式的运行逻辑与优化路径》,《图书馆》2021年第2期。

经渊、陈雅、郑建明:《社区云在新城镇公共信息一体化服务中的应用研究》,《图书馆》2016年第12期。

经渊、郑建明:《地方治理视域下的公共数字文化服务政策》,《图书馆建设》2021年第4期。

经渊、郑建明:《我国城镇信息化建设管理标准规范体系研究》,《图书情报工作》2016年第19期。

柯平、朱明、何颖芳:《构建我国基本公共文化服务体系研究》,《国家图书馆学刊》2015年第2期。

柯平、胡娟、刘旭青：《发展文化事业，完善公共文化服务体系》，《图书情报知识》2018年第5期。

柯平：《公共图书馆免费开放的理论思考》，《图书馆》2011年第3期。

李国新：《公共图书馆事业发展思考》，《国家图书馆学刊》2015年第5期。

李国新：《现代公共文化服务体系建设与公共图书馆发展——〈关于加快构建现代公共文化服务体系的意见〉解析》，《中国图书馆学报》2015年第3期。

李金鑫：《公共空间中的公民义务意识及其培养——兼谈康德的义务观》，《中国德育》2018年第14期。

李妮：《"协同治理"的产生与范式竞争综述》，《云南行政学院学报》2015年第3期。

李少惠、张红娟：《建国以来我国公共文化政策的发展》，《社会主义研究》2010年第2期。

李少惠：《公共文化服务体系建设的主体构成及其功能分析》，《社科纵横》2007年第2期。

李霜：《高质量发展视角下公共数字文化云评价指标研究——以上海文化嘉定云为例》，硕士学位论文，华东师范大学，2020年。

李晓燕：《市域社会治理现代化中基层治理的进阶式发展》，《北京社会科学》2022年第7期。

李艳、叶明确、罗唯：《共同富裕视角下浙江省城乡融合发展水平测度与演化研究》，《兰州学刊》2022年第6期。

李颐黎：《钱学森与中国航天工程的开创——以探空火箭工程和东方红一号卫星工程为例》，《工程研究——跨学科视野中的工程》2010年第4期。

李媛媛：《国家文化治理视域下的现代公共文化服务体系发展趋势研究》，《中国社会科学院研究生院学报》2017年第4期。

李长春：《正确认识和处理文化建设发展中的若干重大关系 努力探索中国特色社会主义文化发展道路》，《求是》2010年第12期。

李忠杰：《全面把握制度与治理的辩证关系》，《经济日报》2019年11月20日第12版。

廖云璐：《公共数字文化工程服务质量评价与对策研究》，硕士学位论文，南昌大学，2019年。

林莉：《乡村价值演化与振兴：农村社区协同治理发展的内在伦理》，《新视野》2019年第2期。

刘维宝：《大科学研究系统方法论的逻辑结构》，《科技管理研究》2020年第19期。

刘亚亚、曲婉、冯海红：《中国大数据政策体系演化研究》，《科研管理》2019年第5期。

卢瑶：《马克思主义公共产品理论视域下的生态环境损害赔偿研究》，博士学位论文，华中科技大学，2018年。

罗敏：《要素协同、情感联结与基层治理现代化》，《求实》2020年第4期。

吕宾：《乡村振兴视域下乡村文化重塑的必要性、困境与路径》，《求实》2019年第2期。

马晓蕾等：《城乡融合发展视角下数字乡村评价指标体系构建》，《中国农学通报》2021年第35期。

马岩、于伟、孙红亮：《中外公共文化立法：现状、特点与比较》，《图书馆》2017年第10期。

马子雷：《公益性数字文化建设"顶层设计"提上日程》，《中国文化报》2011年4月20日第1版。

门理想、王丛虎：《"互联网+基层治理"：基层整体性治理的数字化实现路径》，《电子政务》2019年第4期。

倪菁、郑建明、孙红蕾：《公共数字文化治理能力的现代化》，《图书馆论坛》2020年第1期。

倪星、王锐：《权责分立与基层避责：一种理论解释》，《中国社会科学》2018年第5期。

聂法良：《城市森林协同治理体系的协同度评价指标及应用——以青岛市为例》，《山东农业大学学报》（自然科学版）2015年第2期。

潘琳、徐鸣：《我国社区治理领域政策分析与评价研究——基于"过程—工具—内容"三维分析框架》，《理论学刊》2022年第6期。

庞金友：《"中国之治"的市域之维新时代市域治理现代化的逻辑与方略》，《人民论坛》2020年第35期。

裴雷、马费成：《公共数字信息资源的建设与开发利用对策》，《中国图书馆学报》2007年第6期。

钱玉英：《城镇化背景下的基层治理：中国的问题与出路》，《苏州大学学报》（哲学社会科学版）2008年第5期。

秦德君：《国家治理能力现代化的维度与层级》，《领导科学》2014年第15期。

荣跃明：《公共文化的概念、形态和特征》，《毛泽东邓小平理论研究》2011年第3期。

阮可：《公共文化服务的社会力量参与研究》，《文化艺术研究》2013年第3期。

邵明华、张兆友：《国外文旅融合发展模式与借鉴价值研究》，《福建论坛》（人文社会科学版）2020年第8期。

邵燕、石慧：《国外公益性数字文化建设实践解析及对我国建设的启示》，《图书馆理论与实践》2014年第5期。

沈朴：《公共数字文化资源整合的技术与标准研究》，《河南图书馆学刊》2020年第4期。

沈舒悦、曾粤亮：《我国公共数字文化服务政策文本量化研究》，《图书馆论坛》2023年第11期。

石庆功、郑燃、唐义：《公共数字文化资源整合的标准体系：内容框架及构建路径》，《图书馆论坛》2021年第8期。

双文元：《城乡融合型的土地整治研究——以曲周县为例》，经济日报出版社2017年版。

宋刚、王续琨、张崴：《工程哲学元研究：创生、定位和学科结构》，《自然辩证法研究》2014年第11期。

孙柏瑛：《开放性、社会建构与基层政府社会治理创新》，《行政科学论坛》2014年第4期。

孙涛：《现代治理理论与实践及国内借鉴》，《理论学习》2016年第11期。

完颜邓邓、胡佳豪：《公共数字文化服务有效供给问题与对策——以湖南为例》，《图书馆学研究》2019年第17期。

完颜邓邓、王文斐：《公众参与公共数字文化建设的实践探索与推进策略》，《国家图书馆学刊》2020年第3期。

完颜邓邓、王子健：《我国公共数字文化服务区域均等化实证分析》，《图书馆学研究》2020年第5期。

汪圣、田秀娟：《乡村文化振兴中的基层文化机构参与策略研究》，《图书馆》2019年第12期。

王芬林：《全国文化信息资源共享工程服务政策解析及对数字图书馆服务政策的思考》，《图书馆》2010年第1期。

王鹤云：《我国公共文化服务政策研究》，博士学位论文，中国艺术研究院，2014年。

王锰、陈雅、郑建明：《公共数字文化服务体系的要素协同研究》，《现代情报》2018年第4期。

王锰、陈雅、郑建明：《公共数字文化服务治理的信息资源管理基础》，《图书馆》2018年第5期。

王锰、陈雅：《国内外公共数字文化服务的治理研究进展》，《图书馆》2018年第12期。

王淼、孙红蕾、郑建明：《公共数字文化：概念解析与研究进展》，《现代情报》2017 年第 37 期。

王腾：《理性选择视阈下我国城乡生态融合的社会基础与制度构建》，《理论月刊》2021 年第 8 期。

王文彬：《农村基层治理困局与优化路径：治理资源运转视角》，《深圳大学学报》（人文社会科学版）2021 年第 3 期。

王学琴、陈雅：《国内外公共文化服务绩效评估比较研究》，《情报资料工作》2014 年第 6 期。

王学琴、李文文、陈雅：《我国公益性数字文化服务体系政策研究》，《图书馆理论与实践》2014 年第 5 期。

王学琴：《我国公共文化服务绩效评估指标体系研究》，硕士学位论文，南京大学，2014 年。

王雅霖：《民族文化产业生态化发展的理论与路径研究》，博士学位论文，兰州大学，2018 年。

王研：《公共数字文化服务人才建设问题浅析》，《农业图书情报学刊》2018 年第 12 期。

王子舟、邱璐、戴靖：《乡村民间图书馆田野调查笔记》，国家图书馆出版社 2019 年版。

王子舟：《图书馆如何向农民工提供知识援助》，《山东图书馆季刊》2009 年第 1 期。

王子舟：《我国公共阅读空间的兴起与发展》，《图书情报知识》2017 年第 2 期。

韦楠华、吴高：《公共数字文化服务营销推广现状、问题及对策研究》，《图书馆学研究》2018 年第 17 期。

韦楠华、吴高：《公共数字文化资源供给的问题、障碍及运行机制》，《图书与情报》2018 年第 4 期。

韦楠华：《公共数字文化服务绩效评价指标体系构建研究》，《图书馆研究》2020 年第 5 期。

吴丹、张书田：《融合创新视角下我国公共数字文化政策回溯、解读与展望》，《图书与情报》2021 年第 1 期。

吴高等：《公共数字文化服务绩效评价现状、问题及对策分析》，《图书情报工作》2019 年第 2 期。

吴建中：《精准扶贫——公共数字文化的下一个发力点》，《图书馆研究与工作》2017 年第 1 期。

吴建中：《社会力量办公共文化是大趋势》，《图书馆论坛》2016 年第 36 期。

吴理财、解胜利：《文化治理视角下的乡村文化振兴：价值耦合与体系建构》，《华中农业大学学报》（社会科学版）2019 年第 1 期。

吴理财、李世敏：《农村公共文化的陷落与重构》，《调研世界》2009 年第 6 期。

吴理财：《公共文化服务机制的六个特性》，《人民论坛》2011 年第 20 期。

吴玥甦、仲伟周：《我国城市化进程中人口"逆向"流动研究》，《河南社会科学》2018 年第 3 期。

夏征农、陈至立：《辞海：第六版》，上海辞书出版社 2010 年版。

肖希明、卢世晴：《公共数字文化资源整合政策体系探讨》，《图书馆》2015 年第 9 期。

肖希明、唐义：《公共数字文化资源整合动力机制研究》，《图书馆建设》2014 年第 7 期。

肖希明、完颜邓邓：《以数字化促进基本公共文化服务均等化的实践研究》，《图书馆工作与研究》2016 年第 8 期。

肖希明等：《公共数字文化资源整合的制度供给》，《图书馆论坛》2021 年第 8 期。

谢元、张鸿雁：《行动者网络理论视角下的乡村治理困境与路径研究——

转译与公共性的生成》,《南京社会科学》2018年第3期。

许翠芳:《国家治理现代化视域下协同治理模式构建理路》,《商丘师范学院学报》2020年第8期。

许登月、孙涛:《城镇环境污染协同治理效果综合评价研究》,《环境科学与管理》2021年第12期。

许建业:《公共数字文化建设中图书馆创新服务的探索与思考》,《图书馆研究与工作》2017年第1期。

闫慧、林欢:《中国公共数字文化政策的评估研究——以公共电子阅览室建设计划为样本》,《图书情报工作》2014年第11期。

闫平:《试论公共文化服务体系建设》,《理论学刊》2007年第12期。

严火其、刘畅:《乡村文化振兴:基层软治理与公共性建构的契合逻辑》,《河南师范大学学报》(哲学社会科学版)2019年第2期。

杨洪林:《乡村振兴视野下城乡移民社会融入的文化机制》,《华南师范大学学报》(社会科学版)2019年第1期。

杨佩卿:《新型城镇化的内涵与发展路径》,《光明日报》2015年8月19日第15版。

于江、魏崇辉:《多元主体协同治理:国家治理现代化之逻辑理路》,《求实》2015年第4期。

于江:《多元主体协同治理国家现代化的逻辑理路》,《辽宁省社会主义学院学报》2014年第4期。

郁建兴:《辨析国家治理、地方治理、基层治理与社会治理》,《光明日报》2019年8月30日第11版。

郁建兴:《中国地方治理的过去、现在与未来》,《治理研究》2018年第1期。

岳文泽等:《从城乡统筹走向城乡融合:缘起与实践》,《苏州大学学报》(哲学社会科学版)2021年第42期。

张铤、程乐:《技术治理的风险及其化解》,《自然辩证法研究》2020年第10期。

张福磊：《多层级治理框架下的区域空间与制度建构：粤港澳大湾区治理体系研究》，《行政论坛》2019年第3期。

张海鹏：《中国城乡关系演变70年：从分割到融合》，《中国农村经济》2019年第3期。

张磊：《构建具有杭州特色的现代公共文化服务体系 厚植文化力量 记住美丽乡愁》，《杭州日报》2018年6月25日第1版。

张树臣、陈伟、高长元：《大数据环境下公共数字文化服务云平台构建研究》，《情报科学》2021年第4期。

张贤明、田玉麒：《论协同治理的内涵、价值及发展趋向》，《湖北社会科学》2016年第1期。

张妍：《文化体制改革视域下现代公共文化服务体系建设研究》，东北大学出版社2015年版。

赵娟、孟天广：《数字政府的纵向治理逻辑：分层体系与协同治理》，《学海》2021年第2期。

郑建明、王锰：《数字文化治理的内涵、特征与功能》，《图书馆论坛》2015年第10期。

郑燃：《社会力量参与公共数字文化资源整合制度研究》，《图书馆论坛》2021年第8期。

《中共中央关于坚持和完善中国特色社会主义制度 推进国家治理体系和治理能力现代化若干重大问题的决定》，《人民日报》2019年11月6日第1版。

《中共中央关于制定国民经济和社会发展第十四个五年规划和二〇三五年远景目标的建议》，《人民日报》2020年11月4日第1版。

中共中央文献研究室编：《习近平关于社会主义文化建设论述摘编》，中央文献出版社2017年版。

钟云珍：《公共数字文化治理中的公众参与机制研究》，硕士学位论文，南京大学，2017年。

周锦熠：《基于层次分析法的公共数字文化网站评价研究——以"国家数字文化网"为例》，《图书馆研究与工作》2017年第12期。

周琳娜、赵冰梅：《文化自信：21世纪中国马克思主义文化理论的基点》，《江西师范大学学报》（哲学社会科学版）2017年第3期。

周庆智：《改革与转型：中国基层治理四十年》，《政治学研究》2019年第1期。

周晓丽、毛寿龙：《论我国公共文化服务及其模式选择》，《江苏社会科学》2008年第1期。

朱鹏颐：《强化生态经济建设中协同效应的构思》，《东南学术》2012年第5期。

二 外文文献

Chen C., et al., "The Structure and Dynamics of Cocitation Clusters: A Multiple – Perspective Cocitation Analysis", *Journal of the American Society for Information Science and Technology*, Vol. 61, No. 7, June 2010.

Clarke, et al., "Three Digital Platforms: Hangzhou Public Library Widens Access to Resources", *Library Trends*, Vol. 62, No. 1, June 2013.

Francesco Chiaravalloti, "Performance Evaluation in the Arts: A Multidisciplinary Review and a New Pragmatic Research Agenda", *Journal of Arts Management, Policy and Leadership*, Vol. 10, No. 2, February 2017.

Mark Nizette, "Measuring the Performance of Cultural Festivals: A Socio – cultural Balanced Scorecard Mode", *International Journal of Environmental*, Vol. 2, No. 2, July 2006.

Gorny M., et al., "Evaluating Polish Digital Libraries from the Perspective of Non – Academic Users", *The Electronic Library*, Vol. 33, No. 4, July 2015.

Nizette M., "Measuring the Performance of Cultural Festivals: A Socio –

Cultural Balanced Scorecard Model", *International Journal of Environmental*, Vol. 2, No. 2, July 2006.

Pierluigi Feliciati, "Usability of Library and Archives' Digital Environments as a Quality Requirement. Context, Models, and Evaluation Tools", *JLIS. it*, Vol. 7, No. 1, January 2016.

Scholz J., et al., "Digital Technologies for Forest Supply Chain Optimization: Existing Solutions and Future Trends", *Environmental Management*, Vol. 31, No. 7, June 2018.

Sharma and Ravi, "Digital Literacy and Knowledge Societies: A Grounded Theory Investigation of Sustainable Development", *Telecommunications Policy*, Vol. 40, No. 7, July 2016.

后　　记

公共数字文化作为数字时代公共文化与数字技术融合发展的产物，不仅体现了智能化、网络化的时代特征，还承载着传承和发展中华优秀传统文化的使命，已成为公共文化的重要分支。本书将公共数字文化建设置于城乡融合的目标设定和国家各领域治理现代化的时代进程中，深入探讨城乡融合背景下的公共数字文化协同治理问题，旨在为推动公共数字文化的发展提供理论支撑和实践指导。

本书是国家社科基金项目"城乡融合背景下的公共数字文化协同治理研究"的成果展示。该项目于2019年立项，旨在研究如何在城乡加速融合的时代背景下完善公共数字文化治理理论，构建治理机制和测度指标体系并以此激活和整合各类资源、适应城乡居民需求、建设乡土文化。项目立项后，得到了浙江省哲学社会科学工作办公室，浙江理工大学杂志社、图书馆以及社科发展服务中心等各方力量的大力支持和帮助，研究工作进展顺利并如期结项，方有今日成果得以顺利出版面世。

在研究和撰写过程中，笔者始终强调研究的学术价值、应用价值以及社会影响的统一，希望本书能给从事相关研究和实践的学者带来新的思考和启发，为政府部门和公共文化服务机构决策提供有益的参考和支持，为实现城乡融合发展和公共数字文化协同治理做出积极的贡献。

书稿写作过程中，笔者参阅和引用了大量国内外相关学术研究成果，并尽可能在书中注明来源。这些研究成果给予笔者很多启示，让笔者得以站在前人的肩膀上纵览公共数字文化事业。来自西北大学公共管理学院的陶俊副教授、全椒县图书馆的张清馆长、钱塘区民政和文化旅游体育局文体中心的钱金利主任等专家学者和领导为相关调查提供了大力支持，不少内容由这些专家学者和领导所提供，笔者在此一并表示诚挚的感谢。同时，受笔者能力所限，本书难免有各种错误和不当之处谨望专家学者予以谅解，对笔者不吝赐教。

  笔者再次向支持、帮助过本书的领导、同事、同行、友人表示诚挚的谢意。对本书出版单位中国社会科学出版社以及程春雨老师和其他工作人员表示衷心的感谢。

经　渊
2024 年 6 月 28 日于杭州